イスラームの慈善の論理と社会福祉

現代インドネシアにおける
ザカートの革新と地域の主体

足立真理
ADACHI Mari

明石書店

目　次

序　章 ……………………………………………………………………………… 11
  1．スヤティおばあさんとマイクロファイナンス　*11*
  2．本書の主題と目的　*16*
  3．先行研究の問題点　*20*
    (1) ザカート概念の多義性の問題点／*21*
    (2) イスラーム経済思想研究の軽視／*26*
    (3) イスラーム的慈善という枠組みの問題点／*28*
  4．研究上の問い　*31*
  5．本書の利用資料と調査概要　*31*
  6．本書の構成　*33*

第1章　インドネシアにおけるザカートの歴史的位相 …………………… 37
  はじめに　*37*
  1-1．独立以前のザカート実践　*37*
    (1) イスラーム受容初期からオランダ植民地時代／*37*
    (2) 日本統治時代からインドネシア独立戦争時代／*40*
  1-2．独立インドネシアにおけるザカート実践　*42*
    (1) スカルノ体制期／*42*
    (2) スハルト体制期／*43*
    (3) イスラーム復興の顕在化とザカート管理に関する各アクターの動向／*44*
  1-3．民主化期　*47*
    (1) ザカート管理法案の整備と行政化／*47*
    (2) 全国ザカート管理庁（BAZNAS）の制度的構造と実践体系／*50*
  1-4．ザカート管理法の強化と各アクターの鼎立　*53*
    (1) 全国ザカート管理庁（BAZNAS）への一元化と反発／*53*
    (2) 民間ザカート管理団体（LAZ）の位置付けとその認可・選定方法／*56*
  おわりに　*58*

第2章　ザカートの制度化：インドネシア・ムスリム知識人の法学見解とザカートをめぐる議論 ……… 61

はじめに　61

2-1. 資産ザカートをめぐるファトワー　62
　(1) インドネシア・ウラマー評議会の成立とファトワー / 64
　(2) 「企業資産のザカート」に関する公的ファトワーとNGO、民間企業 / 66
　(3) 「収入のザカート」概念の創出 / 69
　(4) インドネシアにおける「収入のザカート」 / 72

2-2. ザカートと税に関する議論の展開　79
　(1) イスラーム国家とザカート徴収 / 79
　(2) インドネシア・ムスリム知識人によるザカートの再解釈 / 82
　(3) アミン・ライスによるザカート現代的解釈とビドア（逸脱）批判 / 82
　(4) マスダル・F・マスウーディーによるザカートの再定義 / 84

2-3. BAZNAS初代会長ディディン・ハフィドゥッディンのザカート観　86
　(1) インドネシアのザカート実務家／理論的バックボーンとしてのディディン・ハフィドゥッディン / 87
　(2) ディディン・ハフィドゥッディンのザカート観―主著『近代経済におけるザカート』から― / 89

おわりに　93

第3章　イスラーム経済の影響によるザカート分配のパラダイム転換 ……… 95

はじめに　95

3-1. イスラーム経済思想とザカートの合流　96
　(1) スピリチュアル・エコノミーの出現 / 96
　(2) イスラーム経済の台頭と「消費／生産」的ザカート / 99
　(3) 投資のためのザカート運用 / 100

3-2. 「ハッド・キファーヤ（イスラームにおける貧困線）」の法学的展開　103
　(1) 貧困の定量的基準 / 104
　(2) 貧困線（ハッド・キファーヤ）の語源と法学的展開 / 106
　(3) 貧困線（ハッド・キファーヤ）を規定する7項目とその考察 / 107

3-3. ザカート資金を融資に使用することへの法学的是非　110
　(1) 1982年ファトワー「生産的活動と公益のためにザカートを使用すること」 / 111
　(2) ザカートの最適化と開発言説 / 112
　(3) 「生産的ザカート」に関するイスラーム法学的見解 / 114
　(4) 「生産的ザカート」の仕組みと運用方法 / 115

おわりに　*116*

第4章　マラン市におけるザカート管理団体の諸相 …………… *119*

　はじめに　*119*
　4-1．調査地の概況　*120*
　　(1) マラン市／ *120*
　　(2) ザカート管理団体の構成と概観／ *123*
　4-2．マラン市におけるザカート管理団体とその沿革・理念・活動　*124*
　　(1) 公的ザカート管理団体（BAZ）／ *124*
　　(2) 民間ザカート管理団体（LAZ）／ *127*
　　(3) 草の根ザカート管理団体／ *135*
　4-3．ザカート管理団体と開発言説　*140*
　4-4．マラン市におけるザカート管理団体の位相　*142*
　おわりに　*146*

第5章　ザカートの融資を受ける人々の主体性：
　　　　「消費から生産へ」の再構築と曖昧な助け合い ………………… *149*

　はじめに　*149*
　5-1．マラン市における生産的ザカートの借り手たちとその実態把握　*150*
　5-2．アンケート調査の概況　*150*
　　(1) 調査団体の選定／ *150*
　　(2) アンケート調査の結果／ *151*
　5-3．ザカート管理団体のマネージャーからの聞き取り　*155*
　　(1) サビーリッラーのマネージャーママド氏の生産的ザカートプログラムの中止例／ *155*
　　(2) BMムルジョサリ地区のボランティアマネージャー／ *156*
　5-4．ザカート管理団体から融資を受けること　*157*
　おわりに　*160*

終　章 …………………………………………………………………… *163*

謝辞　*173*
参考文献　*179*
　日本語文献／ *179*
　英語文献／ *184*
　アラビア語文献／ *195*

インドネシア語文献/ *195*
　　辞典類/ *197*
　　年次レポート/ *197*
　　オンライン文献/ *198*
付録：アンケート調査質問票（インドネシア語）　*200*
索引　*206*

図・表・写真の目次

図1　インドネシア全図と調査対象2都市の位置／ *32*
図2　ザカート管理団体設立時期／ *49*
図3　ザカートの徴収に関するインドネシア・ウラマー評議会のファトワー一覧／ *63*
図4　ザカート受給者の優先順位／ *105*
図5　生産的ザカートのメカニズム／ *115*
図6　マラン市内の五郡／ *121*
図7　マラン市内ザカート管理団体分布図／ *144*

表1　「収入のザカート」の命名方法（nomenclature）と法的規定／ *78*
表2　生産的ザカート受給者の健康保険の加入状況／ *153*
表3　生産的ザカート受給者のザカート管理団体以外からの融資状況／ *153*
表4　生産的ザカート受給者の貯蓄状況／ *153*
表5　生産的ザカート受給者の政府からの貧困援助の有無／ *153*

写真1：「売ります。ガス3kg、水、ガソリン、氷」と書かれたお手製のチラシ（2017年6月13日）／ *11*
写真2：スヤティおばあさんの家の壁にかけられた小売りの粉末ジュースと水のストック（2017年6月13日）／ *12*
写真3：貧困地区を周って受給者の借り入れ状況を確認するBMのボランティアマネージャー（2017年7月17日）／ *13*
写真4：マラン市ムルジョサリ地区の分配組織BMの看板。日用品店を営むマネージャーがボランティアで運営しており、お店の片隅に事務所兼倉庫がある（2017年7月17日）／ *14*
写真5：BAZNAS本部でイルファン・シャウキー・ベイク氏と筆者（2016年11月14日）／ *50*
写真6：ジョコ・ウィドド大統領（Joko Widodo）とユスフ・カラ副大統領（Muhammad Jusuf Kalla）がジャカルタの大統領府（Istana Negara［Ind.］）でザカートを支払う様子（2018年5月28日）／ *56*
写真7：BAZNASマラン支部事務所の概観（2017年4月20日）／ *125*
写真8：BAZNASマラン支部が運営する無償食堂のバナー（2017年4月26日）／ *125*
写真9：BM Qona'ah店の看板と、マネージャーが営む日用品雑貨店（2017年4月26日）／ *126*

写真 10：ルマ・ザカートマラン支部事務所（2014 年 8 月 13 日）/ *127*
写真 11：ルマ・ザカートマラン支部での職業訓練の様子（2014 年 8 月 16 日）/ *130*
写真 12：ヌールル・ハイヤートの無利子融資で、移動式屋台を購入した男性 / *131*
写真 13：ヌールル・ハイヤートの自立支援で、レンガ作りの機械をムダーラバ契約で購入した男性（2017 年 4 月 17 日）/ *131*
写真 14：アルファラー事務所の外観（2017 年 4 月 17 日）/ *132*
写真 15：ヤティム・マンディリ事務所の外観（2017 年 5 月 9 日）/ *132*
写真 16：ヤサマラン支部の外観（2017 年 5 月 10 日）/ *133*
写真 17：ヤサが運営する孤児院 / *133*
写真 18：ラジスムの事務所（2017 年 5 月 23 日）/ *134*
写真 19：エルザワで、寄附箱の金額を数える女学生（2017 年 5 月 4 日）/ *135*
写真 20：エルザワ事務所で生産的ザカートの貸付契約成立の握手（2017 年 5 月 2 日）/ *136*
写真 21：サビーリッラーモスクの敷地内に置かれた救急車（2017 年 5 月 22 日）/ *137*
写真 22：ルンバガ・マネジメン・インファクの事務所（2017 年 5 月 12 日）/ *138*
写真 23：休止中のバイトゥル・ウンマ事務所外観（2017 年 5 月 9 日）/ *139*

凡　例

全般
1. 年号は基本的に西暦で表示し、必要な場合のみヒジュラ歴を併記する。
2. 本書で登場する人物の名前は、本人から特別に要望があった場合を除き、仮名である。
3. 金額に関しては、フィールド調査を行った 2017 年時点の平均の価格レートで換算し、ルピア（円）と表記する。

転写・表記
1. 本書で用いる正則アラビア語については、その表記について以下のように取り扱う。
    1) 『岩波イスラーム辞典』（大塚他編 岩波書店 2002）に準じるアラビア文字のローマ字転写法に従い、表記する。
    2) アラビア語をローマ字転写した箇所はイタリック体を用い、他言語との識別のために［Ar.］と付記する。

2. 本書で用いるインドネシア語については、その表記について以下のように取り扱う。
    1) 標準となっている国民教育相編纂の『インドネシア語大辞典』（Departemen Pendidikan Nasional 2002. Kamus Besar Bahasa Indonesia, Jakarta: Balai Pustaka.）に準じて表記する。
    2) インドネシア語（ムラユ語）表記にもイタリック体を用い、直後に［Ind.］と記す。またインドネシア語におけるアラビア語借用語の翻字については、基本的にはインドネシア語での慣習的な表記法に従う。

3. 本書で言及する専門用語については、以下のように取り扱う。
    1) 本書で重要概念として頻出する「ザカート」「ムスリム」「ウラマー」等のイスラームに関する語彙は、基本的に『岩波イスラーム辞典』の表記に準じ、カタカナ表記とする。
    2) インドネシア語におけるアラビア語借用語のカタカナ表記についても、イスラームに関する用語に関しては『岩波イスラーム辞典』の表記に準じる。ただし、「ムハマディヤ」や「NU」といったイスラーム大衆団体の名称などの単語については、（長母音を含まないなど）インドネシア語での慣習的な表記法に従い、カタカナ表記／略語を採用した。
    3) クルアーンの章名は、アラビア語版の標準版クルアーン（マディーナ版）での呼称（たとえば「食卓章」）に加えて、欧米や日本で読者の便宜のために使われている章番

号を付した（例「食卓章〔五〕章」）。翻訳にあたっては、井筒俊彦訳『コーラン』（岩波書店 1964）と日本ムスリム協会訳『日亜対訳・注解　聖クルアーン』（日本ムスリム協会 1996）を参照しつつ、適宜変更を加えた。

4. 本書で言及する組織名称等については、以下のように取り扱う。
   1) 原則として日本語訳の呼称を用い、初出時にインドネシア語の正式名称を付記する。
   2) 略称・通称がある場合には、初出時にそれを付記し、それ以降は原則、略称・通称を用いる。

頻出略語一覧

BAZ	公的ザカート管理団体（*Badan Amil Zakat*［Ind.］）
BAZNAS	全国ザカート管理庁（*Badan Amil Zakat Nasional*［Ind.］）
BAZIS	公的ザカート（インファーク、サダカ）管理団体（*Badan Amil Zakat, Infak dan Sedekah*［Ind.］）
BAZIS DKI	ジャカルタ特別州ザカート（インファーク、サダカ）管理団体（*Badan Amil Zakat, Infak dan Sedekah Daerah Khusus Ibukota*［Ind.］）
BM	バイトゥルマール（*Baitul Mal*［Ind.］）
BMT	イスラーム貯蓄信用協同組合（*Baitul Maal wat Tamwil*［Ind.］）
DD	ドンペット・ドゥアファ（*Dompet Dhuafa*［Ind.］）
DDII	インドネシア・イスラーム・ダアワ評議会（*Dewan Dakwah Islamiyah Indonesia*［Ind.］）
IAIN	国立イスラーム学院（*Institut Agama Islam Negeri*［Ind.］）
ICMI	インドネシア・ムスリム知識人協会（*Ikatan Cendekiawan Muslim se-Indonesia*［Ind.］）
KKN	汚職、癒着、縁故主義（*korupsi kolusi nepotisme*［Ind.］）
LAZ	民間ザカート管理団体（*Lembaga Amil Zakat*［Ind.］）
LAZIS	民間ザカート（インファーク、サダカ）管理団体（*Lembaga Amil Zakat*［Ind.］）
Masjumi	マシュミ（インドネシア・ムスリム評議会：*Madjelis Sjoero Muslimin Indonesia*［Ind.］）
MIAI	ミアイ（インドネシア・イスラーム最高評議会：*Madjlis Islam A'laa Indonesia*［Ind.］）
MUI	インドネシア・ウラマー評議会（*Majelis Ulama Indonesia*［Ind.］）
NU	ナフダトゥル・ウラマー（*Nahdlatul Ulama*［Ind.］）
P3M	プサントレンと社会開発協会（*Pusat Pengkajian Pesantren dan Masyarakat*［Ind.］）
PERSIS	プルシス（*Persatuan Islam*［Ind.］）
RZ	ルマ・ザカート（*Rumah Zakat Indonesia*［Ind.］）
UIN	国立イスラーム大学（*Universitas Islam Negeri*［Ind.］）
UPZ	ザカート徴収局（*Unit Pengumpul Zakat*［Ind.］）
ZIS	ザカート、インファーク、サダカ（*Zakat, Infak dan Sedekah*［Ind.］）

序　章

1．スヤティおばあさんとマイクロファイナンス

　「売ります。ガス、水、ガソリン、氷」

こう書かれた簡素なお手製のチラシが、裏路地の小道にあるバラック長屋の壁に貼られていた（写真 1）。このチラシを貼ったスヤティおばあさんは、元ジャムゥ（インドネシアの伝統薬）売り[1]をしていた。60 代になり、液体のジャムゥが入った重いペットボトルを何本も頭に載せたり肩に担いで売り歩くのはもう無理だということで、ザカートを受給している。

　ザカートとは、全ムスリム（イスラーム教徒）の義務である。これは、しかるべき徴収人を通じて集められ、貧しい人や孤児など定められた受給資格者に分配される。スヤティおばあさんも夫に先立たれ、すでに高齢で働くことができないた

写真 1：「売ります。ガス 3kg、水、ガソリン、氷」と書かれたお手製のチラシ（2017 年 6 月 13 日）

め、インドネシア公的ザカート管理団体（*Badan Amil Zakat*［Ind.］）の資金分配組織バイトゥルマール（*Baitul Mal*［Ind.］、*Bayt al-māl*［Ar.］；アラビア語で「富の家」。特に初期のイスラームでは、カリフ制における税の管理を担当する金融機関や国庫を指す。転

---

[1] 道端でジャムゥを売る行商人を *Jamu Gendong*［Ind.］という。このジャムゥ行商人はたいてい女性で、薬草で作ったジュースの瓶を何本もかごに詰めて、バティック（*batik*［Ind.］；ろうけつ染め）の長い布を使って背中に担いだり頭にのせて売り歩く（参考：西澤幹雄「インドネシアの薬草を用いた伝統医薬『ジャムゥ』」2024 年 7 月 23 日最終閲覧。https://www.ritsumei.ac.jp/research/aji/asia_map_vol02/indonesia/country/）。

写真2：スヤティおばあさんの家の壁にかけられた小売りの粉末ジュースと水のストック（2017年6月13日）

じて現在では、金融機関、特にイスラーム経済用語ではザカート管理の財務部や資金分配組織を指すことが多い；以下 BM）を通じて、ザカートを受け取っている。

ザカートを受け取るといっても、スヤティおばあさんの場合は毎月施しを貰うという形ではなかった。3,000,000 ルピア（約 25,000 円）を無利子無担保で借りて、それを元手にガソリンや氷、粉末ジュースに利ざやをつけて小売りをするといういわゆるスタートアップビジネスを行っていた（写真 2）。

小規模小売業をする／したいという人に対して、無利子無担保で資金を貸し出す、いわゆるマイクロファイナンスは近年の流行であるが、まさかこのおばあさんが融資を受けているとは知らずに私は驚いた。そもそもザカートとは、富める人が貧しい人に施す宗教的習わしという風な理解しかなかったので、融資資金となっていることも新しい発見であった。それと同時に、はたしてこのおばあさんに返済能力はあるのだろうか、と失礼にも疑問に思った。

家計状況を詳しく聞くと、日の売り上げはほとんどなく、たまに 10,000 ルピア（約 80 円）売り上げがあるかないかという程度だという。おばあさんの家は立地的にも裏路地の曲がりくねった小道にあるため、通りがかる人も多くない。せっかく作ったお手製のチラシ（写真1）も人目に触れることはほとんどないのだ。

おばあさんはこれまで、政府の直接現金給付やコメ支給などの貧困援助政策は受けたことはないそうだが、住居や生活状況から困窮していることは伝わってきた。私は正直、なぜこの人が政府からの支援を受けるでもなく、施しをもらうでもなく、お金を借りているのか不思議でたまらず、聞いてみた。

するとスヤティおばあさんは「朝早くからジャムウを自分で作って、町を売

り歩くのはもう出来ない。……でも自分で何か稼ぎたいので借りてるよ。……（中略）……BMだと利子がないし、私のような年寄りにも貸してくれる。」とさも何でもないといった感じで、自然と答えた。

　私は急に恥ずかしくなった。老人なのにお金を借りて商売をしているということに疑問を投げかけた不作法に恥じる気持ちもあった。しかしそれ以上に、知らず知らずのうちに私は「扶助を受けるべき正当な貧困者」を探していたことに気づいてしまったのである。ゆえに、扶助を受ける側が生き生きと暮らし、自らの気力と能力が許す限り働こうとする様に想定外という印象を受けたのだった。

写真3：貧困地区を周って受給者の借り入れ状況を確認するBMのボランティアマネージャー（2017年7月17日）

　その後の調査でも、同様のことが多くあった。目の不自由なシフォン夫妻や、断食月にドリアンアイスを売ろうと試みる清掃員のアリフさんなど、多くの受給者がザカートをただ消費的に受給するのではなく、返済を求められるマイクロファイナンスを選び、自らの収入や貯蓄に応じた金融手段としてザカートを主体的かつ戦略的に活用しているのであった。

　ザカートの融資に関して興味深いもうひとつの点は、BMのマネージャーが毎週行っている受給者への訪問であった（写真3）。公的ザカート管理団体から分配資金を任されたBMは、基本的にボランティアによって運営される。その地区の有志、特に個人商店を持っている人が、商店の隅に事務所を開き無償で対応している（写真4）。

　私はこのBMのボランティアマネージャーのザカート受給者の家庭訪問に何度も同行したが、この時マネージャーの対応が人によって異なることに気づいた。例えば、ザカート融資金でうまく商売を軌道に乗せている人には、返済

写真4：マラン市ムルジョサリ地区の分配組織BMの看板。日用品店を営むマネージャーがボランティアで運営しており、お店の片隅に事務所兼倉庫がある（2017年7月17日）

を求め、さらなる融資[2]と事業計画の拡大について話していた。他方、スヤティおばあさんや目の不自由なシフォン夫妻など、いわゆる社会的弱者で状況的に負債を返せそうにない人には「やぁ元気？」などの世間話だけにとどまり、特に返済を迫るそぶりはなかった。

「借金＝負債」は返さねばならないという強い思い込みを内在化してしまっていた私はこの柔軟な融資に混乱するとともに、驚いた。「じぶんの負債を返却することがモラリティの本質ではない」という借りたら返せというモラルからの解放を論じ、信用・負債研究に革新的な視座を開いたのはデヴィッド・グレーバーの『負債論——貨幣と暴力の5000年』(2016 [原著2011])である。他にもマウリツィオ・ラッツァラートの『〈借金人間〉製造工場』(2012 [原著2011])は、近代になり人間が金融的な破局のコストとリスクを引き受ける主体としての借金人間（ホモ・デビトル）へ構成される過程を論じている[3]。

このような負債論の視点を念頭に先ほどの事例を考えてみると、借金を返すことが絶対的なモラルであるという考え方は近代の産物だといえる。ゆえに、イスラームにおいてはザカートの原資は富裕なムスリムの喜捨であり、ザカート受給者の正当な取り分であるから返済は必須ではないと考えられる[4]。す

---

[2] イスラーム金融のスキームでいうムダーラバ契約 (*muḍāraba* [Ar.]) など、より大口の融資を提案していた。ムダーラバは、富を持った人物が、ビジネスの才覚に長けた人間に資金を託して、そのビジネスから得られた利益をあらかじめ決められた割合で分け合う仕組みである [長岡編2024: 2-3]。現代のイスラーム金融では、資金提供者と事業者が利益または損失をシェアすることから、ムシャーラカ (*mushāraka* [Ar.]) という手法とともに損益分配方式 (Profit-and-Loss Sharing)、あるいはその頭文字をとって「PLS」と称されることが多い [長岡2011：39-40]。

[3] 無論欧米的な信用・負債観を中心に一般化されている点でインドネシアの分析にそのまま適用することはできない。本書の射程では扱いきれないものの、現代インドネシアの都市部を研究するという点で、このような負債論の視点を共有している。

[4] ザカート受給者のことをアラビア語で「ムスタヒック (*mustaḥiqq* [Ar.])」といい、「権利 (*haqq* [Ar.])」

べての所有者である神が、現世において人間に貸している金の一部を喜捨として返還させているだけとも換言できる。つまり究極的にいえば、ザカートによる融資金は、ザカート管理団体の所有でもなく、もちろんマネージャーの所持金でもなく、ザカート受給者のものであるといえよう。

　借りている側が所有権を持つなどおかしいと思われるかもしれない。確かに債務者が堂々と返済をしなくなると、融資が焦げ付いてしまう。しかしながら、ここで融資や返済などの金融用語に引っ張られると、宗教的贈与の重要なエッセンスを見逃してしまう。つまり新自由主義的現代資本主義社会において「債権者／債務者の権力構造は永続的なものである」と見なし、「債務を返済する責任は道徳的な義務である」と考える方法は、宗教的な世界観においては絶対と言い切れないのではないか。これが本書の出発点となる疑問である。少なくともインドネシアで現在活発に行われている無利子・無担保でのザカート貸付生産的ザカート（*Zakat produktif*［Ind.］）の事例では、債務不履行に対する寛容さが確認された。

　世界最大のムスリム人口を有するインドネシア共和国において、ザカートのポテンシャルは計り知れない。特に政府が公共の社会福祉サービスの提供を控え、代わりに民間部門との協働を声高に唱える昨今のインドネシアの状況において、ザカートのあり方を検討していくことは、共同体における国家や宗教の役割を考える上でも重要だといえる。

　またスヤティおばあさんのように、扶助を受ける側が生き生きと暮らし、自らの気力と能力が許す限り働こうとするその原動力を探すことは、人間の可能性を解き明かすことだと考える。ザカートという概念は現代インドネシア社会においてどのように形成されてきたのだろうか。慈善や社会福祉という枠組みでとらえることができるのだろうか。生産的ザカートという新しい取り組みはどのように実践されているのだろうか。本書は、現代インドネシアにおけるザカートをめぐる実践を見ていくことで、イスラームにおける慈善の論理と社会福祉とは何か探求していく。その一端を明らかにするのが本書の目的である。

　と共通の語根を持つ能動分詞で「権利を持つもの」という意味になる。

2. 本書の主題と目的

　本書は、イスラームにおける慈善の論理と社会福祉を明らかにすることを第一の目的とし、現代インドネシアにおけるザカート（zakāt［Ar.］, 義務の喜捨）の法学的革新と地域の主体に着目して論じるものである。日本は、あまり慈善や寄付実践が活発でない国だといわれる。イギリスの慈善団体であるチャリティー・エイド・ファンデーション（Charities Aid Foundation: CAF）は、2010 年から「世界寄付指数（World Giving Index）」という人助け、寄付、ボランティアに関する指数を公開している。その中で 2021 年版の最下位は日本とされている。

　その一方で、2018 年版と 2021 年版では、インドネシアが世界で最も寛大な国であると認定された［CAF World Giving Index 2018: 10; CAF World Giving Index 2021: 6］。その背景には、イスラームのザカートの実践があることに加え、特にインドネシア政府が国連と連携してザカートを「持続可能な開発目標（SDGs）」に結びつけ推進していることが、世界寄付指数で一位となったことに関係していると指摘された［CAF World Giving Index: 5］。

　世界最大のムスリム人口を有するインドネシアで、イスラームのザカートが活発に実践され、福祉（well-being）に貢献しているというが、そこにはいかなるイスラームの論理があるのだろうか。まず本書で着目するザカートの概要を示す。

　キリスト教や仏教などの他の多くの宗教と同じく、イスラームでも、寄付をすることは美徳とされている。ムスリムが自発的に貧者や困窮者のために金品や食べ物を施すことをサダカ（ṣadaqa［Ar.］, 任意の喜捨）[5] という。ザカートはこのような美徳といういわゆる個人のモラルや倫理に任せたサダカとは異なる。なぜならザカートは五行／五柱（arkān al-Islām［Ar.］）の一つであり、信仰告

---

[5] サダカはクルアーンにも 30 回ほど頻出し、「任意の喜捨」を指す。クルアーン雌牛〔二〕章 215 節に「かれらは、如何に施すべきか、あなたに問うであろう。言ってやるがいい。『あなたがたが施してよいのは両親のため、近親、孤児、貧者と旅路にある者のためである。』本当にアッラーはあなたがたの善行を、何でも深く知っておられる。」とあり、サダカの特徴を示している。サダカは、近くにいる困窮した人、つまり家族や縁者などに与えるところから始まり、その実践は周縁的に拡大していくと理解できる。笑顔の実践などの非物質的な行いもサダカであるとされ、その適用される行いは多岐にわたる。Encyclopedia of Islam（第二版）は、サダカを「一般的にザカートとしてよく知られる義務の喜捨と区別して、任意の喜捨」と定義している。

白（shahāda［Ar.］）や礼拝（ṣalāt［Ar.］）、断食（ṣawm［Ar.］）、巡礼（hajj［Ar.］）に並ぶイスラームの根幹をなす宗教的義務行為だからである。

　ザカートは原則的には、ウンマ（umma［Ar.］，イスラーム共同体）の指導者が責任をもって集め、配布すべきものである。そして、イスラーム法学[6]上、ザカートは断食明けのザカート（ザカート・フィトル：zakāt al-fiṭr［Ar.］, zakat fitrah［Ind.］）と資産ザカート（ザカート・マール：zakāt al-māl［Ar.］, zakat mal［Ind.］）の二種類に大別される[7]。前者の断食明けのザカートは、断食月（ラマダーン：ramaḍān［Ar.］, ramadan［Ind.］）の終わりの大祭（レバラン：'Īd al-fiṭr［Ar.］, Lebaran, Idul Fitri［Ind.］）に、すべてのムスリム[8]が一人当たり約3kg[9]の主食、もしくはそれ相当の金額を支払うものである。後者の資産ザカートは18歳以上のムスリムが正当な方法で得た資産（株や商品在庫などの所得を生む資産も含む）にかかるザカートである。この支払対象には住宅[10]や車、金、証券以外に、農作物や家畜、事業資産も含まれる［al-Qaraḍāwī 2009］。財産の40分の1（2.5％）と規定されている。ちなみに本書で「ザカート」とのみ記載される場合、特に断りがなければ「資産ザカート」を指す。

　このようにザカートは一定以上の資産を一年間保有した成人ムスリムに対して、その合法的な財産の一定比率を差し出させる規定となっているため、情や哀れみを介した単発的な施しとは全く異なる論理をもち、ウンマを支える一つの再分配システムとして位置付けられているのである。

　再分配システムとして位置付けられているとはいうものの、現代ムスリムの

---

[6] 本書で「イスラーム法」と記しているのは、シャリーア（sharī'a［Ar.］）である。シャリーアの具体的な法規定（hukm［Ar.］）に関する学問としては、イスラーム法学（'ilm al-fiqh［Ar.］）と記す。
[7] イスラーム法学におけるザカートの規定について、詳しくは本書第2章1節に記載する。
[8] イブン・ウマルのハディースに「アッラーの御使いは、ラマダーンのザカート・フィトルをすべての人に義務とした。老いも若きも、自由人であろうが、奴隷であろうが、男であろうと、女であろうが、ナツメヤシを1サーア、または小麦を1サーア（サーアとは升の単位で、重量に換算すると小麦であれば約2.2キロに当たる。）」とあり、ザカート・マールと違ってすべてのムスリムに支払義務が生じる［al-Qaraḍāwī 2009:41］。
[9] 東ジャワのウラマー評議会は、2014年のラマダーンのザカート・フィトルをこの分量と決定した。詳しくは、オンラインニュースサイトの『イスラームの声（Suara Islam）』（http://www.suara-islam.com/read/index/11401/MUI-Jawa-Timur--Genapkan-Hitungan-Zakat-Fitrah-Menjadi-3-Kilogram-Beras）を参照。
[10] 住宅の場合、家族の居住に用いられている家は、ザカート支払いの対象とはならず、貸し出されて利益を生んでいる住居が対象となる。したがって、住居資産価値に対する2.5％の支払い額がザカートというのは不正確で、その住居の資産価値がいくらであれ、それが家族の居住に用いられている限りザカートの支払い対象から除外される。

実践において、理念通りウンマの宗教指導者が責任をもって分配するという仕組みにはなっていない。そもそもウンマ全体の指導者であるカリフ（*khalīfa* [Ar.]，預言者ムハンマドの後継者／代理人）は存在せず、それぞれの近代的な国民国家の中での多様な実践に委ねられているのが現状である。

2025年現在、国家が主体となってザカートを徴収、管理、分配するのはサウディアラビアやパキスタン、マレーシアの一部の州等の限られた国と地域であり、イスラーム協力機構（the Organization of Islamic Cooperation, 以下OIC）加盟国の中でザカートの徴収や分配を、国家が法的に様々な形やレベルで規定している国は11か国しかない[11]。

その他の大多数の国は、基本的に政教分離原則をとるため、NGOなどの第三セクターや、宗教省の外郭団体、ザカート委員会、地元のモスクや宗教指導者たちがそれぞれに徴収・管理・分配を行っている。それらの国では、ザカートはチャリティーや慈善、ボランティア活動といった枠組みの中で語られる。

国連人道問題調整事務局の報道部門である統合地域情報ネットワーク（Integrated Regional Information Networks, IRIN）によれば、ザカートおよび、任意の喜捨であるサダカを合わせた額は、毎年2,000億ドルから1兆ドルに上り、2011年を例にとると、少なく見積もっても人道目的のために世界で集められる寄付総額の15倍だという［八木2015: 221］。このことからも、いかに多くのムスリムが日常的に喜捨を行っているのかわかる。このように、イスラーム世界において広く行われてきた喜捨実践は、21世紀に入ってから急速に注目が高まり、それに関連してイスラームの教義に準じた慈善や社会貢献、社会福祉に関連する研究も多く報告されてきた。

その背景要因としては、1960～70年代からのイスラーム復興の顕在化によって、自己アイデンティティの回復を図るために西洋的概念の抜本的な見直しを検討する機運が高まったことが考えられる。言い換えれば、オリエンタリズム批判の潮流の中で、喜捨や慈善、チャリティーという概念が西洋的な起源を有

---

[11] インドネシア、マレーシア、サウディアラビア、スーダン、クウェート、ヨルダン、パキスタン、リビア、バングラデシュ、バハレーン、ブルネイ・ダルッサラーム王国には、法的な規制がある［Beik 2015］。そのうち、ザカートを納める義務の履行を怠る場合は罰金や禁固刑、もしくはその両方が課せられるといったようにザカートが強制力を伴って徴収される国は、リビア、マレーシア（そのうち以下の州。Johor, Kedah, Kelantan, Perak, Perlis, Sabah, Terennganu）、パキスタン、サウディアラビア、スーダン、クウェートそしてイエメンのみである［Alfitri 2017: 102; Powell 2009: 58-73］。

するという言説が、相対化されてきたともいえる。

　また、9・11のアメリカ同時多発テロ事件以降、イスラーム的な慈善団体がテロ組織の資金源になっているという疑惑[12]から、実態調査が行われてきたという外的な要因もある。総じてここ四半世紀余りの動向としては、NGOやNPOが運営する「イスラーム的慈善・寄付（Islamic Charity/Philanthropy）」という枠組みでザカートが研究される傾向が顕著である。

　ところが、最新の研究では、そもそも慈善事業や寄付の枠組みの中に宗教的贈与であるところのザカートを包含することが可能かどうかすら、問題になり始めている［Feener and Wu 2020: 1-3］。その背景として、「イスラーム的慈善・寄付研究（Islamic Philanthropy/Charity）」という先行研究群の枠組みは、宗教に対する特定のイメージと、経済と道徳に関する新自由主義的な構造によってもたらされた、近現代の特殊な構造[13]そのものであると指摘がある。地域の社会的・歴史的文脈に寄り添うという点で、本書も同様の問題意識を持つ。

　そこで本書が着目するのは、インドネシアにおけるザカートという概念の歴史的変遷である。クルアーン（al-Qurʾān ［Ar.］）やハディース（ḥadīth ［Ar.］，預言者言行録）などの古典文献を主に構成された伝統的ザカート概念から、現代インドネシアにおいて再構築され、制度化[14]された近代的なザカート概念、そして実際にザカートを実践する人々が使っているザカートというように、様々に変容する言葉の概念を丹念に考究したい。

　したがって本書は、インドネシアにおけるザカートの言説分析とフィールドワークを中心として、支払者、管理者、受給者の相補的なザカート実践[15]と

---

[12] 中東地域ではパレスチナのハマースに関する論考などもあるが、近年インドネシアにおける過激派チャリティーに関する最新レポートも出された。この報告書では、人道的な呼びかけによって、熱心な支援者や無防備な一般市民から集められた資金が、暴力的な過激派組織の重要な資金源となっていること、またテロリストとの関係が疑われる慈善団体を監視するために必要な措置について考察している（"Extremist Charities and Terrorist Fund-Raising in Indonesia" IPAC Report No. 76, 2022.）。

[13] とりわけ、宗教と開発という文脈は、ジェームズ・ウォルフェンソンが世界銀行総裁を務めていた期間（1995〜2005年）に宗教指導者や団体と積極的に関わったことや、米国のジョージ・W・ブッシュや英国のトニー・ブレアが推進した「信仰に基づく組織（Faith-based organizations, FBOs）」の政治的正当性や法的権限の拡大があったということによって形作られてきた［Fountain, Bush and Feener 2015: 21］と先行研究では指摘されている。

[14] 本書において重要な概念の一つでもあるザカート制度化については、次節で詳しく後述する。

[15] 「ザカート実践」という用語についても定義づけをしておく。一般的にザカート実践（zakat practice）とは、ザカートという義務の喜捨行為を行うことである。本研究では「誰が」行うのかにも着目するため、ザカート支払者、その金を徴収・管理・分配するザカート管理者、そしてザカートを受け取るザカート受給者のすべての行為を包括してザカート実践と呼ぶ。行為者を分ける際に

人々の主体的な解釈に着目し、イスラームにおける慈善の論理と社会福祉を明らかにする。

3. 先行研究の問題点

　本書は、インドネシアにおけるザカートの歴史的変遷について問い直すものである。インドネシアのイスラームについては政治研究や改革主義思想、大衆団体についての膨大な研究蓄積があるが、ザカートを主題として扱う研究も増えてきている。特に近年では、インドネシア人の中堅・若手研究者による論考が、イスラーム研究と社会科学分野で次々と発表されている。例えば Salim (2008)、Lessy (2009)、Latief (2012; 2013; 2016)、Fauzia (2013; 2017)、Jahar (2006; 2015)、Alfitri (2017; 2022) らにみられるように、ザカートは様々な分野を横断して俎上に上る重要な主題となってきた。

　インドネシアに限らずザカートに関する先行研究を整理すると、イスラーム法学者の著作や法学的見解の吟味に基づく理念研究［Mawdūdī 1975 (1974); Kahf 1989b; Mahmood and Haneef 2008; Mahaini 2011］、文献資料の精査に基づく歴史学的アプローチ［Sabra 2000; Singer 2008, Fauzia 2013］、実践として貧困削減への具体的な貢献を数値化した実証的経済研究［Kasri 2016; Nurzaman 2012; Yumna and Clerk 2012］、国際的組織として横断的なヒト、カネの動きをめぐるイスラーム団体研究［Benthall, Jonathan and Bellion-Jourdan 2003; Alterman and von Hippel 2007］、選挙や政治とカネをめぐる研究［Latief 2012; 2013; 2016］、社会のイスラーム化に関する研究［Salim 2008］など多岐にわたる。

　ザカートの理念研究の系譜については、特に Malik (2016) が詳細、かつ明快に論じている。彼は、歴史的発展、イスラーム法学上の要請、およびザカートの多次元的適用性に関して現在までに出版された理念的研究の文献全体を、イスラーム法学とイスラーム経済という2つのカテゴリーに分類した［Malik 2016: 65-67］。

　第一のイスラーム法学分野は、ザカートに関する特定の法律問題を扱う文献

は、「ザカート支払者のザカート実践（支払うこと）」「ザカート管理者のザカート実践（管理すること）」「ザカート受給者のザカート実践（受け取ること）」というように使用する。

序　章

で構成されており、古典的イスラーム法学者（*faqīh*［Ar.］）が主な書き手である。イスラーム世界において著名なウラマー（*ulamāʾ*［Ar.］、イスラーム諸学を修めた学者・知識人）であり、イスラーム思想家であるユースフ・カラダーウィー（Yūsuf al-Qaraḍāwī, 1926〜2022）の『ザカート法学（*fiqh al-zakāt*［Ar.］）』がその後のザカート解釈でも法学派を超えた基本文献として引用されており、大きく貢献しているといえる［al-Qaraḍāwī 2009］。本書でも、理念研究に関してはカラダーウィーに依拠するところが多い。

　第二のイスラーム経済分野は、ザカートの経済性と財務的有効性を扱っている。中でも、貧困削減へのアプローチとしてザカート管理団体を研究するものは多く、Ahmed（2004）、Shirazi（2006）、Kasri（2016）やNurzaman（2012）、Yumna and Clark（2012）などがある。

　上記のようなザカートの理念研究の多くが、イスラーム初期の歴史に回帰した還元主義や本質主義的理解に終始してきた。もちろんザカートはいわゆるイスラームの五柱であり、ムスリムの信仰実践の根幹をなすものであるから、教理的な理解としては否定できない。その一方で、歴史的動態や地域的特性を無視した、いわゆる「そもそも論」に陥ってしまうと、インドネシアという固有の地域で培われてきたザカート概念の歴史やエッセンスは失われてしまう。したがって本書は、インドネシアの社会と歴史を踏まえたうえで、理念と実践の双方から総合的にザカートを理解しようと試みる。以下に先行研究の問題点として、具体的に、(1)ザカート概念の多義性の問題点、(2)イスラーム経済思想研究の軽視、(3)イスラーム的慈善という枠組みの問題点を挙げる。

(1) ザカート概念の多義性の問題点

　外国語を正確に翻訳し、適切な等価語を見つけることは難しい。ザカートを研究する際、最初に直面する問題も、やはり翻訳である。日本語書籍では一般的に、イスラームにおける五行の一つであるザカートを、「義務の喜捨」や「定めの喜捨」と訳してきた。

　英語の翻訳も「almsgiving; alms」や「alms tax」、「charity」、「wealth tax」「Islamic tithing」などが一般的であった［Sato 1987: 45］。このようにザカートを宗教税や富裕税として訳す欧米の研究者に対して佐藤は「フォーマリスト（形式的経済学

者）は、自国の税体系にこのザカートが近似していることから、疑いもなくザカートを一種の宗教税もしくは富裕税と規定する。経済行為の目的－手段の関係のみを考究する『狭義』の経済学では当然の帰結である」とまで批判している［佐藤 1987: 86］。

　どのような用語を使用するのかその分析概念を確認することで、ザカートをどのようにとらえているのかという研究者の立場を推察できる。本研究においてザカートをどのような日本語の語彙で表現することが適切であるかも含めて、考察の前段階として、用語上の問題を整理しておきたい。

　まず歴史学者のシンガーは、ザカートに「イスラーム的喜捨（Islamic almsgiving）」という訳語をあてている。そしてザカートを含めたサダカやインファーク（infāq［Ar.］、infak［Ind.］）[16] などを総称して「イスラーム的寄付（Islamic Charity）」であるとし、預言者時代の逸話からイスラームに根付くチャリティー性を論じている。

　歴史学者でインドネシアのザカート管理について詳細な沿革を描いたファウジアは、ザカートを含めたサダカ、インファークなどを含めて「イスラーム的慈善（Islamic Philanthropy）」とする立場をとっている。彼女はフィランソロピーという言葉を使用することで、英語のチャリティーやインドネシア語の「寄付（kedermawanan [17]［Ind.］）」という用語に含まれない積極的意義が生まれると主張している。フィランソロピーが市民社会を基本として社会的正義や公益のために良いことをするという普遍的な現象であるため、個人的行為であるチャリティーなどとは異なるという主張である［Fauzia 2013: xvi］。論考全体を通して市民社会論に根差した視点からザカートを論じている［Fauzia 2013: 259-268］。

　政治学者のラティフは、インドネシアの政治団体とイスラーム的社会団体のパトロン＝クライアント関係について明らかにし、慈善の基金に関しても批判

---

[16] インファークとは、費やす、支出するという語根のアラビア語の動名詞である。インファークという単語は、クルアーンの夜の旅〔十七〕章 100 節に一回だけ登場する（言ってやるがいい。『仮令わたしの主の慈悲の宝物があなたがたの手中にあっても、それを費やすことを恐れて、あなたがたは必ずしまい込むことであろう。』人間は常に吝嗇である）。インファークという言葉自体はクルアーンで一回の言及にとどまるが、アンフィクー（anfiqū［Ar.］）という命令形は、聖典内に 18 回も現れる。アラビア語で「インファーク」という用語を寄付と同義で使うことはほぼないが、東南アジアでは「インファク（infak, infaq［Ind.］）」として、サダカと同義の任意の喜捨として使われる。

[17] 語根は「寄付（derma［Ind.］）」である。この用語は、インドネシアの歴史を通じて、民族的、宗教的、非宗教的といった形式に関わらない全ての贈与や寄附を指す［Fauzia 2013: 18］。

的に論じた。彼は英語論文では「イスラーム的寄付（Islamic Charity）」、インドネシア語論文では「イスラーム的慈善（*Filantropi Islam*［Ind.］）」と使用している［Latief 2010; Latief 2012a; Latief 2012b; Latief 2013］。投稿先で用語を変えた理由については不明であるが、2000 から 2010 年にかけて、インドネシアの学術界、メディア、NGO 関係、アクティビスト間を皮切りに、公共においてもフィランソロピーという言葉が一般化してきたこと［Fauzia 2013: xvi］も一因と考えられる。ザカート管理はだれが担うべきかという論考を書いたレッシーも「慈善的ザカート（philanthropic zakat）」という言葉を多用している［Lessy 2009; Lessy 2013a; Lessy 2013b］。本書で後述するインドネシア国内最大規模の民間 NGO のザカート管理団体も、イスラーム的慈善組織を自称するようになってきた[18]。

　以上のようにインドネシアでは 2000 年代から「イスラーム的慈善」という用語が広く使われてきたが、この現象には国内のイスラーム化や伝統の復興という内的要因のみならず、外的要因が大きいことも注意しなければならない。東南アジアに関する国際的学術誌 ASEAS（Advances in Southeast Asian Studies；前身は Austrian Journal of South-East Asian Studies）は 2017 年に東南アジアのフィランソロピーに関する特集号を組んでいる。巻頭で、シオルティーノ（2017）は「1980 年代以降、国際的な、特に米国のドナーや財団、中でもロックフェラー財団やフォード財団は、東南アジアをはじめとする世界各地でローカル・フィランソロピーを推進してきた。これらの財団は、『フィランソロピーは人類の課題解決や市民社会の強化に重要な役割を担っている』、『発展途上国の課題解決に取り組むには、海外からの資金提供よりも持続可能である』という信念の下、各国のフィランソロピー・セクターの育成を支援してきた。」と指摘している［Sciortino 2017: 145］。

　実際にイスラーム的慈善研究をけん引してきた前述のファウジアや著名なイスラーム知識人のアズユマルディ・アズラは「イスラーム的慈善（Islamic Philanthropy）」に関する論考を多数出しているが[19]、フォード財団によるプロジェクトの一環であるとファウジアの著書の前書きに書かれており［Fauzia

---

［18］　各団体については本書第 4 章 2 節で詳述する。
［19］　Azyumardi Azra, "Diskursus Filantropi Islam dan Civil Society（イスラーム的慈善言説と市民社会）" in Idris Thaha (ed.), 2003, Berderma untuk Semua: Wacana dan Praktik Filantropi Islam（すべての人のための慈善：イスラーム慈善活動の言説と実践）, Jakarta: Penerbit TERAJU, p. xxvi.

2013: xv]、米国の巨大な財団からの資金提供という外的要因があったことは確実である。加えて歴史学者のタウフィック・アブドゥラも、アリフが編著した『東南アジアのイスラーム的第三セクター（Islamic Voluntary Sector）』の中で、ザカート管理は民間セクターによる自発的なイニシアティブを慫慂したと論じており［Abdullah 1991］、フィランソロピーや市民社会論、チャリティーや開発の文脈でインドネシアにおけるザカートは研究されてきたといえる。

　ザカートを贈与（gift）として論じる立場は、人類学者に多い。例えば大塚はモースの贈与論を援用しながら、ムスリムが行う善行を「贈与」、神からの報酬を「返礼」と見なして、異次元の交換モデルを考案している［大塚 1989: 85-86］。また佐藤は「アダム・スミスから端を発したホモ・エコノミカス（経済人）の前提――つまり人は常に利潤の極大化を目指す――を、そのままイスラーム社会に転用することは真のイスラーム経済を解明する鍵にはならないのではないか」と指摘している［佐藤 1987: 87］。西洋流の税体系との相似点のみ強調してザカートを理解するのは「狭義」の経済学の枠組みにとどまっているにすぎず、背景にあるイスラームの倫理を捨象しているということだろう。そして経済人類学者のカール・ポランニーが『経済行動は、社会的、政治的、宗教的生活に編みこまれたもの』と主張するように、ザカートの持つ相互性もしくは互酬性および共同寄託の側面にも着目して論じるべきだとも指摘している［佐藤 1987: 86］。

　近年では文化人類学者のミッテルマイヤーはエジプト［Mittermaier 2019］、ショーブリンはパレスチナの事例をもとに、困っている人々への贈与を神の金銭の授受として行うことで、受け取った人々に恥をかかせる可能性を軽減する（スティグマの軽減）というメカニズムを明らかにした［Schaeublin 2019; 2023］。

　このように先行研究においてザカートを照射する用語には多様性があるものの、ある段階で区切りがみられ、一つの言い方に収束していく傾向がみられた。それはザカートを制度として捉える立場である。制度化とは、一般的に社会規範が制度にまで体系化され、斉一化することを指す。言い換えれば、制度化とは社会経済的システム全般が手続き的な正当性を保ち、文化の中で「制度として」定着してきたことを言う［小田 2022: 20］。ある規範が社会の成員の多数によって受け入れられ、規範への同調に対しては褒賞、違反に対しては罰が与えられ

るという正負の制裁が保証され、成員の多数がその規範を内面化して順守する（コンセンサスができる）ほど、その規範が制度化されているともいえよう。

　例えば、イスラーム経済学者のシラジュールは、ザカート制度化の枠組みと各国での適用可能性について詳述した［Sirajul 1995］。イブラヒムは、今日、慈善的な贈与がどのように制度へと公式化されたかについて、アラブ地域の慈善を事例に、社会的変革を指摘した［Ibrahim et al. 2008］。マレーシアのザカート研究では、国家制度の枠組みでザカートの制度化を照射する研究が多数ある。州ごとに徴収、分配される完全に制度化されたザカート[20]に対して、より効率的な運用、見込まれるザカート支払者の拡大、キャパシティービルディングなどの開発論が散見される［Rahman et al. 2012］。また、ザカート管理団体の効果を指標化するためのザカート・インデックスの作成も盛んに研究されるテーマのひとつである［Nurzaman 2016］。

　そもそもマレーシアにおけるイスラームと国家[21]との関係は、国家のイスラームへの直接的な関与に特徴付けられる［Hefner 1997: 24, 多和田 2005b］ため、ザカートひとつを抽出してもナショナルレベルの背景を考慮することなしに理解はできない。同国において顕在化するイスラームの歴史過程を、行政法と行政機関の展開から明らかにした長津は、ザカートを「財産に課される義務的宗教税」と訳しており［長津 2014: 125］、マレーシアにおけるザカートの概念は明確である。概して近年の研究では、特にマレーシアにおいて、ザカートを制度として論じるものが増えているといえよう。

　ザカートはヒジュラ歴2年から、共同体の長によって徴収、分配されてきた。オスマン朝時代には、ムスリムにはザカート、非ムスリムへは人頭税（ジズヤ：*jizya*［Ar.］）もあり、徴税制度に近いものだったと考えられる。このような機能

---

[20]　マレーシアは、中央政府による一元的な政策を施行してきたインドネシアとは異なり、州ごとの独立性が高い連邦制をとっている。国の行政単位はマレー半島に11、東マレーシアに2ある合計13の州ならびにクアラルンプールとラブアンの連邦直轄領からなるが、このうちマレー半島11州の中の9州に伝統的首長であるスルタンがおり、独自の権限を維持している。イスラームに関する最高の権威は、スルタンがいる州ではそのスルタンおよびスルタンに相当する統治者らが担い、連邦全体の最高権威はスルタンたちの中から互選された国王が担うと規定されている［青山 2006: 7; 塩崎 2016: 170-171］。

[21]　マレーシアは、憲法3条第1項において「イスラームは［マレーシア］連邦の宗教である。しかしながら、他の宗教もまた、連邦のいかなる場所においても、平和と調和を保ちつつ実践することが許される」としており、信教の自由を認めつつもイスラームを国教と規定している［青山 2006: 7; 塩崎 2016: 170］。

面をみて「救貧税」という訳語が充てられることもある。

しかしながら、これは誤った認識を与える可能性があるので適切ではない。なぜなら「救貧税」とは18世紀のイギリスにおいて従来は教会の役割であった社会のセーフティーネットのような役割を国が担うようになった際に、十分の一税（tithe）として制定され、呼ばれるようになった言葉であるからだ［金澤 2008］。歴史的に後から生まれた言葉で語るのはいささか逆説的な用法であり、適当とはいえない。

小杉も、国家とイスラームの関係から考えて、国民国家の形態をとることが基本の現代においてザカートを「救貧税」とするのは適切な訳語ではないと不適切さを指摘しつつ、むしろその機能面に着目すると「福祉目的税」ともいえると主張した［小杉 2006］。本書では、この小杉の指摘を考慮しつつ、ザカートを「慈善」や「救貧税」「福祉目的税」として固定化するいずれの立場からも距離をおく。本書の射程として重要なのは、インドネシアにおいてどのようなザカートの歴史があり、現代的実践がなされているのかという動態である。

つまり、インドネシアにおいて、ザカートはどのような理念的変遷と現代的変容をとげてきたのか、その過程に焦点を当てる。換言すれば、本書では、先行研究における分析概念を整理することで「慈善」や「救貧税」「福祉目的税」という視座の限界を指摘し、ザカートの相対化を試みるため、固定的な訳語を使用するのは避けて「ザカート」と表記するという立場をとる。その中で、ザカートの多面性、豊かさを厚く記述することを試みる。

本書は、古典的なイスラーム法思想や制度が現代の文脈でどのように変容しているかについて、ミクロな事例をもとに検討することで、そもそも論のような本質主義的議論を乗り越えようとする。それと同時に、イスラーム世界における宗教的贈与の再分配的側面を過度に強調する方向への広範なシフトを反映した、特定の種類の倫理的定式化［Fauzia 2013; Singer 2008; Lev 2005］に関する批判的研究［Feener and Wu 2020］とも分析視角を共有している。

(2)イスラーム経済思想研究の軽視

インドネシアにおけるザカート研究の嚆矢であるサリームは、地域規制（*Peraturan Daerah*, 通称 *Perda*［Ind.］）やザカート組織に顕在するような、インドネ

シアのイスラーム実践の転向に関して、イスラーム化の表出だと結論付けた［Salim 2008a］。彼はインドネシアにおけるイスラーム運動の出現の初期（1930年代）の段階で、プルシス（*Persatuan Islam*, 通称 Persis［Ind.］）[22]の代表であるハサン（A.Hasan）[23]、そして近代主義的ムスリムの先駆けであり、マシュミ党（*Masjumi*［Ind.］）[24]やインドネシア・イスラーム・ダアワ評議会（*Dewan Dakwah Islamiyah Indonesia*, 通称 DDII［Ind.］）を率いたナッシール（Muhammad Natsir）[25]の思想を研究することで、ザカートの発展を社会のイスラーム化の一つであると捉えた。

サリームは、イスラーム金融システムを採用し、イスラーム経済システムを実施することは、イスラームの教えに基づいて宗教的意識と自己認識を高めさせることであると指摘した［Salim 2008b: 117］。しかしながらその研究は理念面にとどまり、具体的なイスラーム経済の影響については十分考慮してこなかった。

また人類学者のレチカスは、現代インドネシアのザカートについて、任意の慈善から義務へ「再定義」していった過程を描き、それを批判的に論じている。レチカスはムスリム知識人の言説を分析、考察することで社会経済的正義に到達するためのザカートという概念が再定義されたと明らかにした［Retsikas 2014］。レチカスは、ザカートの慈善的贈与という概念がわきに追いやられて軽視され、代替的理解として正しさが強調されるようになったと指摘している。そして究極的には、このザカートの再定義が、義務の超越的な性格を認める政治的視点に立っていると主張し、支払うべきザカートがあることによる他者の内在的存在と、それを担う重要性を犠牲にして支えられているという。

---

[22] プルシスは、西ジャワで影響力を持つイスラーム改革派組織として知られる。中部ジャワに生まれた改革派組織ムハマディヤが教育・社会活動に重点を置いたのに対し、プルシスは宗教活動に重きを置く［服部・西野 2013: 86］。
[23] 元イスラーム同盟（サレカット・イスラーム；Sarekat Islam［Ind.］）という20世紀初頭に設立されたイスラーム系大衆団体のイスラーム活動家でもある。
[24] 日本軍政期の宗教組織マシュミ（インドネシア・ムスリム評議会：*Madjelis Sjoero Muslimin Indonesia*, 略称 Masjumi［Ind.］）は1943年11月に発足した組織であり、抗日勢力を排除しつつ、各地のイスラーム組織や指導者たちを率先することを目的に設けられた。マシュミは、主たる会員組織であるNUとムハマディヤの指導者たちのリーダーシップとネットワークを広く利用して、村落レベルまで浸透していた［茅根 2023: 36; Madinier 2015: 51-52］。なおここでナッシールが代表となったのは、独立宣言後の1945年11月に同名で結成された政党の方である。
[25] インドネシアにおけるイスラーム思想研究においてナッシールは重要な人物の一人である。フィーナーも国家の法制度の基盤として、イスラームを打ち立てることを主張したナッシールは、現在に至るまで国内のイスラーム主義者に影響を与えていると考察した［Feener 2007: 91］。

つまり、政治的な視点に立って、富の再分配制度としてのザカートの義務性が強化されたことにより、ザカート支払者自身に自発的な道徳的規範に従って気に掛ける他者としての内在的存在が弱体化されると指摘している。このようなザカート支払者への視座は果たして有効であるだろうか。レチカス自身も指摘しているように、彼はイスラームにおける所有の概念を複雑なものとして看過しているという認識の甘さがある［Retsikas 2014: 355］。

近代イスラーム経済の発展とともに、経済に関するあらゆる問題やシステムがイスラーム的な価値観から議論され、法学的に許容されるものか位置付けられるようになってきた。イスラーム的な経済的概念への理解をなしに、果たして受給者の権利や支払者の負債、ザカートの国民国家の枠組みにおける義務化の強化について批判できるのであろうか。本書は、イスラーム経済で議論されている経済的概念について明らかにすることが、その批判を乗り越えるための最も重要な作業であると考える。

つまり本書は、インドネシアにおけるザカートをめぐる議論では看過されがちであった経済的思想の理念や具体的な実態を理解した上で、歴史的事象の分析に臨む。アラビア語原典の精読などに代表される教義理解に立脚しつつ、現代インドネシアにおけるザカート制度の沿革や革新を論じる。その際、インドネシア・ウラマー評議会のファトワー集の解析やウラマーの思想研究の方法に則ることにより、内在的理解を試みつつ、ザカートの現代的展開を論じる。

(3)イスラーム的慈善という枠組みの問題点

ムスリムによる社会運動、組織化された慈善として表出するザカートや任意の喜捨サダカなどの慈善実践を総合して、「イスラーム的慈善・寄付研究（Islamic Philanthropy/Charity）」という枠組みで検討する研究群がある。イスラーム的慈善・寄付研究は、国家、市場そして宗教性の関係において「敬虔な新自由主義（pious neoliberalism）」という新しい概念で語られる傾向にある［Rudnyckyj 2010, Karaman 2013, Atia 2013, Tobin 2016］。

M・アティアによると「敬虔な新自由主義」とは、ムスリムの組織化された宗教的贈与の現代的様式のことである。つまり、増加する中流階級のムスリムに時間とお金を寄付させて、公共財の促進における国家と市場の失敗を是正す

るように促すイデオロギーであり、かつ貧しい人々に彼らが受け取ったカネを利用して経済的に活発で敬虔なムスリムに変身するように促すような価値観といえる［Atia 2013］。

　ヨルダンで敬虔さの発露として毎日の経済活動を行うムスリムの民族誌を描いたS・トービンも、「新自由主義的敬虔さ（neoliberal piety）」という概念を提唱している。新自由主義的敬虔さは、さらなる経済的報酬を求め、より多くの来世的報酬をも目的とする経済化されたイスラーム的実践を促進するためのイデオロギーであるという［Tobin 2016: 5-7］。報酬は、現世に限ったものではない。S・トービンは、アパデュライ（1996）の「将来の商品化（commodification of the future）」がイスラームにも影響を与えていると指摘し、「罪や赦し、来世での永遠の報酬を計算することが、新自由主義の拡散の影響もあって、意思決定の過程を支配するようになった」と考察している［Tobin 2016: 6］。

　これらの先行研究は、なぜ中間層のムスリムが寄付をする傾向にあるのか、という問いを明らかにする上で十分な視座を提供した。換言すれば、最近のイスラーム的慈善・寄付研究は、慈善活動を行う人が、敬虔さや社会的責任、そして資本主義社会における新自由主義的な経済的美徳のために自分自身を作り上げていく主体化のプロセスや、その動員に注目するようになっている。しかしながら、寄付を受給する側や管理する側に関してはほとんど焦点が当てられていない。そのため、旧来のザカート研究は、支払う側にのみ過度に着目しており、受給する貧困者の側は、あくまで受動的な存在として記号的な役割を付されているにすぎなかった。このような先行研究群は、二つの大きな問題点を抱えている。

　第一に、義務の喜捨であるザカートを、任意の喜捨であるサダカと合わせて「イスラーム的慈善・寄付」という枠組みで捉えている点である。この点に関しては、フィーナーとクピンが「フィランソロピー（Philanthropy）」というキリスト教世界由来の言葉でイスラームの実践を定義することによる弊害を指摘し、「宗教的贈与（Religious giving）」という用語で捉える方が適切であると主張している［Feener and Wu 2020］。本書も同様の問題意識を共有しているため、この先行研究を敷衍し、イスラームにおける義務の喜捨ザカートや任意の喜捨サダカを、広く宗教的贈与と捉えることで、先行研究の問題点を乗り越えたい。

第二に、慈善を与える側の理想や、願望が混同して受け手にも共有されているという前提を所与のものとし、受け手との相互性を考慮していない点である。宗教的な寄付を介して、貧しい受け手の精神的・物質的な生活を改善させることが意図した効果をもたらすという仮定を無批判かつ見高に受け入れているともいえる。

　まとめると、イスラーム的慈善・寄付に関する先行研究は、まず近代西洋的な概念によって論じられることで、ローカルな文脈を看過している。そして、慈善的贈与をする側のみに過度に着目することにより、受け手との相互性を否定し、優位・従属関係を生み出す危険性を省みずに都合の良いシナリオを描いてしまいがちであるとも指摘できる。換言すれば、従来のイスラーム的慈善・寄付に関する研究は、慈善活動の与え手や管理者に焦点を当ており［Benthall and Bellion-Jourdan 2003, Fauzia 2013, Atia 2013, Latief 2014］、受給者である貧困者の客体化は日常的に当たり前のものとされ、受給者の主体性については看過されているか、十分な議論がなされてこなかった。

　最新の研究動向としてようやく、ザカートの持つ社会的相互作用が徐々に明らかになってきた。例えば、オセッラとウィドガーは、貧困層が施しを受ける側であると同時に極少額であっても施しを与える側でもあるということをスリランカの貧困街の事例から明らかにした［Osella and Widger 2018］。文化人類学者のミッテルマイヤーは革命後のエジプトで日常的に起こるボランティア活動を観察し、ムスリムが神にささげるために貧しい人に分け与えているのだという逆説を展開した［Mittermaier 2019: 181］。すなわち社会的正義やチャリティーという名目ではなく、極めて利己的な個人が自分の願望を満たすために喜捨を行うというラディカルな主張である。またショーブリンはパレスチナを事例とする民族誌において、ムスリムの贈与という敬虔さが個人的なものにとどまらず、他者のニーズをカバーする道徳的責任の発露となる過程を明らかにした［Schaeublin 2019］。ただ、いずれもザカート管理団体や組織（Zakat management organization/Zakat institution）によって仲介されない直接取引に着目している点で、ある種人類学におけるモーラル（モラル）・エコノミーの類型を出ない。

　そこで本書では、この先行研究群における寄付者への過度の着目という偏りを補正すべく、インドネシアに焦点を当て、人間の相互行為を、行為者の観点

から明らかにしようと試みる。この行為者とは、ザカートを支払う者だけを指すものではなく、ザカートを管理する者、受給する者も含まれる。すなわち、インドネシアでザカートを与える側ではなく、むしろ受給する者と管理者により焦点を当て、信者間の相互行為としてのザカートを明らかにするものである。フィールドワークに基づいて、そこに住む人々の視点からザカートの意義や役割について論じるために、一つの地域に限定して約1年3か月間滞在し、管理者や受給者などの各アクターに聞き取り調査を行うことで、先行研究にない新しい視座の獲得も試みた。

4. 研究上の問い

本論文は上記の研究領域と先行研究の課題を踏まえて、次の3つの研究上の問いに取り組む。

第1の問いは、インドネシアにおいて、ザカート概念はどのような理念的変遷と現代的変容をとげてきたのか。

第2の問いは、ザカートに関する議論にどのようなイスラーム経済思想の影響があるのか(またはないのか)。

第3の問いは、インドネシアにおけるザカート管理団体は、ザカートの受け手にとってどのような意義をもたらすのか。

5. 本書の利用資料と調査概要

本書では、主にイスラーム法学者によって出された法学判断（ファトワー：*fatwā* [Ar.]）や行政資料、イスラーム知識人の著作や NGO などの公式情報やニュースを資料として利用している。

アラビア語の一次資料としては、ザカート法学で重要な新古典であるカラダーウィーの『ザカート法学』を中心に分析し、ザカートの法体系を分析する。また、インドネシア語の一次資料としては、インドネシア・ウラマー評議会の『*Himpunan Fatwa Zakat MUI: Kompilasi fatwa MUI tentang Masalah Zakat*（ザカートに関するファトワー集）』と思想家ハフィドゥッディンの『*Zakat*

図1 インドネシア全図と調査対象2都市の位置

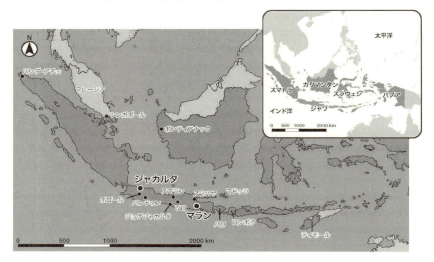

出所:筆者作成。

Dalam Perekonomian Modern(近代経済の中のザカート)』、マスダル・F・マスウーディーの『*Agama Keadilan: Risalah Zakat(pajak) dalam Islam*(正義の宗教―イスラームにおけるザカート＝税論)』、インドネシア共和国人民代表評議会の『*Proses pembahasan rancangan undang-undang tentang pengelolaan zakat*(ザカート管理法審議議事録)』を解析する。

またフィールドワークとしては、2014年8月～10月の3か月行った予備調査と2016年11月～2017年10月の1か年で行った本調査の、通算1年3か月間行った。調査対象地域は、インドネシアの東ジャワに位置するマラン市の北部3郡、および首都ジャカルタである。

フィールドワークの場所としては、ジャワ島東部にある都市マランを選択した。ジャワ島は、政治的な中心地であると同時に、経済、文化的にも中核的な役割を歴史的に果たしてきた[26]ため、インドネシア共和国[27]におけるザカー

---
[26] 面積の多い順にインドネシアの主要な島を挙げると、パプア、カリマンタン、スマトラ、スラウェシ、ジャワとなるが、人口割合でいうと2010年の時点で総人口の六割近くがジャワに集中している。総人口は、中国、インド、アメリカに次ぐ第四の人口大国である[加納 2017: 6-7]。
[27] 本書が対象とする地域は、インドネシア共和国である。しかしながら、1970年代に定着した「サ

ト実践を取り上げる上で適切だと考えた。その中でも西ジャワ州、中部ジャワ州、東ジャワ州の 3 州は、インドネシアにおいて人口が最も集中している州であり、貧困人口の集中している州でもある。これらの 3 州は、面積では国土の 5％ 以下に過ぎないものの、全人口の 50％ が遍在し、インドネシアの貧困人口の 60％ が集中している［国際協力銀行 2001: 6］。

　本書が対象とする東ジャワ州が、貧困人口（1,000 万人）では最も多く、寄付や貧困の研究を行う上で選択された。その東ジャワ州の中において、マラン市は比較的低い貧困率と高い人間開発指数を持つ中核都市として知られる。つまり、東ジャワ州の他の農村地域からチャンスを求めて、マラン市内に流入する貧困者が多いのではないかと考え、調査地として選定した。

　調査対象は、ザカート管理団体とザカート受給者である。調査方法としては、質問票調査と半構造化された聞き取り調査も並行して行い、ボイスレコーダーでの録音、書き起こしを行った。調査対象の選定については、母集団が明確でないため、ボランティアとしてザカート管理団体に通い、参与観察の上、スノーボール・サンプリングを採用した。受給者から受給者へ紹介してもらった対象 139 人と、ザカート管理団体のマネージャー 13 人に聞き取り調査を行った。

6. 本書の構成

　本書は序章・終章の他に 5 章の本論で構成される。

　第 1 章は、インドネシアの社会において誰がザカートを徴収し、分配したのか、もしくは個々人の宗教的倫理に任されて、管理はされてこなかったのかという歴史的背景を整理する。オランダ統治時代から、独立後、スハルト体制期まで、ザカートを管理するアクターがいかに移り変わってきたのかを探究する。

　そして、インドネシア民主化後からは、イスラーム復興の顕在化とともに、国家によるザカートの一元管理がどのように希求され、管理法案が整備、規制されてきたのかという歴史的形成過程を詳述する。民主化後、インドネシア史上初、宗教省の下に全国ザカート管理庁（*Badan Amil Zakat Nasional*［Ind.］；

サバンからム（メ）ラウケまで（*Dari Sabang sampai Merauke*［Ind.］）」という表現［加藤 1996: 90］からも明らかなように、地理的にも、文化的にも、インドネシア全土を総括するような語りをすることが困難であることは指摘しておきたい。

BAZNAS) が設立された。続いてザカート管理法によって、地方行政が担ってきた公的ザカート管理団体 (*Badan Amil Zakat* [Ind.]; BAZ) や NGO が運営する民間ザカート管理団体 (*Lembaga Amil Zakat* [Ind.]; LAZ) がどのように国家の法制度の下に組み込まれていったのかという制度化の概要と過程を論じる。その一方で、インドネシアにおけるザカート制度化の特徴として、法律の整備や一元化に対抗する BAZ や LAZ の存在も指摘することで、多様なアクターがザカートを実践する状況も描写する。

第2章では、長らく個人的な実践であったザカートが、イスラーム改革主義思想の顕在化とともに、公益のための社会福祉であるという新解釈に変化していく様子を記述する。具体的にはザカートの法源に対する解釈や、それに基づく具体的な法的決定に至る議論について論じていく。伝統的な法学派にはなかった「企業資産のザカート」や「収入のザカート」という革新的なファトワーを分析する中で、ザカートに関する法源の解釈や、それに基づく具体的な法的決定に至る議論について論じていく。そして現代の状況に沿ったイジュティハード (*ijtihād* [Ar.]; 法解釈) がインドネシアで活発に行われていると指摘する。そのうえで、近代的な国民国家の枠組みの中でだれがザカート徴収、管理、分配の責任を負うのか、といった責任論争についても順次参照していく。中でも 1986 年アミン・ライスの講演で行われたザカート＝税論を皮切りに、マスダル・F・マスウーディーが著書『正義の宗教』で論じたザカートと税に関する論争を紹介する。BAZNAS 会長も務めたディディン・ハフィドゥッディンのザカート論も踏まえ、インドネシア・ムスリム知識人のザカートに対する現代的解釈や論争を取り上げる。また、本書独自の視点として、これまでインドネシアのザカート論において看過されてきたイスラーム経済思想の影響とその接合点についても論じる。インドネシア社会における現代的な変容に対応するような「社会的公正」やイスラーム的な倫理規範といったイスラーム経済に通底する思想の影響についても考察を加える。

第3章では、開発言説や NGO 論、イスラーム経済の影響でザカートがパラダイム転換を起こした点を指摘する。イスラームの根幹であるザカートが、インドネシアの文脈においては、「慈善から持続可能な援助、開発へ」という言説に変質していき、ひいてはイスラーム経済の影響もあって「援助から投資へ」

というシフトがなされていったことを指摘する。まず第 1 節ではイスラーム経済思想とザカートの合流を論じ、「スピリチュアル・エコノミー」論の出現とザカート概念の変化を論じる。第 2 節は、「ハッド・キファーヤ（イスラームにおける貧困線）」を考察し、聖典クルアーンに書かれた 8 つの受給者（分配先）が、現代的文脈においては誰に該当し、かつどのような分配方法が許されるのかという議論をまとめる。この思想的背景を踏まえたうえで、続く節ではザカートで集めた資金を投資や融資に使用することができるのかという法学の是非について、インドネシア・ウラマー評議会が 1982 年に出した「生産的活動と公益のためにザカートを使用すること（*Mentasharufkan Dana Zakat untuk Kegiatan Produktif dan Kemaslahatan Umum*）」というファトワーを分析することで明らかにする。第 4 節では、続く第 4 章、5 章のフィールドワークを行うにあたって重要な概念である「生産的ザカート」の法学的展開や仕組み、運用方法を提示する。

第 4 章では、生産的ザカートの借り手たちとその実態について、マラン市を事例に把握とその分析を試みる。章の前半では、調査市内のザカート管理団体を悉皆調査し、公的ザカート管理団体、民間ザカート管理団体、草の根団体に分けて各団体の目的や活動内容の比較、検討を行う。そして市内全体の社会的文脈の中でザカートを位置付け、市内のザカート管理団体を地図に分布することによって、都市部においては団体の類型により管理方法や役割が異なるということを明らかにする。

第 5 章では生産的ザカートの借り手（つまりザカート受給者）へのアンケート調査と、貸し手（ザカート管理者）への聞き取り調査を中心に、事例を分析する。受給者がどこに住み、どのような職業につき、何のためにザカート管理団体からお金を借りるのかなどについて、アンケート調査の結果を整理して示す。アンケート調査で判明したザカートの融資実態や聞き取りの事例からはザカート管理団体が、身近で地域に密着した金融サービスを提供しているという実態を確認する。とりわけ、これまでの先行研究では、ザカート受給者の主体的な解釈やコミットメントが看過されていたが、本調査により、受給者がただ恩恵的に与えられるだけの存在ではないということを示す。

終章では、インドネシアにおけるザカート概念の変容に関して本研究の結論を述べるとともに、序章で挙げた 3 つの問いに対して回答することで、本書全

体の主題に対して知見を示す。そしてイスラーム的慈善という先行研究の分析枠組みに対して批判的考察を加えることで、「慈善の論理」と「社会福祉」というザカートの持つ二義性について論じることにしたい。

第 1 章

インドネシアにおけるザカートの歴史的位相

はじめに

　本章では、ザカート管理団体の理念や実践を考察する前に、そもそもザカートはインドネシア・ジャワ島の社会において誰が徴収し、分配してきたのか、もしくは個々人の慈善に任されて、管理はされてこなかったのかという歴史的背景を整理する。第 1 節で独立以前、そして第 2 節以降で 1945 年の独立後から現代にかけての行政資料や先行研究をもとに、インドネシア政府がザカートを国家管理することへの関心やその展開を論じる。

1-1. 独立以前のザカート実践

　歴史的資料から、ザカートの与え手（ムザッキー：*muzakkī*［Ar.］）や、ザカートの受け手（ムスタヒック：*mustaḥiqq*［Ar.］）などの実践する人々を定めるのは困難であり、分析することは容易ではない。ゆえにこの節では、インドネシアの歴史上、だれがザカートの管理をしてきたのか、つまりザカート管理者は誰が務めていたのか、もしくは務めようとしていたのかに焦点をあて、検討していく。

(1) イスラーム受容初期からオランダ植民地時代

　通説として、インドネシアにおけるザカートは、イスラーム化[28]が始まっ

---

[28] イスラームが伝来した時期については諸説あるが、歴史学者のリックレフス（2008）によるとムスリム商人が東南アジアに出現したのは少なくとも 9 世紀にさかのぼる［Ricklefs 2001: 1］。イスラーム化の進展については、マラッカやアチェなど各地でイスラーム王国が成立、発展し、港市から内陸部へと広まった 15 〜 17 世紀頃とされる［リード 2021］。

た当初から極めて個人的かつ自発的な実践であったとされる。歴史学者のサリームは、インドネシアの歴史上ザカート制度が、公租のように、イスラーム王国や政体によって正式かつ定期的に徴収されていたことを示す証拠はないと指摘している。しかるに、その徴収は、イスラームに関する知識を会得した者、例えば宗教官吏[29]——村落レベルでは、徴税人アミル[30]（amil［Ind.］）、モディン[31]（modin［Ind.］）など、そしてより上位の行政レベルだと宗教官吏プンフル（penghulu［Ind.］）[32]やモスク官吏ナイブ（naib［Ind.］）など——もしくは民間の宗教指導者であるウラマーやキヤイ（kiai, kiyai［Ind.］）[33]、村落のクルアーン教師らがその任を負っていたと考えられる［Salim 2008］。

つまり独立以前のザカート実践については、個人に任されていたと考えられる。その一方で、イスラーム王国であったアチェ王国では、一九世紀末までザカートの徴収はウラマーたちに委嘱され、税金は国が徴収していた。アチェ王国の衰退後、オランダ植民地政府も同様の課税政策を採用した［Fauzia 2013: 85］。しかし、特にアチェで、ウラマーはザカートで集めた資金を、人々の教育と福祉を促進するだけでなく、オランダの植民地化に対する武力闘争を支援するために使用していた。

ザカートが叛乱の資金源に使用されうることを把握したオランダ領東インド

---

[29] オランダ統治下において、植民地政府庁に雇用されていた現地人官吏は上級から下級まで、プリヤイ（priyayi［Ind.］、ヒンドゥー・仏教文化の影響を強く受けた王宮貴族・官僚からなる）と呼ばれるジャワ社会における上流階級に位置していた。現地人首長の最上層はブパティと呼ばれ、彼らは県（kabupaten［Ind.］）を統括する役割を果たしていた［菅原 2013: 49］。

[30] クルアーン悔悟〔九〕章60節にある「ザカート管理者（'āmilūn 'alay-hā［Ar.］）」から派生した言葉。

[31] 礼拝のアザーンを呼びかける人（ムアッズィン：mu'adhdhin［Ar.］）から派生した言葉。インドネシアの伝統的なコミュニティにおいては、割礼を行う人を指す。

[32] プンフルとパングルはほぼ同義で使われる。現地人社会に関するほぼすべての権限を有していたブパティも、イスラームに関しては、特別にパングル（pangulu, panghulu［Ind.］）という宗教官吏に任せていた。パングルは基本的にはウラマーや宗教学者であり、宗教問題に関する行政を担当し、具体的には裁判における裁判官や助言役などを務める官吏、すなわち役人であった。マタラム時代から存在し、王や地方権威からイスラーム法に基づき裁判を下す権限を与えられていたが、パングル個人に権限はなかったとされる［菅原 2013: 54; Hisyam 2001: 22-29］。パングルおよび下位の宗教役人は植民地庁の管理として位置付けられながらも、ほとんど報酬を支給されておらず、彼らが管理するモスク基金（kas masjid［Ind.］）から収入を得ていた。このモスク基金はパングルの裁判料（ongkos perkara［Ind.］）、結婚・離婚仲裁料（nipkah［Ind.］）、相続仲裁料（usur/pahusur［Ind.］）、喜捨（zakat mal［Ind.］）、断食明けの喜捨（zakat fitrah［Ind.］）などから成り立っていた［菅原 2013: 55］。小林はプンフルに関して、ジャワ社会におけるイスラームの影響力の持続を可能ならしめたものとして、またその後イスラームが制度的発展を遂げるための経路を確保したものとして重視している［小林 2008］。

[33] キヤイとは、ジャワの宗教的指導者につける称号。ウラマー（ulamā'［Ar.］）という意味で使用されることもある。ギアーツは著書において、kijajisとジャワ語表記している。

政府は1866年、地元の宗教官吏によるザカートの徴収・分配規制[34]を発布した。表向きには、現地人がザカートという「隠された税金」を徴収されるのを防ぐという名目であったが、ウラマーの資金調達を防ぎ、自律性を削ぐ狙いがあったことは明白であった［Salim 2008b: 690］。この規制の影響もあってか、インドネシアにおけるザカート実践は、一層公共性が薄れ、個人的なものへと矮小化されたといわれ、地域によりかなり色彩が異なる。

　20世紀初頭に入り、これまでの伝統的なザカートの実践方法について批判し、異議を申し立てたのはインドネシア最大の改革派イスラーム組織ムハマディヤ（Muhammadiyah［Ind.］）[35]であった［Nakamura 1993: 90］。ムハマディヤは、ザカートはプロフェッショナルによって管理され、貧しい人々や困窮者に分配されるべきであると提唱した。そしてこの考えを広めるために、クルアーンの慈善〔百七〕章[36]に言及し、インドネシアの都市部においては孤児院や病院、近代的な教育施設を作るべきであると社会的活動を奨励し、正当化していった［Latief 2010a: 126-127］。

　人類学者のギアーツも、ムハマディヤが現出するまで、断食明けのザカートはキヤイやモディンらによって散発的に集められたり、集められなかったりしたと報告している。また、それがクルアーンに受給者として定められている貧者や困窮者の手に渡ったかどうかも定かではなかったと指摘している［Geertz

---

[34] 東インド法令集付録（Bijblad）1892号、1866年。後年には1905年に東インド法令集付録（Bijblad）6200号でも同様の内容を発布した（https://baznas.banjarmasinkota.go.id/p/sejarah.html）。
[35] イスラーム改革派の大衆組織ムハマディヤ（ムハンマドに従う人々）は1912年にアフマド・ダフラン（Ahmad Dahlan, 1868〜1923）によってジョグジャで結成された。19世紀末、エジプトのアフガーニー（Jamāl al-Dīn al-Afghānī, 1838/39〜97）やアブドゥ（Muḥammad 'Abduh, 1849〜1905）らから始まったイスラームの内部改革と近代化をめざすイスラーム改革主義運動に共鳴し、ムスリム社会の改革を目指された。近代主義は、法学派への盲従（taqlīd［Ar.］：タクリード）や非イスラーム的慣習への妥協がイスラームの堕落や後退を招いているという問題意識から、クルアーンとハディースというより「純粋」な教義に回帰しようという思想である。ただし、「近代」主義は、すべての面において預言者の時代に帰ろうとする復古主義ではなく、近代的な科学技術や制度を認め、これを積極的に利用しようとする。インドネシアにおけるイスラーム改革派は、特に教育・福祉プログラムで組織化された活動を展開し、近代性を強調することから「近代派」と記されることもあるが、現在ムハマディヤ自身が改革、革新（pembaruan［Ind.］）を標榜することからここでは改革派という用語も使用する。詳しくは小林（2008）を参照。
[36] マッカ時代に下されたとされるこの章は、7節という少ない節で構成されている。「あなた（預言者ムハンマド）は最後の審判を否定する人をみたか。それは孤児を追いやり、貧者に食物を与えることを勧めない者だ。災いあれ、礼拝しながら、自分の礼拝をおろそかにし、また人にこれみよがしに礼拝し、手助け（慈善）することを拒む人に。」とあるように、不信仰者の悪徳、非倫理を説いている。

1960: 174]。

　こうしてインドネシアにおけるザカートの言説は、伝統的なものと改革主義的なものが併存する状況となった。特にムハマディヤの登場によって、ザカートは個人的な義務というだけでなく、社会福祉的な意義があるという解釈が徐々に広まっていった。

(2) 日本統治時代からインドネシア独立戦争時代

　日本統治時代は、国家主導のザカート管理が目指された初めての時期であり、一般的に日本の統治は政治的イスラームに便宜を図った最初の時代だといわれている［Fauzia 2013: 174］。

　1943年4月、ミアイ（*Madjlis Islam A'laa Indonesia*, 略称 MIAI［Ind.］、インドネシア・イスラーム最高評議会；1937年オランダ統治時代に作られた組織で、日本統治時代にも引き続き活動が許された）が主導してバイトゥルマールと呼ばれるザカート徴収・管理組織を作った。

　このザカート徴収のバイトゥルマールで最初に成功したのは、バンドンの首長（*bupati*［Ind.］）であったウィラナタクスマ（R. R. A. Wiranata Kusuma）によって創設されたバイトゥルマール・バンドンである。バイトゥルマール・バンドンはミアイによって1943年4月11日に再編され、その後ミアイの主要なプログラムになった。同年10月には、バイトゥルマールの支部がジャワ島の36地区にも広がった［Fauzia 2013: 175］。

　日本占領期ジャワにおけるバイトゥルマール研究を行った小林（2019）は、ジャワ軍政当局は当時の喜捨の徴収・分配の腐敗の状況について、村長やその関係者、またはウラマーや宗教学校の教師によって着服されたため対象者の元に行き渡らないことも多かったという証言を紹介している［小林 2019: 37-38］。

　ちなみにバイトゥルマールの徴収の形態としては、金銭ではなくコメ[37]であったと考えられる。大日本回教協会から宗務部に派遣された日本人ムスリムの鈴木剛は、ジャワではムスリムの大半が農業に従事してコメを生産しているため、喜捨が習慣的にコメの納入をもって代替されていると述べている［小

---

[37] 近現代でも、農村であれば断食明けのザカートとして、主食であるコメ、もしくはそれ相当の金額を村の宗教役人である徴税人アミルに支払う［水野 2013］。

林 2019: 45]。金銭ではなくコメが特定の時期に徴収されていたという指摘から、日本占領期にバイトゥルマールによって徴収されていたザカートは、資産ザカートではなく断食明けのザカートだったと推測される。短期間で驚異的な伸張をみせたこの活動は、ミアイが日本によって解散[38]させられるとともに終わりをつげた［小林 2019 48; Benda 1958: 148-149]。

　ギアーツは、マシュミ（インドネシア・ムスリム評議会：Madjelis Sjuro Muslimin Indonesia, 略称 Masjumi［Ind.]）[39]によってイスラーム法を知らないまま伝統的に執り行われていたザカートを集めるという機能を、正しいイスラームの実践として正そうとするムハマディヤの指導者のやり取りを民族誌的に記述している［Geertz 1960: 174-175]。そのうえで、その徴収についても、やはり散発的であったと指摘した。このように、日本統治時代にも、ザカートはキヤイやバイトゥルマールなどによって集められていたが、その使途の不明さが描写されることも多い。こうした管理者の腐敗や経済的不正義によって、結果的にインドネシアにおけるザカートは民衆の信頼を失い、矮小化されてきたと指摘されている［Masu'udi 1991: 93-97]。

　以上、ザカート徴収の歴史的なアクターを紹介してきた。初期は宗教指導者、20世紀に改革主義の唱道があってからはイスラーム組織、日本統治時代にはミアイと様々なアクターがザカートを徴収、管理しようとしてきた様子がわかる。一方で、徴収がどこかの組織や政体に一元化されるということはなく、管理するアクターは増減しつつも、あくまで人々が直接困窮者などにザカートを支払うというのがまだまだ一般的であったことも事実である。まさにインドネシアにおけるザカート実践は、地域や時代によりかなり色彩が異なるといえよう。しかしながら、このようなザカート実践は、インドネシア独立以後、徐々に制度化され、国家の関心事の一つとなっていくのである。

---

[38] 後継がマシュミである。
[39] 日本軍政期のマシュミは1943年11月に発足した組織であり、抗日勢力を排除しつつ、各地のイスラーム組織や指導者たちを率先することを目的に設けられた。マシュミは、主たる会員組織であるNUとムハマディヤの指導者たちのリーダーシップとネットワークを広く利用して、村落レベルまで浸透していた［茅根 2023: 36; Madinier 2015: 51-52]。なお独立宣言後の1945年11月同名の政党が結成された。

1-2. 独立インドネシアにおけるザカート実践

(1)スカルノ体制期

　インドネシアでは元来、ザカートや断食明けのザカートは、人々が直接、困窮者やウラマーやキヤイなどの宗教的指導者に支払うのがいわゆる伝統的な実践であった。そして特にその運動の中心的存在であったのが、ムハマディヤやナフダトゥル・ウラマー（Nahdlatul Ulama［Ind.］以下、NU）[40]をはじめとするイスラーム大衆団体であった。

　スカルノ独裁体制（Orde lama［Ind.］）のこの時期、政治的イスラームは抑圧されていたが、ムハマディヤをはじめとする近代主義的なムスリム[41]のフィランソロピーは支援しようという政府の動きがあった［Fauzia 2013: 180］。逆に、ザカートを国家で管理していこうというイスラーム主義的とも捉えられかねない主張は、この時代においてほとんど国家的支持を得られなかった。この時代の主流言説として、「宗教的にニュートラル[42]」な国家運営が目指されたのだから、それもそのはずである。ファウジアによると、スカルノ政権は当初イスラーム関連の問題に関心がなかったという。そしてその理由は、おそらくオランダ統治時代を踏襲して、宗教を私的事柄だと考えていたからだと指摘している［Fauzia 2013: 180］。

　宗教省（Kementerian Agama［Ind.］：1949年設立）は、1952年にワクフ（waqf［Ar.］, wakf/wakaf/waqf［Ind.］, 寄進財産）とザカート、1954年にはザカートの統計レポー

---

[40] イスラーム伝統派の大衆組織ナフダトゥル・ウラマー（ウラマーの覚醒）は、東部ジャワのスラバヤで、ハーシム・アシュアリ（Hasyim Asy'ari）をはじめとするウラマーたちを中心に1926年創設された。9世紀頃までに確立されたイスラーム法解釈の法学派（madhhab［Ar.］）に従う。地域の慣習にも比較的妥協的であり、死者への祈禱などが容認される。

[41] 20世紀初頭に近代的な要素を取り込んだイスラーム改革運動がインドネシアに到達した際に、それまでの伝統を守ろうとする勢力との対立が生じた。こうした状況を説明するために新勢力（Kaum Muda［Ind.］）と旧勢力（Kaum Tua［Ind.］）や、宗教教義の観点から近代主義／伝統主義といった区分が多用され、後者は現代まで頻繁に使われている。

[42] 宗教的でも世俗的でもない状態のこと。近代インドネシアのイデオロギー言説に関しては、ボーランドが詳しい（B. J. Boland, 2014（1982）, *The Struggle of Islam in Modern Indonesia*, Springer; Softcover reprint of the original 1st ed.）。またデリアル・ノールも、パンチャシラ（*Pancasila*［Ind.］）原則のもと特定の宗教（主にイスラーム）を政治や公空間に用いないことを「世俗的」ではなく「宗教に中立的なナショナリスト（religiously neutral nationalists）」と呼称し、使用している（Deliar Noer, 1973, *The Modernist Muslim Movement in Indonesia 1900-1942*, Oxford University Press.）。

トを集め始めた[43]。レポートには主要な県での資産ザカートと断食明けのザカートの徴収・分配および、イスラーム学校やプサントレン (pesantren [Ind.]、イスラーム寄宿学校)、クルアーン読誦会などのイスラームの勉強会 (プンガジアン；pengajian [Ind.]) の数を記録していた。同様に、モスクの歳入・歳出についても記録されていたが、国家によるザカートの制度化や運営は目指されず、あくまでイスラーム大衆団体や民間が行うものという位置付けであった

(2) スハルト体制期

1968年は、独立後のインドネシア[44]政府によるザカート管理の一元化への関心が表出した年であった。当時大統領であったスハルトは政教分離の政策を目指したが、個人的にはイスラーム的な活動にも賛同していたとみられる。その根拠として挙げられるのが、同年10月26日、預言者の昇天祭で行われたスハルト大統領の演説である。

> インドネシア国民の90％はムスリムである。つまりこれは約1億人のムスリムがザカートを支払う義務があるともいえる。一ムスリム市民として、私はすべてのインドネシアのムスリムのみなさんに、国家として責任を持ってザカート徴収を引き受ける準備があることを、公表したい。今から、私はすべてのムスリム(国民——筆者註)からザカートの管理を個人的に任されたいと思う。神が望めば、私はすべての国民からどのくらい受け取るか公表し、その支出について責任を持ちたい。私のこの呼びかけが、すべてのムスリムと指導者たちに良いフィードバックをもたらすことを期待したい[45]。

---

[43] Kementarian Agama, "Daftar Statistiek Zakat/Fitrah 1954/1955 [dan] Dafter Perangkaan madrasah/pondok/pesantren/pengadjian di seluruh Indonesia pada tgl. 31 Desember 1955", (Jakarta, 1956), microfiche.
[44] インドネシアでは憲法前文および本文29条において、「唯一神への信仰を国家の基礎とする」と定めるのみで、人口の大多数がムスリムであるにもかかわらず、イスラームは国教とは規定されていない。憲法28条E項では基本的人権のひとつとして国民の信教の自由は保障しているが、唯一神への信仰を基礎とする原則のもとで、イスラーム、カトリックとプロテスタント、ヒンドゥー教、仏教が公認されている [青山 2006: 6]。
[45] スハルト大統領の集会講演集『Presiden Soeharto 1985 Amanat kenegaraan: kumpulan pidato kenegaraan di depan Sidang Dewan Perwakilan Rakyat. Jakarta: Inti Idayu Press.』より1968年10月26日の箇所から筆者翻訳。

スハルト大統領は、政府見解としては政治的なイスラーム化を危惧しつつも、個人的にはザカートのインドネシア経済発展に対する可能性を認めていたことはその内容からも明らかであった［Fauzia 2013: 189-190］。

　上記の演説から 2 か月後の 1968 年 12 月 5 日、ジャカルタ県知事のアリー・サディキン（Ali Sadikin）によって、インドネシア初の公的ザカート管理団体（Badan Amil Zakat［Ind.］、通称 BAZ [46]）がジャカルタで設立された。この設立には、インドネシアを代表するウラマーのハムカ（通称 Buya Hamka）やアブドゥッラー・シャーフィイー（Abdullah Syafi'i, 通称 Kiai Dulloh）もかかわっていた。

　以上のようにインドネシア初の公的ザカート管理団体である BAZ の設立だけでなく、1968 年に起きたザカートをめぐる画期的な出来事[47]として、大統領の演説に加え、プサントレンの共同声明もあった。プサントレンの共同声明として「ウラマーたちの喫緊の課題は、社会の現状を変革するため、ザカート制度を定式化することである。その際、ザカートの宗教儀礼としての精神的価値は決して忘れてはならない。」と結論付けられたのである［Abdullah 1991: 53］。個人間の実践にとどまっていたザカートを制度としてより広範囲に拡大しようとする試みは、この時期を境に、徐々に高まっていった。

(3)イスラーム復興の顕在化とザカート管理に関する各アクターの動向

　1970 年代に入ると、国内のイスラーム復興の顕在化とともに、政治、経済的変化に対応する形で、BAZ が全国各地の州や県などの地方自治体で設立されるようになった。例えば、東カリマンタン（1972）、西ジャワ（1974）、アチェ、西スマトラ、南スマトラ、ランプン（すべて 1975）、南カリマンタン（1977）、南スラウェシ、北スラウェシ（ともに 1985）などで、管理団体が次々と発足した［Fauzia 2013: 191］。

　1976 年には、BAZ は名称を BAZIS（Badan Amil Zakat, Infaq dan Sadaqah）[48]に変

---

[46] アリー・サディキンによって設立されたこの BAZ は現在、ジャカルタ特別州ザカート、インファーク、サダカ管理組織（Badan Amil Zakat Infak dan Sedekah Daerah Khusus Ibukota［Ind.］、通称 BAZIS DKI）といい、今なお残るインドネシア国内最古の公的ファンドである。この団体については、本章 4 節で詳しく論じる。

[47] 1968 年が、ザカートに関する様々な変化が一気に起きた年であるという認識は、インドネシアのザカート研究者間で共有されている。例えば、［Salim 2008b: 155-166］や［Ichwan 2006: 188-212］が詳しい。

[48] インドネシア語では、アラビア語のサード（ṣ）に対応する音が存在しないため、表記は様々であ

更し、一年（*hawl*［Ar.］、ハウル）に支払う回数と最低余剰資産額が定まっているザカートに、時や所有資産に縛られない自由な喜捨のインファークとサダカを加えることによって、より柔軟なサービスを目指した[49]。このようにザカート、インファーク、サダカ（総称してZIS）を徴収するスタイルは、以降様々な団体で取り入れられ、インドネシアのザカート実践のひとつの特徴になっていった。

スハルト体制期（*Orde Baru*［Ind.］）には、1970年代後半に出現した「イスラーム改革主義（*gerakan pembaharuan Islam*［Ind.］）」に起因する新たなザカート解釈が生まれた［Kailani and Slama 2020: 74］。この思想潮流はウラマーによる古典的学説だけでなく、文脈をもとにクルアーンやハディースを再解釈し、イジュティハードを行うことでイスラームの教えを近代化させる必要性を強調した主要なムスリム知識人によって支持された。

このようなパイオニアの一例として、シッディーキー（M. Hasbi As-Shiddieqy）があげられる。シッディーキーは、ジョグジャカルタにあるイスラーム州立大学スナン・カリジャガ校のイスラーム学の教授で、ムハマディヤのメンバーである。彼はインドネシアのイスラームというローカルな文脈を考えたうえでのフィクフ（イスラーム法学）を創ることを提案した［Fauzia 2013, 182; Feener 2007, 65-66］。ザカートに関していえば、シッディーキーは個人の給与（*al-māl al-mustafād*［Ar.］）概念[50]を再解釈し、1年（ハウル）以上給与を得ていればザカートの賦課対象とすることを提案した［Latief 2012: 91］。ラティフによれば、シッディーキーのこの議論は、1980年代にムハマディヤのリーダーであったアミン・ライスが提唱した「収入のザカート」のアイデアを形作るのに貢献したという［Latief 2012:90-91］。

1980年代頃にはザカートに関するフォーラムやワークショップも盛んに開かれるようになったが、当時の研究の主題は「ザカートと税制」であった。1980年代、ウラマー評議会やムハマディヤ、NUによって、ザカート管理に関する多くのフォーラムやワークショップなどの研究会が活発に開催された。

る。他にも、sadaqah（マレー語）、shodakoh（ジャワ語）などが散見される。
[49] 近年では、これに加えてワクフも併せてZISWAFと呼ばれる。2015年にはインドネシア・ウラマー評議会から「ZISWAF資産を地域社会のために清潔な水と衛生施設を建設するために使用すること」に関するファトワーが出ている。
[50] 直訳では「取得された財産」となり、合法的な（*halāl*［Ar.］）方法によって新たに得られたあらゆる収入を指す。第2章で後述するカラダーウィーがこの概念をザカートの法的解釈に取り入れた。

NUにおいても、1984年に東部ジャワ州のシトゥボンド（Situbondo）で開催された第27回全国大会（*Muktamar*［Ind.］）で、ザカートを管理する団体が必要であるとの議論がなされた[51]。同年に、アチェ州のウラマー評議会は、『ザカート研究と金融機関の開発(*Kajian Zakat dan Pengembangan Lembaga Keuangan*［Ind.］)』という本を1984年に発行し［Fauzia 2013: 194］、ムハマディヤもセミナーを開催した。これらの研究会の主題は、ザカートと税制であった。ザカートや税制をめぐるこれらの研究会でとりわけ焦点となったのが「収入のザカート（*zakat penghasilan*［Ind.］）」や「専門職のザカート（*zakat profesi*［Ind.］）[52]」という具体的な徴収対象を拡大することについてであった。

1988年、インドネシア・ウラマー評議会（*Majelis Ulama Indonesia*［Ind.］；MUI）はザカートと税制に関するセミナーを開き、そこで両者の違いを明確化し、インドネシアのムスリムは世俗的な税金とザカートを両方支払うべきだとする結論を付けた。ここでの論拠は、ザカートはクルアーンやスンナに書かれた神への宗教的義務であるのに対して、税は国民国家における義務であり、宗教的に正当付けるならば公共の利益（*al-maṣlaḥat al-'ammah*［Ind.］、*al-maṣlaḥa al-'āmma*［Ar.］）のためであるとした。この意見は、インドネシアのムスリムに二重の義務を課すことになり、結果的に多くのムスリムがザカート支払いを等閑に付し、税金の方だけを支払ったという［Salim 2008a: 39］。

このようにザカートの定式化と国家関与は漸次的に進んでいったが、インドネシアにおいては、ザカートが「国家への義務」となることに抵抗する運動も起きた。ファウジアは、このような抵抗運動を二例紹介し、歴史的資料に基づき、記述している。

第一は2005年に東ロンボクで給料からザカート分が差し引かれ、徴収されるという規定に対して、これに反対する4,000人の教師が地方自治体の事務所に押しかけた事例である。この運動を組織した東ロンボクのインドネシア教師

---

[51] NUの全国大会は5年に1回開催される。近年ではこの大会を主題にした論考も出ている。内部のマネーポリティックスや思想についてはオランダの人類学者でNU研究の第一人者といえるBruinessen（2010）が、政党とNUの関係を論じた速報エッセイはFearly（2015）、総裁選出方法についてNU内の動態を論じたものは小林（2015）が詳しい。

[52] 専門職のザカートとは、医師や弁護士、公務員やコンサルタント、会計士などのフォーマル職への従事者で、毎月コンスタントに収入が見込める人々を対象として、支払われるザカートの一種である。

組合（*Perusatuan Guru Republik Indonesia*［Ind.］、通称 PGRI）は、ザカートとして給与から 2.5％が差し引かれるのは違法であり、ザカートはシャリーアの正しい理解に従っておらず、乱用されていると糾弾した［Fauzia 2013: 246-248］。第二には、有力者がザカートを徴収し、モスク建設に充てることに対するインドネシア・ムスリムの抵抗の記録が、20 世紀初頭のマッカで出されたファトワーに残っている［Fauzia 2013: 99-138］。

　イスラーム復興が顕在化してからは、国家によるザカートへの関与が高まり、イスラーム改革主義によるザカートの新解釈により、ザカートは個人の寄附的行為にとどまらず社会正義のための再分配機能であるという考えも徐々に広まってきた。同時に在野のムスリムからは強制的な徴収やトップダウン型のザカート徴収に対する抵抗運動という相反する事象もみられた。

1-3. 民主化期

(1)ザカート管理法案の整備と行政化

　1990 年代には、国内最大の民間ザカート管理団体ドンペット・ドゥアファ（*Dompet Dhuafa*［Ind.］、「貧者の財布」、通称 DD）[53] と、第二位のルマ・ザカート（*Rumah Zakat Indonesia*［Ind.］、「ザカートの家」、通称 RZ）が民間の NGO として誕生する。2011 年の会計報告では、それぞれ 2,200 億ルピア、1,460 億ルピアという巨額の資金調達をしており、国内では国家主導のザカート管理団体よりも民間のほうが活況である。1998 年にスハルト政権が倒れ、民主主義改革の波が押し寄せたとき、イスラーム諸制度に対する改革も多く取りざたされた。民間ザカート管理団体が草の根レベルで急増したのも、1990 年代である。

　ザカートに関しては、1999 年も、1968 年に続き歴史的に重要な 1 つの契機となる。1999 年 6 月 24 日、ジャカルタにてハビビ大統領がザカート管理法の草案作成を要請し、2 日後の 6 月 26 日、ザカート管理法草案に関してインドネシア共和国人民代表大会の総会を希望する政府声明を出した。草案審議会に

---

[53] ドンペット・ドゥアファは、イスラームの日刊新聞『Republika』の記者たちによって 1993 年に設立された民間の慈善団体である。伝統的な配分モデルとは対照的に、ドンペット・ドゥアファは寄付金を貧しい人々のための診療所の設立や経済的なコミュニティ開発プログラムといった特定の活動に使っている［Latief 2010b, 517-521; Sakai 2012, 2014］。

は当時の宗教省大臣であるアブドゥル・マリク・ファジャル（Abdul Malik Fadjar）[54]を含め、国会議員の各会派や専門家など約50人が参加した［Dewan Perwakilan Rakyat 2009］。

1999年12月23日に最終版が制定（*disahkan*［Ind.］）され、アブドゥルラフマン・ワヒド（Abdurrahman Wahid, 通称グス・ドゥル；Gusdur）第4代大統領率いる政府はついに国内初のザカート管理法第38号（*Undang Undang Pengelolaan Zakat Nomor 38*［Ind.］）を施行した。その内容は、県や州単位で活動していた公的ザカート管理団体（*Badan Amil Zakat, Infak dan Sedekah*, 通称BAZIS）とそのほかの民間ザカート管理団体（*Lembaga Amil Zakat*, 通称LAZ）はすべて国家の監視下に置くというものであり、事実上の一元化宣言であった。その法案の序文は以下のとおりである。

> 序文（a）インドネシア共和国は個々人の宗教に応じた固有性を保証する[55]。（b）インドネシア・ムスリムの義務であるザカートを、公共の福祉実現の財源として使う。（c）そしてその慈善は、困窮者に注意を払い、正義を執行するための宗教的装置である。（d）このようなザカート制度を、より効率的に使役するためにはザカート管理の向上が必須であり、上記の目的を達成するためにもこのザカート管理法案が設立されるものである。（ザカート管理法第38号）

この法案が通った背景としては、1970年代から徐々に勃興していく世界的なイスラーム復興運動とともに、徐々に増加する状況にあったザカート管理団体を把握しようという意図があったといえる。この法案はわずか半年もたたず

---

[54] 1998年5月23日から1999年10月20日までハビビ大統領が組閣した開発改革内閣で宗教省大臣を務めた。また近年では2015年1月19日に就任した大統領諮問会議のメンバーで、メガワティ大統領が組閣したゴトン・ロヨン（Gotong Royong［Ind.］）内閣（2001〜2004）で国家教育大臣を務めた。1972年に国立イスラーム学院（*Institut Agama Islam Negeri*［Ind.］、通称 IAIN）のスナン・アンペル・マラン（現在のUINマラン校）を卒業。2015年1月19日、ジョコ・ウィドド大統領に選出され、大統領諮問会議（*Wantimpres*［Ind.］）のメンバーになった。(http://www.muhammadiyah.or.id/id/content-205-det-prof-drs-h-a-malik-fadjar-msc.html ムハマディヤ HP より）

[55] ほかのイスラーム関連の法律を見ても、序文は基本的にパンチャシラに言及している。パンチャシラとは、インドネシアの国是となっている建国五原則（①唯一神への信仰、②公平で文化的な人道主義、③インドネシアの統一、④協議代議制において英知によって導かれる民主主義、⑤インドネシア全人民に対する社会正義）である。パンチャシラが「あらゆる法源の源（*Sumber dari segala sumber hukum*［Ind.］）」であることは法律に明確に定められている［今村 2024: 66-67］。

図2　ザカート管理団体設立時期

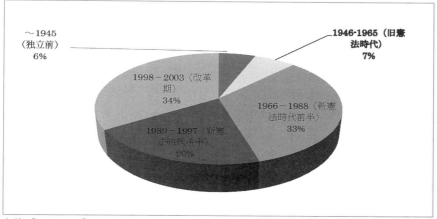

出所：[Fauzia 2013] を参考に筆者作成。

に通過したが、その背景としては、当時民主化期に移行したばかりで、政治的な急変を恐れてハビビ(Bacharuddin Jusuf Habibie)大統領が在任している間にスピード可決をしようという思惑があったとファウジアは指摘している [Fauzia 2013: 217]。

　2001年1月17日、それ以前は県単位の団体だったBAZISがアブドゥルラフマン・ワヒドの大統領令第8号によって統合され、インドネシアにおいて史上初の試みとなるBAZNAS（全国ザカート管理庁）が誕生した。組織の構造や実践体系については次節で詳述するが、宗教省下に設立されたいわゆる外郭団体である。そして2011年には先の第38号の修正案であるザカート管理法第23号が出され、法的には国内のザカート管理の統合が完全にBAZNASに委任された。

　一見トップダウンの変革にみえるものの、実際のところBAZNASの設立には、1997年9月19日に発足した全国ザカートフォーラム（Forum Zakat［Ind.］：通称FOZ）を通して民間ザカート管理団体が強く支援していたという指摘もある [Fauzia 2013: 237]。

　図2を見ると、改革期に入ってからわずか5年の間に、それまでにできたザカート団体の約34％にも上る数が新設されたことがわかる。改革期における

イスラーム復興の波と民主化の流れは、多くのザカート団体を生み出したが、ザカートの徴収、管理、分配が法的には、BAZNASに一元化されることになったのである。

(2) 全国ザカート管理庁（BAZNAS）の制度的構造と実践体系

　従来、インドネシアにおけるザカート徴収は、個人だけでなく様々な種類の団体によって担われてきた。ザカート委員会（*panitia zakat* [Ind.]）やBAZ、BAZIS、LAZがその主な担い手であった。国内初のザカート管理法第38号施行に端を発する一元化の波を受けて、2001年にワヒド大統領の大統領令8号により、宗教省の監督下で国営ザカート徴収庁BAZNASが設立された。BAZNASは、国家からザカート管理の計画や徴収、分配、運用の管理を任されている。

　BAZNASの主要メンバーは約11人おり、その中の8人はウラマー評議会や

写真5：BAZNAS本部でイルファン・シャウキー・ベイク氏と筆者（2016年11月14日）
出所：筆者友人撮影。ジャカルタにあるBAZNAS戦略研究センターPUSKAS（*Pusat Kajian Strategis* [Ind.]）BAZNAS所長で、ディディン・ハフィドゥッディン氏の息子のイルファン・シャウキー・ベイク氏と懇談。

ウンマの指導者が選考される。残りの 3 人は、政府関係者（宗教省の役人や、ザカート管理に携わる者）である。会長と副会長の在職権は 5 年任期であり、そのたびに選挙が行われる。

2001 年、BAZNAS 初代会長となったのは、ディディン・ハフィドゥッディン（Didin Hafidhuddin）であった。インドネシア最大の民間ザカート管理団体ドンペット・ドゥアファを創立した実務家であり、2004 年から 2008 年、2008 年から 2011 年の 2 期続けて BAZNAS の会長職を担った。ウラマーとしての著作は、ダアワ（da'wa［Ar.］、dakwah［Ind.］：布教、〈信仰への〉呼びかけ）や教育、経済、ザカートに関するものが 20 冊ほどある。特筆すべき業績は、カラダーウィーの名著『ザカート法学』をインドネシア語に初めて翻訳したことであろう。

次に、第 2 代会長を務めたのは、バンバン・スディビョ（Bambang Sudibyo）である。彼は財務省大臣（Menteri Keuangan RI［Ind.］：1999 〜 2000）や教育省大臣（Menteri Pendidikan Nasional RI［Ind.］：2004 〜 2009）を務めたのち、2015 年から 2020 年まで、BAZNAS の会長を 1 期務めた。イスラーム法学の専門であった前任のハフィドゥッディンと違い、スディビョは経済畑出身である。ムハマディヤで経済学及びコミュニティエンパワメントの責任者として 2 期務め（2005-2015）、1999 年から現在まで、インドネシア・ムスリム知識人協会（Ikatan Cendekiawan Muslim se-Indonesia［Ind.］、通称 ICMI）の専門家評議会のメンバーでもある。

2020 年からは、ヌール・アフマド（Noor Achmad）が第 3 代会長を務めている。シャリーア学部を卒業し、大学で教鞭をとってきた人物である。2020 年から中央ウラマー評議会のメンバーでもある。

BAZNAS 本部の下には、徴収専門機関のザカート徴収局（Unit Pengumpul Zakat、通称 UPZ［Ind.］）と政府認定の民間ザカート管理団体（Lembaga Amil Zakat、通称 LAZ［Ind.］）が置かれている[56]。通常、UPZ は徴収のみの機関で、徴収された金は BAZNAS が管理、分配する。その一方で、LAZ は独自に徴収、管理、分配を行うが、その会計報告を毎年 BAZNAS に行う義務を負う。

BAZNAS の傘下には、地方自治体の州、県、市レベルの下部組織が存在する。UPZ は、その地方自治体レベルの下部にある区（kecamatan［Ind.］）や、町

---

[56] 2024 年 8 月時点で、28 の LAZ が認定されている（https://baznas.go.id/baznas-profile）。

(kelurahan [57] [Ind.]) の長（区長は camat [Ind.]、町長は lurah [Ind.]）に設置され、BAZNAS の地域責任者としてザカート徴収する機関である。また、政府や国家機関、国営企業、その他銀行などでザカートを徴収する場合にも、UPZ が設置される。

　BAZNAS の用いている徴収方法は主に 4 つに分けられる。BAZNAS の事務所や UPZ での支払い、訪問徴収、銀行口座引き落とし、インターネットバンキングである。聞き取り調査によると、それぞれの徴収率は、BAZNAS の事務所での支払い（約 10%）、訪問徴収（約 5%）、銀行口座引き落とし（約 5%）、インターネットバンキング（約 80%）である [58]。州や県、市によって異なるが、地方自治体と協働して、公務員に対しては、給与からの天引きによるザカート徴収が行われることも多い [59]。

　分配の側面に目を転ずると、行政地域の長や学校からの支援要請があった場合、もしくは貧困者や困窮者などの受給対象者が直接 BAZNAS に訪ねてきた場合に、受給の審査が行われる。また、政府の管轄下である貧困地区の住民は積極的に受給対象となる。受給の方法については、BAZNAS が様々なプログラムを揃えている。

　教育部門（Rumah Cerdas Anak Bangsa [Ind.]、通称 RCAB）では、初等教育から大学までの奨学金が [60]、医療部門（Rumah Sehat BAZNAS [Ind.]）では会員制の無償医療が提供されている。また、ダアワ部門（Rumah Dakwah BAZNAS [Ind.]）では、困窮者や地方住民を対象としたイスラームの普及活動が行われている。さらに、災害援助部門（Tanggap Darurat Bencara [Ind.]）では災害時の迅速な対応を目指し、被災者への教育や医療、住居が提供されている。

---

[57] ジャカルタ首都特別州は、行政区分が定められている。このクルラハンの下に、隣組（RT）、町内会（RW）を置く住民組織制度は 1983 年の内務大臣令で規定された。ほかの地域で RT や RW というと、行政区分外のことが多い。
[58] BAZNAS ジャカルタ本部のエグゼクティブ・ディレクターである Teten Kustiawan 氏への聞き取り調査による（2014 年 9 月 22 日）。
[59] 筆者による BAZNAS ボゴール支部長への聞き取り調査によると、BAZNAS ボゴール支部では、ボゴール市長のビマ・アルヤ（Bima Arya）によって、市役所に勤める公務員からザカート分 2.5% の給料天引きを行う施策が導入された。これにより、同支部のザカート徴収総額が飛躍的に増加した（2014 年 9 月 25 日）。
[60] この支援を受けている初等教育から高等教育の人数が全国で 2,018 人、大学生が 230 人である（BAZNAS 公式パンフレット Profil BAZNAS より）。

1-4. ザカート管理法の強化と各アクターの鼎立

インドネシアにおいてザカート管理に関する行政改革は、ザカート管理法が出された1999年法と、その改正案である23号が発布された2011年法、そして政府規制が強化された2014年法がある。監督権限を強化するために法律を改正したにもかかわらず、それに従うザカート管理団体は少なかった。インドネシアにおける国家と市民社会の相克が顕著にみられる事例である。

以下では、『2011年ザカート管理法23号（*Undang-Undang Republik Indonesia Nomor 23 Tahun 2011 tentang Pengelolaan Zakat*［Ind.］)』と『2011年ザカート管理法23号の実相に関する2014年インドネシア政府規制14号（*Peraturan Pemerintah Republik Indonesia Nomor 14 Tahun 2014 tentang Pelaksanaan Undang-Undang Nomor 23 Tahun 2011 tentang Pengelolaan Zakat*［Ind.］)』を参照しつつ、BAZNASとLAZ、そしてジャカルタ特別州ザカート、インファーク、サダカ管理組織（*Badan Amil Zakat, Infaq dan Shadaqah(BAZIS) Provinsi DKI Jakarta*、通称 BAZIS DKI［Ind.］）を例に、その鼎立状況について考察してみる。

(1) 全国ザカート管理庁（BAZNAS）への一元化と反発

2011年法は、「ザカートによって提供されるサービスの効率性や効果の増大、ザカートによる貧困削減や公的福祉サービスの最大活用」（第3条）を狙ってザカート管理に関する全国的な制度基盤を築くため、施行された。

この制度基盤の頂点に位置する組織がBAZNASである。BAZNASはザカート管理に関する独占的な目的のため、政府によって創られ（第6条）、宗教大臣を通じて大統領に責任を負う独立機関である（第5条3節）。その役割としては、ザカートの徴収および分配、運用方法の計画、実行、監督、またはザカート管理の運用実績の報告がある（第7条）。BAZNASの執行委員会にはいずれの政治団体にも属しておらず、責任感があり、ザカート管理に適格な人物を含む（第11条）。BAZNASは事務局に支えられ（第14条）、県や市や自治体のUPZと呼ばれるザカート徴収部門が徴収を支える（第15条、16条）。まず、県単位の機関としては、BAZNAS州支部（*BAZNAS Provinsi*［Ind.］）があり、現在インドネシア

全土には約34のBAZNAS州支部がある[61]。これは、BAZNASによって検討された後、州や県知事の提案により、宗教大臣の命で設立される。そしてザカート管理の制度的構造の二層目には、LAZ（民間ザカート管理団体）がある。

LAZは社会福祉プログラムに適当な非営利団体か法人でなければならない。加えて、シャリーア監督部局がなければならず、定期的にシャリーア監査および会計検査を受けなければならない。そしてこれらの項目は、政府基盤であるBAZNASの正しい指揮下で行われるべきである（第17条、18条）。加えて、LAZはBAZNAS[62]に会計状況を報告する義務もある（第19条）[63]。

上記のようにザカート管理法が改正され、トップ組織であるBAZNASによる一元化が図られたにもかかわらず、依然としてBAZNAS州支部に入らない地方自治体ベースの組織がある。アチェにあるバイトゥルマール[64]・アチェ（*Baitul Maal Ache*［Ind.］）は、「BAZNAS」という呼称を使用せずに活動しており、会計も地方自治体で独自に管理するため、独立した運営形態をとる。ほかにも、アチェ州と同様に独自の活動をする組織として特徴的なのが「ジャカルタ特別州ザカート、インファーク、サダカ管理組織BAZIS DKI」である。

BAZIS DKIは、1968年12月5日に、ジャカルタ特別州の知事アリー・サディキン（Ali Sadikin）によって設立されたBAZが前身である。このBAZが、ジャカルタ特別州の条例（Keputusan Gubernur DKI Jakarta No. D. III /B/14/6/73）により、BAZISという名称に変更された［Fauzia 2013: 195-198］。以来、地方行政の長（*walikota, mayor*［Ind.］）と協力して独自の活動を続けている。2011年のザカート管理法23号で公的ザカート管理団体がすべてBAZNAS管理下に入るように定められた後も、BAZIS DKIの体制は変わらず、BAZNASに加入することを拒否した。2018年3月、バリ島のサヌールで行われたBAZNAS全国会議において、会長のバンバン・スディビョはBAZIS DKIの独自路線を「法律違反であり、社会

---

[61] その他、463のBAZNAS県・市支部（*BAZNAS Kabupaten/Kota*［Ind.］）がある。
[62] BAZNASとLAZについて、名称からザカート管理の専門機関にみえるが、サダカやワクフなどの管理も同時に行っている［Fauzia 2013: 214］。
[63] 『2011年ザカート管理法23号（*Undang-Undang Republik Indonesia Nomor 23 Tahun 2011 tentang Pengelolaan Zakat*［Ind.］）』から。
[64] インドネシアではザカート管理の財務部で使われることもあるが、より一般的な用法として、マイクロファイナンスの専門機関としてのバイトゥルマール・タムウィール（*Baitul Mal wat Tamwil*、通称BMT［Ind.］）がある。

はこのような団体にザカートを支払うべきではない」と糾弾した[65]。

これに対して、BAZIS DKI の会長ザフルル・ウィルダン（Zahrul Wildan）は、アリー・サディキンが設立時に通したジャカルタ特別州の条例（Keputusan Gubernur DKI Jakarta No. D. III /B/14/6/73）の効力は続いていると主張した。そして、2011 年のザカート管理法 23 号にある州及び市規模の公的ザカート管理団体（*Badan Amil Zakat Daerah Provinsi dan Badan Amil Zakat Daerah kabupaten/kota*［Ind.］）についても、先の条例がすでにザカート管理法適用前に存在しており、その任務と機能は果たしているため、2011 年ザカート管理法に従わなくても違法ではないと反論した。

BAZNAS から名指しで批判をされてから 1 か月後、BAZIS DKI の会長ザフルル・ウィルダンは NU 系ザカート管理団体（NU Care-Lazis NU [66]）の会長シャムスル・フダ（Syamsul Huda）らと会議を設け、制度的問題について話し合った。結果、BAZIS DKI は合法であるとの主張を行った[67]。

この一件からは、インドネシアの公的なザカート管理団体に関しても、政府によるトップダウンの一本化は地方自治体ベースの反撥を受けているという状況をうかがい知ることができる。特に、新興ともいえる BAZNAS に対して、60 年代から長い歴史をもって運営してきた地方自治体ベースの BAZIS が一方的に吸収合併されるという構図には批判的な実務者も少なくないため、今後の一元化実現に向けては課題も多い。写真 6 にあるように、大統領が BAZNAS へザカートを支払う様子をメディアを通じて大々的に報じることで正統性の主張が画策されるものの、依然として BAZNAS によるザカート管理の一元化には至っていない。草の根に地盤を有する団体と、トップダウンで一元管理をしたい国家組織との相克が浮かび上がる[68]。

---

[65] バリ島のメディア「アンタラニュース」（https://www.antaranews.com/berita/695362/baznas-minta-bazis-jakarta-tidak-pungut-zakat）を参照。
[66] NU 母体のザカート管理団体 LAZISNU が 2004 年に改名した組織。
[67] （https://tirto.id/mengapa-bazis-dki-dianggap-ilegal-cH3z）を参照。
[68] 2019 年 4 月 29 日から、BAZIS DKI は BAZNAS と協働で、新たな組織として生まれ変わった。つまりナショナルな組織と対立をするよりも、協働してザカートを運用していく方向に切り替わっていった（http://www.beritajakarta.id/read/68429/anies-lantik-pengurus-baznas-bazis-dki#.X0qs5Mj7Ryw）。

写真6：ジョコ・ウィドド大統領（Joko Widodo）とユスフ・カラ副大統領（Muhammad Jusuf Kalla）がジャカルタの大統領府（Istana Negara［Ind.］）でザカートを支払う様子（2018年5月28日）
大統領の後ろに立っているのが、BAZNAS第2代会長のバンバン・スディビョ（Bambang Sudibyo）である。写真はコンパス紙から（https://nasional.kompas.com/read/2018/05/28/15190641/jokowi-dan-jk-bayar-zakat-mal-rp-50-juta-per-orang）

(2) 民間ザカート管理団体（LAZ）の位置付けとその認可・選定方法

上記のように、2011年のザカート管理法案によって、BAZNASの管理下に、ザカートの徴収義務を委託された認定団体であるLAZが置かれるという法整備がなされた。

ザカート管理法によると、LAZは法人として法律文書（akte pendirian［Ind.］）[69]を備えた財団（yayasan［Ind.］）であるべきとされている［Fauzia 2013: 224］。LAZにも、①全国規模②州規模③県・市規模とあるが、その数は①19件②9件③25件の総計53団体[70]である。認可は、各規模に宗教省大臣や州の管轄者から受けられる（59条）。

---

[69] 法律文書とは、財団の創設に関する詳細が書かれた文書であり、公証人によって法律上政党と認められていなければならない。このような文書は、公正文書（akte notaris［Ind.］）とも呼ばれる［Fauzia 2013: 224］。

[70] 2017年1月27日の情報。詳しくはBAZNAS公式ホームページ（https://pid.baznas.go.id/laz-skala-nasional/）を参照（2018年10月17日確認）。

全国規模で展開し、徴収規模も大きい代表的な LAZ としては、ドンペット・ドゥアファ、ラジス・ムハマディヤ（*LAZIS Muhammadiyah*, 通称 LAZISMU［Ind.］）、バイトゥルマール・ムアーマラート財団（*Yayasan Baitul Mal Muamalat*［Ind.］）などが挙げられる［Salim 2008: 77］。これらは、BAZNAS の成立より前から存在した団体がほとんどで、徴収だけでなく、分配も独自に行う団体が多い。全国規模の LAZ は、徴収した資金をまず LAZ の中央本部に送金し、本部の采配で再分配するという形態がよくとられる。

　以下に、2011 年と 2014 年に改訂されたザカート管理法も併せて内容を比較する。すると、国家のザカートに関する関与、管理権限が徐々に拡大していることがわかる。LAZ の要件に関する 2011 年 23 条 18 項は以下のとおりである。

(i) LAZ の設立は、大臣または大臣が任命する職員の許可を得なければならない。
(ii) 上記の(i)で言及された許可は、下記の最低条件が満たされた場合にのみ与えられる：
　a. 教育、ダアワおよび社会の分野を管理するイスラームのコミュニティ組織として登録された；
　b. 法的実体の形で
　c. BAZNAS からの推薦を得る。
　d. シャリーア（イスラーム法）の監督をおき；
　e. 実行するための技術的、行政的、財政的能力を有する
　f. 非営利団体。
　g. 人々の福祉のためにザカートを利用するプログラムを持っている。また、
　h. イスラーム法と金融（の専門家）によって定期的に監査されることが望まれる。

　2011 年法には上記のように LAZ についての詳細な条件があるわけではない。一方、改正後の 2014 年 14 条 7 項 56 〜 66 節には LAZ に関する「要件、認可のしくみ、代表的な LAZ の形成、ザカート管理者について」6 ページのわたり記述されており、2011 年 23 条より大幅に項目が増えている。

2014年の政府規制による最も大きな改変は、LAZの認可が明文化され、法律上認可外の民間のザカート管理団体は違法性を持つことになったという点である[71]。200以上確認されていたLAZ[72]が、2014年以降53団体に減少し、2025年現在では28団体に減ったことも、政府規制が強まったからであろう。各種、コミュニティ団体であることの証明書の提出や、シャリーア監督官の必要、BAZNASからの推薦書（58条）、地方自治体からの設立許可（59条）などの必要書類が多数増えたことで、結果的に認可をとらない（とれない）団体が増えたと考えられる。

おわりに

　以上、第1章ではインドネシアにおけるザカートの沿革を記述してきた。長らく個人間での実践であったザカートが、イスラーム改革主義思想や制度化によって再活性化していく様子を描いてきた。特に20世紀初頭ムハマディヤの登場によって、ザカートは個人的な義務というだけでなく、社会福祉的な意義があるという解釈が徐々に広まっていった。ザカートの概念が個人の義務的な慈善から社会福祉的な意義へと徐々に変化していく中で、国家によるザカート管理への関心も高まっていった。1960年代からみられた国家でザカートを管理する形態への関心が、民主化期以降に実現する形となった。

　その一方で、インドネシアにおけるザカートの制度化の特徴として、法律の整備やBAZNASへの一本化に対抗するような地方自治体ベースのBAZ、LAZ、草の根レベルのザカート管理団体やウラマーの存在が指摘できる。アチェやジャカルタの事例から、政府によるトップダウンの一本化は地方自治体ベースの反撥を受けているという状況を指摘した。加えてザカート管理法が強化されたことで、手続きの煩雑化が起こり、認証を受けないNGOが増加している。トップダウンの制度化に抗う地方自治体ベースのBAZやLAZにも着目することで、ザカート管理を一元化したい国家と、それに抗う市民社会の相克が確認された。

　以上、ザカート制度化の沿革において一つ疑問が浮かび上がる。1968年頃

---

[71] なお、66節には「BAZNASおよびLAZのない地域では、個人のウラマーやモスク・礼拝所の管理人（takmīr [Ind.]）をザカート管理者とする」とあり、制度化の及ばない地域への言及もみられる。
[72] BAZNAS研究所のNurzaman氏にメールで確認（2018年9月19日）。

から制度化され、社会正義のために再定義されてきたザカートが、民主化期以降なぜ国家主導のBAZNASではなく民間で花開いたのだろうか。資金調達の面でも、依然として6割以上がLAZとその下部組織による徴収である［BAZNAS Annual report 2021］。そして税とザカートの一体論が指示され、BAZNASにザカートを支払うと税金の還付もあるというのに未だに徴収率が高くないのはなぜなのだろうか[73]。また、ザカートを社会福祉の向上と社会正義の確立のために使われるべき税として再認識しようとする知的試みもあったが、国家機関がこれらの資金を管理すべきかどうかという問題については、かなりの懐疑的な見方が残っているのはなぜなのだろうか。

　この疑問に関して先行研究ではKKN（*korupsi kolusi nepotisme*［Ind.］：汚職、癒着、縁故主義）問題を挙げている。スハルト体制期がKKNに対する抗議によって崩壊し、スハルト一族が運営する財団（*yayasan*［Ind.］）が特に批判を浴びた点を国民が忘れていないというのは重要な指摘である［Kailani and Slama 2020:75］。そのためポスト・スハルトの初期は、国家とその代表者が個人的な利益のために国家機関を掌握することで、資金がどのように悪用され、どのように管理されるかについて、国民は敏感に反応せざるを得なかった。そのような政治情勢の中で、ムスリムが慈善活動のためにイスラームの非国家主体にますます目を向けるようになったのは驚くことではない。

　慈善活動ブームと重なるようにして設立された多くの民間のザカート管理団体を、政府規制と行政改革により、いわば後出しの形で国家が管理しようと模索されたという歴史的沿革が明らかになった。そのため民間団体や地方自治体ベースのザカート管理団体は、あくまでこれまで自分たちが行ってきた独自のザカート実践を保守したいという姿勢をみせ、一元化に反発する事例もあった。こうしてインドネシアにおけるザカートは制度化という一定のベクトルは保ちながらも、極めて多様な形態での実践が行われている。

---

[73] 2019年総徴収額10.2兆ルピア（約820億円）中、BAZNAS自体の徴収率は州、県、市単位の組織を合わせても38.44％と低い［BAZNAS Annual report 2021］。

第2章

ザカートの制度化

：インドネシア・ムスリム知識人の法学見解とザカートをめぐる議論

はじめに

　ザカートは、イスラームの最も根源的な五行の一つであるから、法学上は時代や地域によって変更されたり、停止されたりすることのない規定となっている。本書が対象とするインドネシア共和国は、人口の90％以上がムスリムながらもイスラームを国教と定めていないため、国家の財源としてザカートが徴収されることはない。

　その一方で、公的な制度化は進んでいる。前章でザカートに関する国家関与と行政改革の展開を論じたように、国家のザカート徴収に関する関心は1960年代から高まり、1999年にはザカート管理法として制度化されてきた。2001年には宗教省の管理下にある全国ザカート管理庁（BAZNAS）が設立された。

　本章では、先行研究を踏まえつつ、ファトワー分析を行うことで、ザカートに関する法源の解釈や、それに基づく具体的な法的決定に至る議論について論じていく。そのうえで、近代的な国民国家の枠組みの中でだれが徴収、管理、分配の責任を負うのか、といった責任論争についても順次参照していく。ちなみに制度化とはいうが、一つに収れんするものではなく、多くのムスリム知識人が多様な議論を行っていることを留意したい。

　まず、インドネシアにおいてウラマーが集まり、ファトワーを発出する機関の一つであるウラマー評議会が発行した「資産ザカート」に関するファトワーを題材にその影響を分析する。2節では、インドネシア・ムスリム知識人の論争を取り上げる。1986年に、アミン・ライスが行った革新的解釈を提案する

講演に端を発し、俎上に上がったザカート＝税論争を中心に、その発言や著作を分析していく。知識人らによる論争については、先行研究で多数指摘されてきた［Feener 2007; Retsikas 2014; Latief 2012］ものの、イスラーム経済思想の影響については軽視されてきたといえる。そこで本章では、これまでインドネシアのザカート論において看過されてきたイスラーム経済思想の影響とその接合点についても、3節で展開し、論じる。

2-1. 資産ザカートをめぐるファトワー

イスラーム法学では、現代社会に適合する形でザカートに関する柔軟な法的解釈（イジュティハード）が行われてきた。インドネシアでも1970年代中頃から始まり、1980年代の潮流以降、盛んになったイスラームの信仰の「改革」運動（gerakan pembaharuan Islam［Ind.］）とともに、ザカートに関する議論も活発になっていった。

イスラーム法学上、ザカートは二種類に大別される[74]。一つ目の資産ザカート（ザカート・マール：zakāt al-māl［Ar.］, zakat mal［Ind.］）は18歳以上のムスリムが正当な方法で得た資産(株や商品在庫などの所得を生む資産も含む)にかかるザカー

---

[74] イスラーム法学のザカート規定については以下のとおり。第一に、受給対象が8つのカテゴリーに分類（アスナーフ：aṣnāf［Ar.］）されていること。第二に、支払者の最低余剰資産額（ニサーブ：niṣāb［Ar.］）と、その保有期間は一年（ḥawl［Ar.］）であると明記されていること。そして第三に、ザカートを支払わなければならない資産（アムワール・ザカート：amwāl al-zakāt［Ar.］）とその割合（ミクダール：miqdār［Ar.］）が決まっていることである。
　第一のアスナーフについては、「貧者（fuqarā'［Ar.］）」「困窮者（masākīn［Ar.］）」「ザカート管理者（'āmilūn 'alay-hā［Ar.］）」「改宗者（mu'allafa al-qulūb［Ar.］）」「奴隷解放のため（riqāb［Ar.］）」「負債者（ghārimūn［Ar.］）」「アッラーの道のために努力するもの（fī sabīl allāh［Ar.］）」「旅行者（ibn al-sabīl［Ar.］）」の8つのカテゴリーに分けられている。つまり、イスラーム国家の枠組みでいえば社会保障の対象者が詳細に定義付けされているようなものである。
　第二のニサーブについては、基本的には金85g以上(時価による)が限度額である。それと同等か、もしくはそれ以上の資産を保有していれば、貨幣についても2.5％のザカートを支払う義務が生じる。保有期間は一年間であり、この資産において生活に必要なものは基本的にニサーブには含まれない。
　第三のアムワールについても詳細な規定があり、イブン・カイイム・ジャウズィーヤ（Ibn Qayyim al-Jawziyya 1292～1350）によると果物や、家畜、金と銀、交易、地下資源、人工物など6つに大きく分類される［Jawziyya 2003: 107］。そしてそれぞれのミクダールは、10%（灌漑の場合は5%）、牛や水牛は30頭につき一才のものを一頭、金88gあるいは銀617gにつき価格の2.5%相当（現金とほぼ扱いは同じ）、交易商品は2.5%、鉱物などの地下資源は価格の20%である。今日ザカートに関するフィクフを大成した人物として挙げられるカラダーウィーは、上記の分類に蜂蜜や牛乳などの畜産物、在庫商品などを足している。

トである。この支払対象には住宅[75]や車、金、証券以外に、農作物や家畜、事業資産も含まれる[al-Qaraḍāwī 2009]。財産の40分の1(2.5%)と規定されている。

二つ目の断食明けのザカート（ザカート・フィトル：*zakāt al-fiṭr*[Ar.], *zakat fitrah*[Ind.]）は、断食月（ラマダーン：*ramaḍān*[Ar.], *ramadan*[Ind.]）の終わりの大祭（レバラン：*'Idu l-Fiṭr*[Ar.], *Lebaran, Idul Fitri*[Ind.]）に、すべてのムスリム[76]が一人当たり約3kg[77]の主食、もしくはそれ相当の金額を支払うものである。

以下では、本書の主題とする資産ザカートに関してどのような法学見解が検討されてきたのか、そして資産ザカートに対する批判や肯定があるのかを確認していく。インドネシア・ウラマー評議会からは、1982年から2022年までの40年間でザカートに関するファトワー22項目が出されている。そのうち徴収に関するファトワーに対象を限定すると8項目ある（図3）。本節では2021年の「企業資産のザカート（*zakāt al-muʾaṣaṣa*[Ar.], *zakat perusahaan*[Ind.]）」と2003年の「収入のザカート（*zakat penghasilan*[Ind.], *zakat pendapatan*[Ind.]）」を、インドネシアに特有の法的解釈を行った事例として検討する。

図3 ザカートの徴収に関するインドネシア・ウラマー評議会のファトワー一覧

「収入のザカート」に関するファトワー（2003年3号）
「ハラーム（非合法）資産のザカート」に関するファトワー（2011年13号）
「ザカートの徴収・管理・分配」に関するファトワー（2011年15号）
「義務的要件を満たす前の所得に対するザカートの支払い」に関するファトワー（2018年）
「収入のザカートの対象」に関するファトワー（2018年）
「企業資産のザカート」に関するファトワー（2021年）
「株式のザカート」に関するファトワー（2021年）
「抵当不動産のザカート裁定」に関するファトワー（2022年）

出所：Himpunan Fatwa MUI Zakat 等を参考に筆者作成。

---

[75] 住宅の場合、家族の居住に用いられている家は、ザカート支払いの対象とはならず、貸し出されて利益を生んでいる住居が対象となる。したがって、居住資産価値に対する2.5%の支払い額がザカートというのは不正確で、その住居の資産価値がいくらであれ、それが家族の居住に用いられている限りザカートの支払い対象から除外される。
[76] イブン・ウマルのハディースに「アッラーの御使いは、ラマダーンのザカート・フィトルをすべての人に義務とした。老いも若きも、自由人であろうが、奴隷であろうが、男であろうが、女であろうが、ナツメヤシを1サーア、または小麦を1サーア（サーアとは升の単位で、重量に換算すると小麦であれば約2.2キロに当たる。）」とあり、資産ザカートと違ってすべてのムスリムに支払義務が生じる [al-Qaraḍāwī 2009: 41]。
[77] 東ジャワのウラマー評議会は、2014年のラマダーンのザカート・フィトルをこの分量と決定した。詳しくは、オンラインニュースサイトの『イスラームの声（Suara Islam）』「http://www.suara-islam.com/read/index/11401/MUI-Jawa-Timur--Genapkan-Hitungan-Zakat-Fitrah-Menjadi-3-Kilogram-Beras」を参照。

本題に入る前に、インドネシア・ウラマー評議会がどのように成立し、ファトワーが出されてきたのか、そしてインドネシアにおいてファトワーがどのような意味を持つのかも前置きとして説明する。

(1) インドネシア・ウラマー評議会の成立とファトワー

スハルトは政権成立の折に、様々なイスラーム勢力から支援を受けたにもかかわらず、政権樹立後は「政教分離」を掲げ、その期待を裏切った。スハルト政権がイスラーム勢力の脱政治化を図る一方で、政府の開発政策はイスラームの教えからの正当性を必要としていた。特に 1973 年 7 月に上程した婚姻法案が紛糾したことから共同体の架け橋となるウラマーの協力が不可欠であるという結論に達した。

ウラマー評議会が設立されたのは、1975 年 7 月 26 日であるが、その設立への道のりは険しいものであった。ファトワー機関としてのウラマー評議会設立の提案は、宗教省付属機関のイスラーム布教センター (*Pusat Dakwah Islam Indonesia* [Ind.] 1969 年 9 月創立) が組織したウラマー会議 (1970 年 9 〜 10 月) でなされたが、政府が後押しする半体制的ウラマー組織に対して、イスラーム指導者たちから、自立面での懐疑があったからである。反対派の先鋒は有力ウラマーのハムカ (Hamka 1908 〜 1981) で、そのような機関は悪用されかねないと危機感を表明した。

1975 年 5 月、スハルトはゴルカル[78]系のモスク協議会 (*Dewan Masjid Indonesia*[Ind.]) でウラマー評議会設立を支持した。内務省も地方政府にウラマー評議会の設立を支持し、ついに 7 月初めには準備委員会が立ち上げられた [Nur Ichwan 2005: 48]。提案から実に 5 年後に、ようやく設立にこぎつけたのだ。

全国ウラマー大会 (1975 年 7 月 21 〜 27 日) で、ウラマー評議会の創立に 53 名のウラマーが署名し、大会オープニングでは大統領、宗教大臣、初代議長の 3 人が演説した。スハルトは、ウラマー評議会に対して開発の考えや活動をわかりやすく社会に伝える「翻訳者 (*Penterjemah* [Ind.])」になること、またイスラームを厚く信奉するムスリムが狭量な考えから抜け出して、より広い経験や考え

---

[78] 職能集団 (ゴルカル:*Golongan Karya* [Ind.], 通称 Golkar) は、インドネシアの政治団体、政党である。立党原則を、パンチャシラと 1945 年憲法に置いている。

を受け入れるようにと期待を述べた［MUI 1995: 18-19］。

　宗教大臣ムクティ・アリ（Mukti Ali 1923 〜 2004、在任 1971 〜 1978）は、ウラマー評議会の創立によってインドネシアにおける共同体の統一、団結が成り、ウラマーと政府の間の不信感も埋めることができると繰り返し述べた［MUI 1995: 21］。これに対して、創立提案当初は反対もしていたハムカは最終的には周りの推薦に応じて初代議長に就任したが、高官のためにファトワーを作文することにもなりかねない危険性に言及し、政府とウンマの間に挟まれるウラマーの立場の難しさを素直に認めた［MUI 1995: 23-24］。ウラマー評議会が直面すると考えられる問題を真摯に見つめた、緊張感のある船出であった。

　基本方針は創立時に決められたが、組織綱領は 1986 年になってようやく整備された。組織構造は、ジャカルタに中央ウラマー評議会が置かれ、州、県にも設立されるが、中央のそれは、州や県を指導、調整する立場にあった。政府や民間組織とは協力するが、特定の政治社会組織とは提携せず、また政府や民間支援を受けるがそれに拘束されないことが規定された。

　しかし、ウラマー評議会は正副大統領が「名誉総裁（*Pelindung*［Ind.］）であり、宗教大臣や関係閣僚が「協議会（*Dewan Pertimbangan*［Ind.］）」を構成し、以下地方も同様に正副州知事や関係地方官庁の長が同等に就任することが綱領に定められたことからも［MUI 1995: 39-45］、法律上の手続きはなくとも、やはり政府の諮問機関と位置付けるのが妥当である。つまりウラマー評議会はファトワーを出す半官機関であり、ウラマー評議会が発表するものはいわゆる「公的ファトワー」といえるような公的性格を持つことは否めない[79]が、その実、法的拘束力はない。

　多様な各イスラーム団体は通常、ファトワー委員会のようなものを設けており、独自のファトワーを発表している。例えば二大イスラーム組織のムハマディヤには、ムハマディヤ意見選定評議会（*Majelis Tarjih Muhammadiyah*［Ind.］）というファトワー委員会がある。NU も NU シャリーア論弁知委員会（*Lajnah Baḥth al-Masāil Nahdlatul Ulama'*; LBM-NU［Ind.］）を設置している［Hooker 2003］。

　さらに、雑誌や新聞では個々のウラマーやイスラーム知識人が独自に読者か

---

[79] 小林も同様に、スポーツくじ問題や 2001 年の味の素事件を例に、不可避的に硬直化の傾向をたどるとして、公的ファトワーの存在を問題視している［小林 2008］。

らの質問に回答することをファトワーとして扱うこともあり、近年ではオンライン・ファトワーという新たな形も珍しくない [Hosen 2015]。政府の側にいるウラマーのファトワーに対して、民間側から臆することなく対抗する見解が述べられることもある。ウラマー間で意見が一致しない問題への見解の相違（ヒラーフィーヤ：khulafiyah [Ind.], khilāfiya [Ar.]）があることは了承されており、ゆえに「公的ファトワー」的な性格を持つウラマー評議会のファトワーもただの指針とされて、強制力を持たない。

(2)「企業資産のザカート」に関する公的ファトワーと NGO、民間企業

ではインドネシア・ウラマー評議会が出したザカートに関するファトワーは実際にどのような規定で、社会への影響力はいかなるものなのだろうか。本項では、インドネシア・ウラマー評議会が出した「企業資産のザカート（Cooperate zakat; zakat perusahaan [Ind.]）」について論じることで、具体的に明らかにしたい。「企業資産のザカート」とは、株式会社や企業が支払うザカートのことである。本来イスラーム教徒の義務であるところのザカートを、法人格にも適用するという比較的新しい概念であるが、近年イスラーム法やイスラーム経済など様々な研究分野で議論されている。例えばエジプトやヨルダン、サウディアラビアやカタル、クウェートなどの中東諸国において、宗教的モチベーションからなる慈善活動と企業の社会的責任（Corporate Social Responsibility, 通称 CSR）の共通項を探そうとする取り組みがなされている。

また、この企業資産のザカートを実際に徴収することに成功しているのはマレーシアである。2016 年、マレーシアの国家ザカート徴収センター（ZCC；zakat collection center）によって徴収された総額は 25 億リンギットで、約 872 億円に相当する。また同年、マレーシア企業法（Malaysian Companies Act 2016）が約半世紀ぶりに改正され、その中で企業資産のザカート支払い（Urudh al-Tijarah [Ind.]）の宗教的義務が、該当する企業[80]に対して明確に課せられるようになった

---

[80] 一般的にはムスリムが社長を務めている、従業員の何割以上がムスリムである企業などいくつかの基準がある。しかしながら、実際には非ムスリムの華人が社長を務めていたり、ザカートを支払う義務の要項に当てはまらない企業もザカートを支払っている場合があるという（2019 年 10 月 24 日マレーシアの首都クアラルンプールの中央ザカート徴収局 PPZ；pusat pungutan zakat [Ind.]でマネージャーの Muhammad 氏への聞き取り調査より）。

［Ramlil and Abdul Ghadas 2019: 8］。

　インドネシアにおいても、このようなハイブリッドな取り組みが実装されてきており、具体的には、インドネシア中央銀行（*Bank Indonesia*［Ind.］、通称 BI）と BAZNAS が協力し、企業の社会的責任（CSR）[81] とザカートの義務を結合しようとする計画も持ち上がっている[82]。

　インドネシア国内の企業資産のザカートに関する規制や取り組みについては、アルフィトリ（2020）による研究が新しい。約 10 年間の研究結果に基づいて書かれたこの本は、企業のザカート規範の形成とイスラーム銀行におけるザカート規範の遵守に着目して、MUI が企業資産のザカートも義務であると解釈を拡大しようとした経緯を詳細に文書から明らかにした［Alfitri 2022: 65-86］。

　イスラーム復興団体などの NGO を含める第三セクターは、民間企業（第二セクター）と、その目的と役割において基本的に相反するものとして描かれることが多い。第三セクターは公共の目的のために市民レベルで組織されるもので、第二セクターは営利目的の私的団体だからだ。

　しかしながら、近年、営利企業と NGO が協働関係を築き始めているという兆候がある。NGO は私企業の社会的責任を担うための協力者として、その活動のすそ野を広げている［Latief 2013: 176］。この 20 年でイスラーム的慈善組織の数は増大し、専門職に就くムスリムやビジネスマンも、今日のザカート実践を導く新たな担い手となった。民間企業にイスラーム的慈善活動の概念を輸入することはもちろん、新しく、ザカートと CSR の共通項を探そうとすることも革新的な取り組みであった［Latief 2013: 177］。

　この件に関して、インドネシアでは、2008 年にジャカルタで「企業資産のザカート」に関するセミナーが開かれた。会には多くのイスラーム法学者や、専門家、社会活動家などが参加した。会の主な目的は、専門家や社会活動家などが率先して取り入れようと議論している「企業資産のザカート」に関して、インドネシア・ウラマー評議会のメンバーを参考人として招集し、新しいファトワーとして公布すべきかどうかを協議するというものだった。当時、インド

---

[81] 2007 年、インドネシアは有限責任会社法第 40/2007 号によって、世界的に初めて、また東南アジアでは唯一、CSR を義務化した国となった。同法は天然資源を開発する企業に対し、利益の一定割合を慈善事業や CSR 関連プロジェクトに割り当てることを義務付けている［Sciortino 2017: 143］。
[82] 2014 年 9 月 22 日インドネシア中央銀行の Rifki Ismail 氏への聞き取り調査より。

ネシア・ウラマー評議会は、「企業資産のザカート」という議題に関して気が進まないようであった。結果としてセミナーでは、「ザカートは個々人で実践すべき信仰行為であるため、ザカートは個人のために支払われるべきものであって、制度や団体によるものではない」という主張がなされた。

しかしながらその翌年の2009年1月、インドネシア・ウラマー評議会は、スマトラ島の東に位置するパダンでイスラーム法学者の第三回会談（Forum Ijtima Ulama III［Ind.］）を開催し、そこでは企業資産のザカートについて、徴収対象項目としての積極的な議論が進められた。

結論として、ウラマー評議会は企業資産のザカートは義務（wajib［Ind.］）であり、企業はザカートを支払うことによってその義務を果たさなければならないというファトワーを出した。この企業資産のザカートは、交易のザカートに並んで言及された［Hafidhuddin 2002: 99-103］。つまり、営利企業はその利益の2.5%を宗教的目的のために支払わなければならないということである。

上記の企業資産のザカートに関する新しいファトワーは、当時のインドネシアの現状から完全に乖離したものであった。現状として、特に私企業が社会活動への融資、慈善的サービス、そしてイスラームのダアワ活動を行う例は顕著に増えてきている。それに伴い私企業にザカート管理人を伴う企業も増えてきているのだ。にもかかわらず、そのファトワーが多くの賛同を得られないのは、そのファトワーの履行が実際的に問題を多数抱えているからである。

BAZNAS会長であったディディン・ハフィドゥッディンによると、企業資産のザカートを支払うべき企業には6つの特徴があるという。第一にムスリムが所有する企業。第二にイスラームの原理で許容できる（ハラールな）ビジネスを行っている企業。第三に企業資産が計れるもの。第四に、その企業のビジネスの成長が見込まれるもの。第五に、その企業の資産が金で85グラムかそれ以上の価値を有するもの。第六に、その企業の活動が交易取引に関係するもの［Hafidhuddin 2002: 99-103］」である。企業資産のザカートの適用範囲については明らかにされたものの、現実的に、これらのすべてをクリアするか、どのように測定するのかという問題がある。

また、この企業資産のザカートに関するファトワーを批判する議論はほかにもある。まずイスラームの原理から、企業資産のザカートは古典法学におい

て明確な議論がされていない［Latief 2013: 179］。そして、企業の視点からすると、インドネシア・ウラマー評議会のファトワーは不明瞭で徴収を増やすという結論ありきのアプローチであったといわれている。要するにこのファトワーは単に社会基金を動員したいだけではないか、という疑いの目が向けられているといえる。

　ザカート徴収側からすると、いかにして企業を説得するかというのは大きな問題の一つである。企業はあくまで法人格であり、そのモットーが精神的にも宗教的にもイスラームに携わっていないとしたら、ザカートを支払うことを義務付けるのは困難であろう。そして極め付きには、商業会社は法人として他の法律（会社法や、株式法）に準拠しているので、特定の宗教に関連付けることはできないのだ。

　言い換えると、企業とは価値判断を伴わない極めて中立的なものであるといえる。それゆえ、アチェや西ジャワや西スマトラなどのシャリーアが適応される地域を除き、インドネシアにおいて企業のザカート徴収に成功したという話を聞くことはまれであった。このように「企業資産のザカート」を例に検討しても、インドネシアにおけるウラマー評議会のファトワーは、世間一般から乖離した見解を出しており、その影響力はそこまで大きくないといえる。

(3)「収入のザカート」概念の創出

　伝統的なイスラーム法学の学説では、年次ごとの義務である資産ザカートは、基本的には年間を通して保有された財産に課されることが想定されていた。例えば、羊であれば、課税対象となる最低所有量は 30 頭、課税率は 100 頭ごとに 1 頭、というような規定がある。すなわち、年次ごとに課せられる資産ザカートは、所得ではなく資産に課せられるのであり、資産税のようなものである。

　ところが、現代社会において、労働の対価として貨幣による報酬を得る給与所得者の場合、年間を通じて保有される資産は少なく、資産の内容も貨幣がふつうである。そのため、現代の給与所得者に対してその収入が新しいザカートの賦課対象となるのかは、重要な争点であった[83]。これを「収入のザカート」

---

[83] マレーシアでも、給与所得者のザカート支払いは義務であるかどうかということが問われてきた［塩崎 2016: 36-47］。

といい、毎月の給与に課せられる所得税に近い。収入のザカートが義務となる場合、どのような規則によって支払額が決定されるのか、税率は資産の総額から算出されるのか、あるいは年収の総額から算出されるのか、といった細かい法規定の問題も出てくる。

結論から述べると、多くの人は給与所得者として現金収入を得ているため、所得の 2.5％（貨幣の場合、金銀のザカートと同じ 40 分の 1 の賦課率が適用される）をザカートとして支払うというイスラーム法解釈が徐々に広まっている。このような革新的ザカート解釈を行い、議論に先鞭をつけたのは、カラダーウィーであった。

彼はエジプト人であるが、長くカタル大学イスラーム法学部長を務め、イスラーム世界において著名なウラマーであり、イスラーム思想家である。エジプト発のイスラーム主義団体であるムスリム同胞団関係者でもある。政治活動よりも教育活動、著述活動、テレビやインターネットを多用したメディアでの活動によって、その言説は現代ムスリム世界で広く参照されている。イスラーム法の解釈の革新という点でも、優れた業績を上げており、現代の諸問題に関するファトワーを多数刊行し、世界中の言語で翻訳、出版されている[84]。

以上の背景から、非常に大胆な発想と緻密な論証を併せ持った独自の考え方を展開し、120 以上の著作を持つ。エジプトのアズハル大学で学び、1973 年にザカートに関する論文『ザカートとその社会問題解決への影響 *Al-Zakāt wa Athar-hā fī Ḥall al-Mashākil al- Ijtimā'īya* [Ar.]』で博士号を取得した。その執筆と並行して 1970 年に初版が出版されたのが前述の『ザカート法学』である。ザカートに関するインドネシアの法学的研究でもしばしば引用される基本的文献であることから、本項ではこの本を中心に、古典イスラーム法学におけるザカートと現代的展開について議論する。『ザカート法学』の「収入のザカート」に関する箇所の見解を要約すると、以下のとおりである。

第一に、カラダーウィーは「取得された財産（*al-māl al-mustafād* [Ar.]）」という概念を用いている。取得された財産とは、合法的な（*halāl* [Ar.]；ハラール）方法によって新たに得られたあらゆる収入である。取得された財産の中には、給

---

[84] インドネシアでも、『ザカート法学』に関して、BAZNAS 初代会長のハフィドゥッディンによってアラビア語から翻訳され、党派を超えたウラマーによって多く参照されている。

与、専門職による収入、売買されなかった資本から得られた収入[85]等が含まれる。

　第二に、「取得された財産」が商売（tijāra［Ar.］）、生業としての家畜の飼育等から得られた財産であり、すでにザカートが支払われている場合は、ハウル（年次）とニサーブ（最低余剰資産）の計算において、元からあったもの（資産）と後から加わったもの（その年次に取得された財産）を合わせて計算されなければならない[86]。これは、あらゆる資本と収入は同様に喜捨されるべきであるということを意味している。

　これに対して、その財産からすでにザカートが支払われており、年次の終わりに達していない場合（例えばすでにザカートを支払った農産物の販売や、家畜の販売による収入）は、ザカートを二重に課されることを防ぐために、ザカートが課される対象にはならない。

　第三に、取得された財産が、所有している財産への投資による収入ではなく、行った労働に対する対価（賃金、給与など）、売買されなかった資本から得た場合（不動産の賃貸収入）、贈与もザカートの対象となる。

　つまり、カラダーウィーは「収入はザカートの対象に入るのか」という現代的な課題に対して、ザカートの伝統的な賦課対象である家畜や畑などの資産と同様に喜捨されるべきであるという法学的な革新を行ったのだ。また、不動産や贈与にもザカートが課されるなどの適用範囲の拡大と、二重に課すことの防止を同時に推進している。その背景には、ザカートの支払いにおいて相対的に収入の多い公務員や専門職と、収入の少ない農民の間で守られるべき公正（アドル, ’a dl［Ar.］）への配慮がうかがえる。このような公正や社会的正義に対するイスラーム的な倫理規範は、同様の社会変容を迎えたインドネシアでも、受容されやすかったと考えられる。現代の給与所得者の収入に対して資産ザカートが課せられるのかという議論における現代的観点の重要性を説いたのが、カラダーウィーの特徴である。

　現代の給与所得者の収入を資産ザカートの対象としたこの革新的な解釈に関

---

[85] いわゆる不動産を賃貸することによって得られた収入などを指す。
[86] 例として、牛を30頭所有している場合、まず資産としての牛30頭分のザカート（法学規定では牛や水牛は30頭につき1才の若牛を一頭）を支払わなければならない。これに加えて、牛のミルクを売ることによって収入を得ていた場合、この収入にもザカートが課せられるということである。

して四法学派からは、伝統的な法学の学説では年次ごとの義務である資産ザカートは、年間を通して保有された財産に課されることが想定されているため適切ではないという批判学説があげられている [al-Qaraḍāwī 2009: 258]。しかしながらカラダーウィーは、伝統的な法学の学説も理解したうえで、自説を貫き現代的観点の重要性を説いた [al-Qaraḍāwī 2009: 261-262]。

例えば、ムハンマド・ガザーリー (1917～1996) の『イスラームと経済的状況 Islām wa-al-Awḍā' al-Iqtiṣādīya [Ar.]』を参照しつつ、結論として、資産や賦課される項目に関係なく、平等にザカートの対象になると明記している。そして、「イスラームが貧しい農夫に農作物や果物のザカート (5～10%) を課し、農夫よりはるかに収入が多い不動産所有者や、1日の収入が農夫の1年間の収入と同じである医師の収入を免除することができると仮定するのは想像を超えている (ありえない)」 [al-Qaraḍāwī 2009: 259] と強く主張している。ここでは、資本主義経済に対応したイジュティハード (法学的営為) の必要性を示唆している[87]。

カラダーウィーは、ザカートの徴収対象に金銀や家畜、作物などの様々な種類に応じた累進課税を明示している。加えて、カラダーウィーは20世紀の資本主義社会において、これまでの伝統的イスラーム法学だけでは対応しきれないような格差の拡大や社会問題に対応するためにも、現代的観点を取り入れて、資本主義経済に対応したイジュティハードが必要であると強く論じていた。

(4)インドネシアにおける「収入のザカート」

本項では、2011年に出版された『インドネシア・ウラマー評議会のザカートに関するファトワー集 (Himpunan Fatwa Zakat MUI [Ind.])』を資料とし、ウラマー評議会に属するムスリム知識人、およびそのファトワーに従うBAZNASが収入のザカートに関してどのような法的根拠から何を規定したかについて明らかにする。

この資料には、1982年にウラマー評議会においてザカートに関するセッションが設立されて以来、2011年までに出されたファトワーがすべて記載されている [BAZNAS 2011: 1-6]。この項では、収入のザカートについての箇所を一部

---

[87] ただし、法学者のグループによって行われなければならないという注釈がつく。

翻訳し、分析と考察を行う。

　ウラマー評議会は、2003年3番のファトワー（No. 3, 2003）で以下のように掲げた（問題点）。
（i）収入のザカートは公的な収入または国家の公式な歳入として法的正当性を有す〔にもかかわらず、これに関する質問は〕いまだにインドネシアのムスリムコミュニティーからは聞かれる。それは、職員、公務員、役人などの定期収入および、医師や弁護士、コンサルタントなどの自由業のような不定期収入の二種類あることから疑問が呈されている。
（ii）上記の理由から、ウラマー評議会は、ムスリム共同体と必要とする団体らの指針に使われるべく、ザカート資金の法的正当性に関するファトワーを出すべきだと考えたのだ。〔BAZNAS 2011: 23-29〕

思い出すがいい。
1．アッラーはザカートに関してこうおっしゃった。
「信仰する者よ。あなたがたの働いて得たよいものと、われが、大地からあなたがたのために生産したものを惜しまず施せ。悪いものを図って、施してはならない。」（雌牛〔二〕章267節）
「またかれらは、何を施すべきかを、あなたに問うであろう。その時は、『何でも余分のものを。』と言ってやるがいい。」（雌牛〔二〕章219節）
「かれらの財産から施しを受け取らせるのは、あなたが、かれらをそれで清めて罪滅ぼしをさせ、またかれらのために祈るためである。本当にあなたの祈りは、かれらへの安らぎである。アッラーは全聴にして全知であられる。」（悔悟〔九〕章103節）

また、注意しなければならないこととして、
1．カラダーウィーが言うことには、
「イスラームでは多かれ少なかれすべての財産にザカートが課せられるわけではないということは知られている。ザカートの義務は、借金がなくて、基本的ニーズを満たした人物の財産がニサーブ（ザカート支払いの基準となる

最低余剰資産額）に達した際に発生する。このことは、ザカートを課される財産の意味を強調するためである……（中略）……このことから、資金のニサーブは、ここでは 85 グラムの金に値する。」[al-Qaraḍāwī 2009: 513]

2. 専門的なザカート（弁護士などの専門職のザカート）に関しての質問は、BAZNAS の文言を通した方がよい。
3. ファトワー委員会の会合は、2003 年 5 月 8 日と 6 月 7 日を最後に行われた。

アッラーがお与えになった以上のことから、以下のファトワーが決められた。

第一：全般的なことについて
このファトワーの中では「収入」というのは、常に給料、謝金、報酬、サービスやその他のようなハラールなもの、（ザカートに関しては）国家歳入のようなものであり、医師や弁護士、コンサルタントなどの受け取る自由業のそれとは異なると言及した。

第二：法律について
すべてのハラールな富は、一年で金 85 グラム以上である限りは、ザカートとして支払われなければならない。

第三：ザカートを支払う時期について
1. ザカート資金はニサーブに十分達したときに支払う。
2. もしニサーブに達しなかった場合は、一年を通して換算し、十分ニサーブに達していた場合に徴収する。

第四：ザカートの割合
ザカートの支払うべき割合は、約 2.5％である。

上記のファトワーを分析すると、以下のことがわかる。まず通常ファトワー集では、信徒からの質問が記されている場合が多いが、このファトワー集では、

ほとんど質問が掲載されていない。この『*Himpunan Fatwa Zakat MUI*（2011）』がウラマー評議会から出版され、BAZNAS という公的ザカート管理団体を通して、インドネシア全国のムスリムに向けた宗教的義務を公告する行政文書とでも呼ぶべき性格を持つことが関係している。

　本ファトワー集で基本的に典拠・根拠とされているのは、クルアーンとハディースに次いで、アズハル大学で教育を受けたウラマーであるカラダーウィーの『ザカート法学』であった。20 世紀以前から伝統的に典拠とされてきたイブン・ハジャル・アスカラーニー（Ibn Ḥajar al-ʿAsqalānī, 1372 ～ 1449）等のようなシャーフィイー派のウラマーによる古典ではなく、スマトラなどの東南アジア出身のウラマーたちによる宗教書でもない。

　ところで法学派ではシャーフィイー派が主流といわれるインドネシアで、伝統的なシャーフィイー派の方法論が衰退し、クルアーンやハディースを直接典拠とするサラフィー的な方法論が台頭してきた背景には、シャーフィイー派のウラマーが法学派の学説に基づいて自律的に法的判断をした出版物やファトワーが、東南アジアの社会経済的実情にそぐわなかったということが考えられる。

　マレーシアにおける公的ファトワー[88] 研究をする塩崎は、東南アジアにおけるファトワーの典拠にサラフィー的な方法論がとられるようになったより直接的な原因として、サウディアラビア王国の台頭と 1924 年に起きたマッカ占領があったと指摘している［塩崎 2016: 66］。それまで学びの中心地であったマッカがワッハーブ派によって占領されたことに加え、その直前にターイフ[89] で起きたシャーフィイー派ウラマーのアブドゥッラー・ザワーウィー（ʿAbdullāh al-Zawāwī, 1850 ～ 1924）の殺害は東南アジアのムスリムに大きな衝撃をもたらした。アブドゥッラー・ザワーウィーはマッカのムフティーとして権威を持っていたばかりではなく、1896 年から 1908 年にかけてカリマンタン島ポンティアナク（*Kota Pontianak*［Ind.］）のムフティーを務めていた経験があり、東南アジア

---

[88] ウラマーやムフティーが発出するファトワーには本来、公権力から制限がかからない。しかしながらイスラームを国教とするマレーシアでは、公的ファトワー管理制度があり、法律の罰則規定が適用されることもある。公的ファトワー管理制度とは、スルタンとイスラーム宗教評議会（*Majlis Agama Islam*）の管理下にファトワーを置くことである。

[89] サウディアラビア西部、マッカ州の都市。

のウラマー間では広く知られていた。殺害事件とマッカ占領に続いて、東南アジアのムスリムにとってのイスラーム学習の中心地は、19世紀後半以降、徐々にマッカからアズハルへ移行していったという。それに伴いマレーシアの公的ファトワーの中でクルアーンやハディースを直接典拠とする方法論が主流となっていったと考察している［塩崎 2016: 66-67］。

　塩崎（2016）が指摘するように、ファトワーの典拠（ダリール：*dalīl*［Ar.］）を分析することにより、ファトワーを出したウラマーの間で、どのような法学書の影響力が大きかったか、どのような類推（キヤース：*qiyās*［Ar.］）の方法論が用いられていたのかを知ることができる。さらには、ウラマーたちがそのようなスタイルをとるに至った背景としての師弟関係、学派、あるいはどのような場所で学んできたか等も考察できる。しかしながら、今日のファトワーを分析する際に必要なのは、単に法学上の背景を理解することではなく、ファトワーを出したウラマーの置かれていた政治的、社会的背景や状況、ファトワーが出される際に作用したと考えられる権力関係を踏まえて分析することであろう。

　では塩崎（2016）の指摘を考慮して、上記のウラマー評議会によるザカートに関するファトワーについての社会的状況を考察しよう。BAZNASが誕生して2年も経過してから、このファトワーが出された点は、特筆に値する。つまりウラマー評議会は、国民（ここではムスリム共同体とある）の疑問や不満を感じとり、国家が正式にザカートを歳入として徴収することの正当性を理解するよう求めていると考えられる。

　その一方で公務員などの定期収入と、医者やビジネス経営者などの自由業の不定期収入とを峻別している点も、インドネシア特有の新しいザカート議論として特徴的だ。その背景には、都市化が進み、インドネシア経済の生業が農業ベースから産業ベースへ移行していったことが考えられる。

　このウラマー評議会によるザカート資金のファトワーからは、インドネシアでは資産家だけでなく、給与所得者という現代的な対象にまで徴収対象を広げたことがわかる。その給与所得者の中でも、職員、公務員、役人などの定期収入および、医師や弁護士、コンサルタントなどの自由業（専門職）のような不定期収入と二段階に分けて、双方をザカート資金として徴収することは国家の公式な歳入として法的正当性を有すると断じている。

また、このファトワーはイスラーム法学的には、カラダーウィーの著書、『ザカート法学』を主な根拠として用いており、給与所得者の資産ザカートの支払いは義務であるという結論を導き出している。一部の篤志家や個人の慈善から、イスラーム型社会・政治・経済システムへの包括的な移行を促進することを目指した新たな動きといえよう。
　上記の分析に加えて、実際にザカート管理団体やイスラーム諸団体において「収入のザカート」がどう受け止められているのかを確認することも肝要である。政治学者のラティフは、「収入のザカート」の起源と実践を探ることにより、それが現代インドネシアのザカート実践の性質にどのような影響を与えたのかを、市民社会と国家機関の間の論争、緊張関係として論じた。彼の調査を基に、インドネシアにおける主要イスラーム団体における「収入のザカート」の命名方法（nomenclature）と法的規定（表1）を概観することで、「収入のザカート」が現代インドネシアでどのように受容されているのか確認する。
　この表1からは、各イスラーム団体において「収入のザカート」に統一された呼称はなく、収入のザカート（*zakat penghasilan* [Ind.]）、専門職のザカート（*zakat profesi* [Ind.]）、給与のザカート（*zakat gaji* [Ind.]）など多様な呼称がされていることがわかる。法学的規定や賦課率を見ても、インドネシアにおける様々なイスラーム団体間で「収入のザカート」概念に統一された理解はなく、語法として定まっていないという現在進行形の問題があるともいえる。
　特徴的なのはプルシスで、ほかの団体は使っていない義務のインファーク（*infak wajib* [Ind.]）という用語を使用している点だ。インファークとは、アラビア語で「費やす」という意味を持ち、東南アジアでは主に「任意の喜捨」として使用されている。その語頭に「義務」を付けるというのは、いささか昨今の「有償ボランティア」のような語義矛盾であろう。またイスラーム法学規定として類推法は使用せず、その理由にザカートを含むイバーダートは類推しないとしている。通常金のザカートは2.5%の割合（ミクダール）であるが、それを決めない点でほかの団体とは異なる。
　NUは、伝統的な法学の学説に則っているといえる。年次ごとの義務である資産ザカートは、年間を通して保有された財産に課されることが想定されているため、ハウル（年次）の保有期間を待ち、年度末に確定申告のような形で支

表1 「収入のザカート」の命名方法（nomenclature）と法的規定

イスラーム団体	名称	法学的規定	賦課率
インドネシア・ウラマー評議会（1975〜）	収入のザカート（Zakat Penghasilan）	キヤース 定期収入と不定期収入の両方に適用 ニサーブ85g金	・総収入の2.5% ・給与から直接差し引くことができる
ムハマディヤ（1912〜）	専門職のザカート（Zakat Profesi）	キヤース あらゆる種類の所得に適用 ニサーブ85g金 or 552 kg コメ	・総収入の2.5%+α ・多ければ多いほど良い
NU（1926）	給与のザカート（Zakat Gaji）	ニサーブ85g金 ハウルが経過する必要がある	・総収入の2.5% ・給与の直接控除なし
プルシス（1923〜）	義務のインファーク（Infak Wajib）	類推法なし	・総収入でも手取りでもよい ・割合は決めない ・多ければ多いほど良い
BAZNAS（2001〜）	専門職のザカート（Zakat Profesi）	キヤース 定期収入と不定期収入の両方に適用 ニサーブ85g金	・総収入の2.5%（2021年から手取りの予定） ・給与（特に公務員）から直接天引きすることができる
ドンペット・ドゥアファ 国内最大手NGO（1993〜）	専門職のザカート（Zakat Profesi）	キヤース 不確かな類推	・手取りから2.5% ・月収からでも年収からでも支払える
ルマ・ザカート 国内第二位NGO（1998〜）	専門職のザカート（Zakat Profesi）	キヤース あらゆる種類の所得に適用	・総収入か手取りの2.5%

出所：［Latief 2014: 40-41］を参考に、各団体への聞き取りを含めて筆者作成。

払うのが原則であり、ほかの団体のように毎月給与から徴収するのは良しとしていない。

　総じて、おおむねどの団体も2.5%を割合(ミクダール：$miqdār$[Ar.])とするザカート徴収に合意があるとはいえるが、現在まで収入のザカート徴収に関してその呼称や法学的アプローチにおいて標準化されているわけではないということが明らかになった。

2-2. ザカートと税に関する議論の展開

アブドゥラは 1974 年から 1975 年にかけてザカート管理に関して、インドネシアのウラマーやムスリム知識人の意見調査を行った。大半の回答者が「政府はザカート管理の重要なファクターである」とした。しかしながら、政府が一括管理すべきだという意見は少数にとどまり（約 7%）、過半数が国家主導の徴収を支持した（約 59%）。そして、国家主導の組織が分配も担うべきだという意見も多くを占めた（約 46%）［Abdullah 1991: 53］。

1980 年代、ウラマー評議会やムハマディヤ、NU によって、ザカート管理に関する多くのフォーラムやワークショップなどの研究会が活発に開催された。1984 年に東部ジャワ州のシトゥボンド（Situbondo）で開催された全国大会（*Muktamar* [Ind.]）では、NU でもザカートを管理する団体が必要であるとの議論がなされた。

同年に、アチェ州のウラマー評議会は、『ザカート議論と金融組織の開発（*Kajian Zakat dan Pengembangan Lembaga Keuangan* [Ind.]）』という本を 1984 年に発行し［Fauzia 2013: 194］、ムハマディヤもセミナーを開催した。これらの研究会の主題は、「収入のザカート」や「専門職のザカート」についてであった。

このように、ザカートをだれが担うのかという問題はインドネシアにおけるウラマーやキヤイ達の間で俎上にのせられ、議論されてきた。このような議論の高まりに一石を投じたのは、のちにムハマディヤの指導者（1995〜2000）となるアミン・ライスであった。本節では彼の主張とそれにまつわる議論を見ていくが、その前にイスラーム国家におけるザカート徴収に関してカラダーウィーを参照し、議論の補助線とする。インドネシア国内の論争については、NU 系のマスダル・F・マスウーディーのアミン・ライス批判についても詳述する。

(1) イスラーム国家とザカート徴収

ザカートは、断食の義務化決定と時を同じくするヒジュラ暦 2 年から義務とされ、以降詳細な記載についてイスラーム法学上の議論がなされたり、様々な地域のウンマにおける相互扶助として実践されたりしてきた。

ザカートと世俗的な税の違いはなにか、だれがこの徴収、管理、分配の責任を負うべきなのか。この原理的な問いは多くのムスリム知識人によって議論されてきた。この問いについて議論をする前に、ムスリムが多数暮らす現代の国々において、ザカートに関してどのようなアプローチを適用しているのか確認することが肝心である。近代以降、国民国家の枠組みの中で、ザカートをどのように扱うかというアプローチは様々生まれたが、それらは主に三つに大別できる。

　最も多くの国にあてはまるのが、ザカートに関する官営の機構は存在しないという形態である。次に、ザカートはボランタリーに実施されるが、国の監視機関があるという形態である。バハレーン、バングラデシュ、エジプト、イラン、ヨルダン、クウェート、レバノン、UAE、インドネシアなどが該当する。最後は、ザカートが強制的に徴収される国家形態である。このような国では、ザカートを社会福祉目的税のように徴収し、分配する。その一方で、ザカートを収める義務の履行を怠る場合は罰金や禁固刑、もしくはその両方が課せられる。このようにザカートが強制力を伴って徴収される国は、リビア、マレーシア（そのうち以下の州。Johor, Kedah, Kelantan, Perak, Perlis, Sabah, Terennganu）、パキスタン、サウディアラビア、スーダン、クウェートそしてイエメンである［Alfitri 2017: 102; Powell 2009: 58-73］。

　福田（2000）によると、特にサウディアラビアの場合、ザカートは資産税として扱われ、ザカートという単語それ自体が税の一種を指すという［福田 2000: 75］。前節でイブン・ハジャルのハディースを引用したように、スンナ派では、イスラーム国家としてザカートを徴収する責務があるとされている［al-Qaraḍāwī 2009: 113］。スンナ派の大国であるサウディアラビアでは所得税、関税と並んでザカートが主要な国家財源のひとつとなっている。イスラーム国家がザカートを徴収・管理するべきという主張の論拠として挙げられるのは、預言者ムハンマドの以下のハディース（言行録）である。

　ブハーリー、ムスリムとイブン・アッバースらのほかの報告から、預言者ムハンマドはムアーズがイエメンへ行ったときにこうおっしゃった。「アッラーがサダカ（ザカート）を彼らの富に義務付けたと知らせなさい。彼ら

の中の富める者からとり、貧しいものへと与えるために。……(以下略)」

　カラダーウィーによると、この箇所は、イスラーム国家が富裕者から貧困者へと富を分配することを示している。ハーフィズ・イブン・ハジャルは「この箇所は、国家がザカートを徴収し、分配する正当性を示しており、これを拒んだものは強制される。」といい、イエメンの著名な法学者シャウカーニー（al-Shawkānī, 1759～1834）も、ハディース集『Nayl al-Awṭār [Ar.]; 願望の達成:（イブン・タイミーヤの）預言者の言行からの選集の解説』でイブン・ハジャルと同じ箇所を引き合いに出している。このハディースの意味するところは、ムスリムは国家機構にザカートを支払い、分配してもらうのがよいということだ。より貢献したい、直接受給者に支払いたいときは任意のサダカをするのがよいとされている［al-Qaraḍāwī 2009: 113］。

　初期イスラーム時代におけるザカートについては嶋田襄平も「ムハンマドはマッカの時代からザカートを信者の重要な徳目の一つとし、その支払いを絶えず呼びかけていたが、それは決して強制的なものではなかった。しかし、ムハンマドは630年以後、新たにイスラームの教えに従ったアラブに、サダカの名で家畜とナツメヤシの一定率の支払いを強制し、アブー・バクル以後その制度化が進められ、のちに確立したイスラーム法では、これをザカートと呼ぶようになった」と述べている［嶋田1977］。

　また、柳橋は「聖遷後、マディーナにおいて、マッカから逃れてきた信徒の保護やマッカとの戦争に多大の出費を要するようになると、ザカートは義務的な性格を帯び始め、さらに630年のマッカ征服後、クライシュ族との和解に費用が必要になったため、租税制度として確立されるに至った。もっとも当時はその具体的な規定は完備していなかったが、初代カリフ、アブー・バクル（在位632～634年）以後その整備が進み、イスラーム法において細かい規定が定められるに至った」と記している［柳橋1987: 49］。

　このように、初期イスラーム時代にザカートはウンマの財政を支える公租の役割を果たすようになったのであった［福田2000: 7］。国民国家の成立以降は、国家が関与しない完全ボランティア形態、ボランタリーではあるが国の監視機関がある形態、そしてザカートが強制的に税金のように徴収される形態という

3類型に分かれることが明らかになった。それでは20世紀のインドネシアにおいては、ザカートと税に関してどのような議論があったのだろうか。

(2)インドネシア・ムスリム知識人によるザカートの再解釈

「イスラーム改革運動」がスハルトの新秩序開発アジェンダと密接に関係していたことは先行研究により多く指摘されている［Kailani and Slama 2020: 74; Feener 2007; Federspiel 1998］。というのも、その提唱者のほとんどが、宗教大臣を務めたムクティ・アリ（Mukti Ali）やムナウウィル・シャザリ（Munawwir Syadzali）（それぞれ1971年から1978年、1983年から1993年）といったスハルト内閣の高官だったからである。スハルト権威主義体制期、ムスリム知識人たちは「開発ダアワ（*dakwah pembangunan*［Ind.］）」を推進することによって、イスラームを国家開発プロジェクトと連携させたのである。

「開発ダアワ」は宗教省によってまとめられ、ムスリムの宗教指導者や学者たちによって支持された。彼らは、ザカートを社会福祉として機能させるなど、言葉によるイスラーム布教（*dakwah bil-lisan*［Ind.］）に加えて、行いによるイスラーム布教（*dakwah bil-hal*［Ind.］）を強調した［Meuleman 2011; Sakai 2014］。

以下に見ていくアミン・ライスとマスウーディーは、インドネシアにおいてザカートを再解釈したムスリム知識人である［Kailani and Slama 2020: 74-75］。中でもアミン・ライスはイスラーム改革主義思想をもとに、ザカートの革新的解釈を提唱したし、マスウーディーも国家によるザカートの主導を声高に主張した。いわゆる開発ダアワの枠組みでも捉えられるだろう。彼らのザカート議論を見ていくことで、ザカート概念がどのように変遷してきたのかを明らかにしていく。

(3)アミン・ライスによるザカート現代的解釈とビドア（逸脱）批判

アミン・ライスは、中ジャワのスラカルタ（*Surakarta*［Ind.］）で1944年に生まれた。シカゴ大学で博士号を取得した政治学者である。1986年、アミン・ライスの行った講演は、ザカートの革新的解釈を提唱し、大いに議論を呼ぶことになった。彼は、インドネシアの貧困などの永続的な問題に対して、ザカートを現代的文脈で再解釈し、世俗的な人々の福祉目的として再定義することを

提唱したのだ。彼の主張は明確で、農民と「ホワイトカラー」の専門職従事者のザカート賦課額を変更すべきと提案した。

　ライスの提案は当時多くのウラマーからの批判にさらされた。なぜならその当時、すでにインドネシアにおいて「収入のザカート」を、ザカートの賦課対象とすべきかどうかというイスラーム法的議論の最中であったからである。加えて、ライスは、自らにイスラーム法学の専門的な学問的背景はないにもかかわらず、「古典イスラーム法学で定められている資産ザカート割合2.5％は、現代における社会福祉や社会的正義を達成するためには少額すぎるので、より高い賦課率（例えば10％〜20％）にすべきだ」と打ち出したことも強い批判を浴びる一因となった［Retsikas 2014: 345-356］。思想的には、サイイド・クトゥブの社会的正義論に感化されており、「収入のザカート」こそがイスラームにおける社会的正義のアイデアを顕著に反映していると主張した。

　医師や弁護士などの専門職のザカートを含めた定期的な収入に関しては、10％〜20％ほど課すべきだとした。彼の主張は、水耕栽培を行う農民が10％支払うのに、専門職従事者が2.5％しか払わないでよいというのは、現代的な事情が加味されていないというものであった。これは、1980年半ばが農業ベースの経済から産業ベースへと移行する転換期であったという時代的背景を考慮した主張であった。

　この点に関しては、イスラーム法の古典理論にいう四つの法源、すなわちクルアーン、スンナ、イジュマー（$ijmā'$［Ar.］、法学者の合意）、キヤース（類推）を根拠にせず、社会科学的な方法論から最低20％ほどの割合を課すべきとの新奇の提言を行ったことから、イスラーム法における逸脱（ビドア：$bid'a$［Ar.］, $bidah$［Ind.］）であるとまで非難された。

　物議を醸したライスの講演はイスラーム改革主義思想に端を発していた。しかしながら、そのような主張は伝統主義の背景を持つものにもみられる。5年後、マスダル・F・マスウーディーが『正義の宗教——イスラームにおけるザカート＝税論（$Agama\ Keadilan:\ Risalah\ Zakat(pajak)\ dalam\ Islam$［Ind.］）』という本を上奏したことにより、インドネシアにおけるザカートと税に関する議論がさらに深化されることになる。

(4) マスダル・F・マスウーディーによるザカートの再定義

マスダル・F・マスウーディーは、中ジャワのプルウォケルト（*Purwokerto*［Ind.］）で 1954 年に生まれ、マゲランのプサントレン（*Pesantren Tegalrejo Magelang*［Ind.］）でイスラーム教育を受けた。1979 年にジョグジャカルタにある国立イスラーム大学（*Universitas Islam Negeri*［Ind.］, 通称 UIN）のスナン・カリジャガ校のシャリーア学部を卒業した。1980 年代は、NU のプサントレンネットワークが主宰するプサントレンと社会開発協会（*Pusat Pengkajian Pesantren dan Masyarakat*［Ind.］, P3M）[90]でアブドゥルラフマン・ワヒド（大統領在位 1999～2001）らとともに活躍した。

マスウーディーは、ザカートの倫理的な面と再分配を強調し、政府が権威的にザカートを課すという問題点に対する代替的な概念を展開させてきた。彼はクルアーンにおけるザカートと礼拝が明示的に並列され、反復されている点に着目し、双方がイスラームにおいて切り離すことのできない重要な要素であると考察した。中でも、礼拝はより精神的な神との個人的関係（イバーダート：*'ibādāt*［Ar.］）であるが、ザカートは社会生活における公正と倫理の側面に関わっている（ムアーマラート：*mu'āmalāt*［Ar.］）と説いた［Masu'udi, 1991: 29-30］。

マスウーディーは現状の問題に対して、よりイスラーム法に基づいた方法論で解決を提示し、ザカートのマクロ概念を示したといえる。彼の『正義の宗教―イスラームにおけるザカート＝税論』は、イスラーム法学の成果ではない。ザカートの賦課対象や徴収、分配などの法学規定の詳細を扱ったものではなく、むしろ「イスラームの社会的ビジョンという幅広い議論を扱う」と主張している［Masu'udi, 1991: 6-7］。

ここで彼はザカートを主題とすることにより、インドネシア社会に訪れた劇的な近代化がもたらした負の遺産として深刻な不公正に取り組もうとしていた［Feener 2007: 178］。マスウーディーは定めの喜捨の義務を強調することで、彼が義務のザカートがクルアーンに明示されていることの裏にある哲学（ヒクマ：*ḥikma*［Ar.］）を理解したところの真の反映として、儀礼的な側面よりも、ザカートを富の再分配制度として評価した。それゆえ「富は金持ちの間だけで循環されるものではない」と述べている［Masu'udi, 1991: 3］。

---

［90］革新的なザカート論だけでなく、リプロダクティブ・ヘルスなどの女性の権利に関するセミナーを開始したことで有名である。

しかしながら、マスウーディーの議論はクルアーン解釈にとどまることなく、ムスリム社会における政治的な権威について考えなければならないような複雑なものであった。彼は預言者ムハンマドの言行録を分析し、ザカートの権威を具体的に位置付けつつ、ザカートを集める資格を持った共同体の宗教的指導者であるところのイマームが税としてザカートを集めた方法は、ほとんど失われたも同然である［Masu'udi, 1991: 93-97］と論じた。

つまり、ザカートを管理する者のモラルや倫理観の低下により、ザカートの宗教的権威は失われ、続いてザカートを徴収する役目になったところのウンマの指導者が自らの国庫を潤わせるために地税(ハラージュ：kharāj[Ar.])や人頭税(ジズヤ：jizya[Ar.])を加えたことで、より状況は悪化したという。なぜならば、ハラージュやジズヤは聖典に書かれておらず、どのように使うのかさえ、為政者の思いのままであったからだ。このような経緯で、ザカートは政府の関与から外れていき[91]、インフォーマルなものとして適用されてきた。つまり、宗教指導者の汚職、経済的不公正によりザカートの概念そのものが矮小化されてきたことを指摘している［Masu'udi 1991: 93-97］。

マスウーディーは、このようなザカート管理における後退的な歴史を理解し、より根深い問題の兆候としてザカート矮小化の経緯を強調している。ザカートを神に対する信仰心という個人的な問題にとどまらせず、抜本的な概念の改革を行うことで、社会、経済的な不公正という問題に対応すべきだと指摘した［Masu'udi 1991: 58］。その上で、「インドネシアのような国民国家に生きるムスリムが国に支払った税金（少なくともその一部）は、ザカートを含む」としたザカートと税の一体論を提唱したことは、ムスリムのザカートに対する不信感を拭ううえで画期的であった。

以上のように、マスウーディーは、近代化で広がる格差への危機感と、民衆のザカート徴収に対する信頼感の欠如から、インドネシア社会におけるザカート概念の抜本的な改革を提唱した。前項で言及したライスのザカートに関する提言は、マスウーディーと同様にイジュティハードを強調するものであった。イジュティハードを強調するという点では同様の帰結ながらも、マスウー

---

[91] ザカートは使い道が定まっている分、為政者にとっては扱いにくい財源であるという［Feener 2007: 178］。

ディーはライスとは対照的に、内部多様性と柔軟性の認知から始まるイジュティハードを提唱している［Feener 2007：174-81］という点で真逆のアプローチを採用している。

　上記のマスウーディーの議論が起こる約2年前の1988年、ウラマー評議会はザカートと税に関するセミナーを開催し、インドネシアのムスリムはザカートと世俗的な税金両方とも払わなければいけないという見解を示した。クルアーンやスンナで言及があるようにザカートは神への宗教的義務であり、税金は国民国家への義務であるという大きな違いがあるから、別物であると結論付けたのである。サリームは、このようなウラマー評議会の決定が、インドネシアのムスリムに対し、税金とザカートという二重課税を課したため、多くのムスリムはその義務を等閑に付したと分析している［Salim 2008: 39］。

　この現状に対して、マスウーディーが「インドネシアのような国民国家に生きるムスリムが国に支払った税金（少なくともその一部）は、ザカートを含む」としたザカートと税の一体論を提唱したことは、インドネシアのムスリムにとって好転であったといえる。その後、インドネシアという国民国家を尊重した枠組みでザカートを論じた彼の主張は幅広く受け入れられ、以後のザカート政策の指針の一部となったといえる。

　例えば1999年に公布されたインドネシア初のザカート管理法第38号では、その14条に、BAZNASにザカートを支払った人は、所得税の控除が2.5％分受けられることが明記してある。2000年の税法第17号9条にもザカートと税に関する同様の記載がある。間接的とはいえ、ライスの議論に感化されたマスウーディーのザカートと税の一体化論が反映された法律だといえよう。このように、インドネシアのムスリム知識人によって、ザカートの解釈を現代社会に即した形で拡大するようなディスコースがあったと指摘できる。またその議論が、イスラーム改革主義的なものと伝統的な法学という別のベクトルからアプローチされたことも、インドネシア・ムスリム知識人の多様な知を表している。

2-3. BAZNAS初代会長ディディン・ハフィドゥッディンのザカート観

　ライスとマスウーディーは、対照的なアプローチながらも、インドネシアと

いう国民国家におけるザカートについての議論を深化し、ザカートの定義を改めるという意味では同様の結論に達した。このようなザカート再定義に至る言説は、1980年代から醸成され、1998年以降の民主化期で、実際の制度として実践されてきたと論じてきた。

以下では、インドネシア最大の民間ザカート管理団体ドンペット・ドゥアファを創立した実務家であり、BAZNAS初代会長となったディディン・ハフィドゥッディンを例に挙げ、ウラマーとしての彼の理論的なザカート観を考察していく。

⑴ インドネシアのザカート実務家／理論的バックボーンとしてのディディン・ハフィドゥッディン

インドネシアのウラマーであるディディン・ハフィドゥッディン（K. H. Didin Hafidhuddin；1951～）は、西ジャワの都市ボゴールに生まれた。乾季でもしばしば雨に見舞われるため、雨の町として有名だが、その標高の高さから現在では避暑地としても有名な土地である。ボゴールは首都ジャカルタの程近くにあるインドネシア第三の都市で、かつてはスンダ王国の首都であった。ディディン・ハフィドゥッディンという反復する音を持つ名前の示すとおり、彼もスンダ人の家系である。

教育歴としては、学士号はインドネシア国立イスラーム大学ジャカルタ校（UIN *Syarief Hidayatullah Jakarta*［Ind.］）のシャリーア学部と、サウディアラビアのマディーナ・イスラーム大学[92]（*Jāmi'a al- Islāmīya bi-l-Madīna al-Munawwara*［Ar.］）のアラビア語科の両校で取得した。修士号はボゴール農科大学（*Pascasarjana Institut Pertanian Bogor*, 通称 IPB［Ind.］）で取得した。博士号は、再びインドネシア国立イスラーム大学のジャカルタ校に戻って取得した。

主な職歴としては、ボゴール農科大学、インドネシア国立イスラーム大学[93]ジャカルタ校、イブン・ハルドゥーン・ボゴール大学（*Universitas Ibn Khaldun Bogor*, 通称 UIKA Bogor［Ind.］）で大学教員を兼任している。また、国家シャリーア協議会（Dewan Syariah Nasional, 通称 DSN［Ind.］）やウラマー評議会の評議員で評

---
[92] ダアワ評議会の支援を受けて留学している［茅根 2023: 136］。
[93] インドネシアの国立大学は主に、教育相管理下の大学と、宗教省管理下のイスラーム大学の二通りがある。国立イスラーム大学は自国の優秀なウラマーの排出を主な目的としている。

議員も行っている。DSN は政府のウラマー評議会であるインドネシア・ウラマー評議会の下に組織され、その中でもイスラーム金融機関の活動に関する問題を取り扱う。

　DNS は、イスラーム金融機関の金融取引をシャリーア原則とシャリーアの価値に照らし、内容を詳細に精査したうえで、金融取引の指針をファトワーとして発布することをその任としている［濱田 2009: 117］。このことから、ハフィドゥッディンは、イスラーム金融に関する知識を持ち合わせたウラマーであるとわかる。加えて、複数のイスラーム銀行のシャリーア評議委員長も担っている。

　ザカート管理の専門家としては、民間として国内最大規模のザカート管理団体であったドンペット・ドゥアファを設立し、共に率いていたエリ・スデウォ（Eri Sudewo）とともに BAZNAS 発足から参加し、2004 年からは会長を務めた［Fauzia 2013: 237］。そして 2004 年から 2008 年、2008 年から 2011 年の二期続けて BAZNAS の会長職を担った。2015 年には、その功績を認められて、ジョコ・ウィドド大統領（在任 2014 〜 2024）から勲一等（Bintang Jasa Utama［Ind.］）を授与された[94]。

　ハフィドゥッディンの著作は、ダアワや教育、経済、ザカートに関するものが 20 冊ほどある。ザカートに関する主著は『近代経済におけるザカート（Zakat Dalam Perekonomian Modern）』（2002 年初版）、『ザカート、インファーク、サダカ実践の手引き（Panduan Praktis tentang Zakat, Infaq, dan Sedekah）』（2002 年初版）、『ザカート、インファーク、サダカに関する問いへの回答（Anda Bertanya tentang Zakat, Infaq dan Shadaqah: Kami Menwajib）』（2006 年初版）、『ディディン・ハフィドゥッディンによるザカート手引（Panduan Zakat Bersama Dr. KH. Didin Hafidhuddin）』（2010 年初版）等がある。アラビア語の翻訳も 5 冊行っている。その中でも、『ザカート法学（Hukum Zakat）』（2000 年初版）は、カラダーウィーの名著『ザカート法学（Fiqh al-zakāt）』をインドネシア語に初めて翻訳したことから、ウラマーとして重要な業績のひとつであるといえる。

---

[94] 詳しくは BAZNAS 公式ホームページのニュース「http://pusat.baznas.go.id/berita-utama/didin-hafidhuddin-peroleh-bintang-jasa-utama/」を参照。

(2)ディディン・ハフィドゥッディンのザカート観─主著『近代経済におけるザカート』から─

　ウラマーとしてザカートの推進を学術、実践面で支えてきただけでなく、BAZNAS の会長としてもインドネシアのザカート運動を牽引してきたハフィドゥッディンのザカート観はいかなるものなのだろうか。初代 BAZNAS 会長で、ザカートに関するファトワーの監修も多く担ってきたハフィドゥッディンの著作を分析することで、インドネシアにおけるザカート運動や現在のシステムの理論的背景がみえるのではないか。

　そこで本項では、以下にハフィドゥッディンのザカートに関する代表作で 2002 年に刊行された『近代経済におけるザカート』を主な資料として用いながら、ハフィドゥッディンのザカート観、ひいてはインドネシアにおけるザカートを思考するウラマーの一人としての思想の解析、考察を行う。

　はじめに、管理についてイブン・カイイム (Ibn Qayyim al-Jawziyya 1292 ～ 1350) [95] が、ザカートを支払うべき資産 (al-amwāl al-zakawiyyah [Ar.]) を提唱したことに言及している。様々なウラマーから意見をもとに、四大法学派の見解を紹介しつつ、ザカートが賦課される資産を果物や家畜等の 6 つのグループに分けた。

　ハンバル学派とハナフィー学派は、ザカートを農作物のカテゴリーに入れたが、のちにはカラダーウィーも同じ解釈をしたことを紹介している。クルアーンとハディースは不変なので、解釈のみ可変だという原則を説明しながらも、地域や時代、状況によって、慣習法も違ってくることを指摘している。

　特にインドネシアにおいては、農業生活がビジネスに強くかかわっており、それらを考慮したイスラーム法学が必要だと述べている。ハフィドゥッディンはフィクフ研究をするにつれ、どのようにしてザカート商品やサービスの目的や財源（ザカート資金）が徐々に多様化し、拡張（発展、展開）[96] し続けているのかという研究上の問いを掲げた。

　ハフィドゥッディンによれば、インドネシアにおけるザカートの変革は、1999 年ザカート管理法 38 号をはじめとする法制定に端を発するという。徴収について、税のようにプロパティがはっきりと明文化されている（4 条 11 章 1, 2

---

[95] ハンバル学派イブン・タイミーヤ (Ibn Taymīya 1263 ～ 1328) の弟子のひとり。
[96] 最低余剰資産やザカートの支払期間なども含む。

節)。そして、同様に2000年の税法17号9条1節にも政府主導のBAZやLAZに支払えば税の控除が受けられるという記述がある［Hafidhuddin 2002:5］。

　上記のザカート管理法と税法から見ても、ザカートと税[97]の親和性の両方が言及されている。そして、その法律にも、ザカート受給者に必要最低限の生活を提供し、生活の質を上げるような、専門的で権限や信頼感を兼ね備えた国家主導の団体の必要性[98]について主張がある。

　つまりここでのハフィドゥッディンの記述からは、現代インドネシアに即した形のフィクフの必要性、そしてザカートの徴収・管理・分配は国家もしくは国家主導の団体が行うべきだというザカート観を見出すことができる。

　ハフィドゥッディンはザカートの財源について、目的、支払わなければならない資産など、クルアーンとハディースから二つのアプローチ方法を用いている。第一は解説的な方法で、第二は概説的な方法である。前者の方法では、クルアーンと預言者ムハンマドのハディースを根拠に、ザカートが賦課される資産を果物や家畜等の6つのグループを描写している。つまり農産物(果物や植物)、家畜、金と銀、交易、地下資源などのザカートを支払うべき財産のことだ。後者の方法では、クルアーンやハディースの中で描かれているように[99]財産や、経営努力に言及している。演繹的類推法やイスラームの一般的な教えの原理を用い、預言者時代以降のすべてのザカート資産を含めている。

　ここで注目すべき点は、近代経済の全盛の中でその地域特有の「価値ある資産」を考えることは、義務であるザカート資産を考えることとなる［Hafidhuddin 2002: 140］という箇所である。ハフィドゥッディンは、その近代経済において新たな賦課対象となりうるポテンシャルを持つものとして、専門職のザカート、企業資産のザカート、証券のザカート、為替取引のザカート、交易された家畜、はちみつのザカート、畜産物、投資不動産、イスラーム型保険（タカーフル, *takāful*［Ar.］）を挙げ、重要で高い価値を持っていると指摘している［Hafidhuddin 2002: 91-121］。その中には、現代で新たな付加価値が高まり、換金性が高い商品

---

[97] 特に所得税。またこの分野の研究については、al-Muzaini, A. A. A., 1987. *The System of Taxation and Zakat in Kuwait*, UK: Exeter University. などの湾岸に着目したものが多い。イスラヒはザカートを宗教税として準国家財政と見なす研究をまとめており、25本紹介している［Islahi 2005:22］。
[98] ザカート分配のパラダイム転換ともいえる動き［Mufraini 2008］。
[99] クルアーンの悔悟〔九〕章103節、雌牛〔二〕章267節など。

とされる蘭[100]や、高級食材であるツバメの巣、観賞用の魚、近代的な家なども含まれる。

ここで近代的家屋をなぜザカート資産に数えたかというと、現在その価値や値段はとても高いからだという。また、遊休財産や蓄財を阻止するというイスラーム経済の教えと一致しないところの華美で消費的な生活スタイルを抑止するためでもある。本来住居などの生活に必要なものは、どれだけ豪華であろうともザカートの対象にならない［小杉 2006: 770］。しかしながらハフィドゥッディンは、クルアーン高壁〔七〕章 31 節「本当にかれは浪費する者を御好みにならない。」の引用と、イスラーム経済学者のモンツァール・カフフの「ザカートは生活に必要なものすべてに課せられないわけではなく、豪華ではなくて日常生活で必要なものに課せられないのだ［Kahf 1978: 85］」とした論から、近代的で豪華すぎる住居は金・銀のザカートと同様に 2.5％のザカートを徴収すべきだという見解を示している［Hafidhuddin 2002: 121］。

仮に近代経済学に関連付けるならば、言及されたザカートの財源は農業部門にも、産業部門にも、サービス分門にも入れるという。そしてザカート財産は、経済学でいうところのフローとストックに分類できるという。フローは、正しい時期にその契約として行われ、その後ザカートはその収穫期や給料日、稼ぎ時によって発せられるところの経済活動である。ストックは純資産であり、それら家族の必要に応じたザカートは毎年ニサーブに従って支払われないといけない［Hafidhuddin 2002: 142］。

ハフィドゥッディンはフィクフ研究をする中で、インドネシアという土地において、どのようにしてザカート商品やサービスの目的や財源（ザカート資金）を多様化し、拡張（発展、展開）し続けているのかという序章で掲げた問いに関して、現代的な要素と経済学の視点も取り入れながら、ウラマーとして答えを模索しているといえる。

ザカートと税の問題については、1999 年のザカート管理法案第 38 号と、1983 年税収法第 7 号の第三回改正版 2000 年の第 17 号の規定化によって、その両方の法律が相互に関係する問題や、ザカートの目的と税との関係、そして

---

[100] インドネシア原種のものも多く、観賞用の蘭はよく栽培されており、高値で取引される換金性の高い物品であるといえる。

ザカートと税の類似性を取り上げている。そこで、双方はインドネシアのムスリム市民の紐帯を作る義務であり、しかしながら税が相対的なものであるのに対し、ザカートは絶対的であると述べている。これはマスウーディーが1991年の『正義の宗教：イスラームにおけるザカート（税）論』で述べたところのザカートと税の一対論を踏襲している。

また「LAZ と BAZ に集約されるザカートは、毎日の生活で必要とされる日用品として消費的に与えられるか、ムスタヒックの仕事を向上させるために生産的に与えられるかである。」[Hafidhuddin 2002: 143] とあることから、次章で詳述するザカート分配のパラダイム転換を肯定しているという特徴が見て取れる。

以上のことから、さらなる2つの特徴を指摘できる。第一に、カラダーウィーの著作の翻訳や、自身のザカートに関する著作を通じて、ザカート分配のパラダイム転換をインドネシアに導入し、生産的なザカート分配に貢献したといえる。これらの動きは、改革期とあいまって LAZ の増設や生産的分配にも波及した。第二に、ウラマーとしてザカート資産の適用範囲を増やす提言が多い（第3章3～10節）が、分配に関する記述は少ないという特徴が明らかになった。

以上の考察からも、ハフィドゥッディンは、ザカートを慈善的な個人の問題というよりも、福祉としてとらえていたといえる。ファウジアの指摘にもあるように、彼とその他多くの LAZ の代表者は、国家によるザカート徴収システムを持つマレーシアモデルを理想としていた［Fauzia 2013: 240］。

ハフィドゥッディンは BAZNAS の代表者という立場上、国家主導でザカートを管理することの重要性を解くような政策提言的箇所も見受けられる。しかしながら、基本的にはイスラーム法学者としてインドネシアにおけるザカートの変容と現代的展開、近代経済における兼ね合いを模索することに主眼を置いている。

インドネシアにおいてどのようにザカート商品やサービスの目的や源（ザカート資金）多様化し、拡張（発展、展開）し続けているのかという序章で掲げた問いに関して、ハフィドゥッディンは現代的な要素と経済学の視点も取り入れながら、フィクフを一つ一つ取り上げて詳述している。イスラーム改革主義思想に立脚し、インドネシアにおけるザカートを再定義した人物のひとりであった。

おわりに

　この章では、まずウラマー評議会のファトワーを分析することにより、ザカート徴収に関する「収入のザカート」という概念が導入されるという徴収のパラダイム転換が起こったことを明らかにした。ザカートの支払いにおいて相対的に収入の多い公務員や専門職と、収入の少ない農民の間で守られるべき公正（アドル）への配慮を背景に、資産ザカートの賦課対象が拡大したといえる。その一方で、「企業資産のザカート」に関しては、世間一般から乖離した見解を出しており、単に社会基金を動員したいだけでファトワーを出したのではないかという疑いの目が向けられている。そのため、ウラマー評議会のザカートに関するファトワーの影響力に関しては、そこまで大きくないと指摘した。

　次にザカートと税に関するイスラーム世界全般の議論を概観した後、インドネシア国内の議論に目を向けた。ザカートに関するインドネシア・ムスリム知識人であるアミン・ライス、マスウーディー、ハフィドゥッディンの原著を翻訳、分析することで、ザカートをインドネシアで従来個人的な富裕者の慈善的実践から、社会における富の再分配装置として再定義するようなディスコースがあったと指摘した。

　いずれの革新においても、インドネシア社会における現代的な変容に対応するような「社会的公正」や「社会的正義」、イスラーム的な倫理規範といったイスラーム経済に通底する思想が背景にあると指摘できる。ヘフナー (1996) は、シャリーア銀行設立を、インドネシア経済における華人系実業家の優位に対して、1990 年代、ムスリムが経済の「再分配」と「社会公正」を求めた一つの結果としてとらえた [Hefner 1997: 306]。本章のザカート議論の主題の一つであったインドネシアにおける公正とイスラーム経済の関係性を表す例としては、このヘフナーの議論とも視点を共有する。

　加えて、文化人類学者のタラル・アサドの提唱した「宗教を歴史的、文化的に横断する現象と理解する [Asad 1993: 27-54]」方法から考えると、「ザカート」という用語が一つの場所と時間に化石化されているのではなく、むしろそれを新しいハイブリッド化された道徳経済の枠組みに持ち込む歴史的シフトの観点

から、言説的プロセスの歴史的、地理的産物として分析できる。つまり、ザカートをイスラーム法学における固定化した概念だとして捉えると、本章で紹介したザカートの革新的解釈の数々は逸脱であるとしか理解できないものの、インドネシア・ムスリム知識人たちの言説のプロセスを丁寧に取り上げると、インドネシアという土地における現代特有の社会や経済問題に対応しようとする歴史的、地理的産物がザカートとして表出したのだと考察できる。

　以上のようにインドネシアでは、イスラーム知識人によってザカートの詳細な規定についてイスラーム法学上の議論がなされ、発展してきた。特に近代化による貨幣経済化、格差の拡大、社会的不公正の是正という文脈でザカートの徴収面を強化しようと模索されていたことがわかる。

第 3 章

イスラーム経済の影響による

ザカート分配のパラダイム転換

はじめに

　本章では、前章で明らかになったイスラーム経済とザカートの関わりについて、より詳しく論じる。まず第1節ではイスラーム経済思想とザカートの合流について論じる。近代イスラーム経済の発展とともに、経済に関するあらゆる問題やシステムがイスラーム的な価値観から議論され、法学的に許容されるものか位置づけられるようになってきた。しかしながら、預言者ムハンマド時代に戻ろうとするサラフ的な議論ではなく、むしろ新自由主義的価値観との融合もみられるようになってきた。先行研究で「スピリチュアル・エコノミー」と呼ばれる現象の分析と、ザカートを融資や投資に使用することは法学的に許されるのかという議論を紹介する。第2節では、イスラームの視点から定義される貧困とは何かを踏まえたうえで、近年提示された「ハッド・キファーヤ（イスラームにおける貧困線）」の法学的展開を論じる。これにより、ザカート分配モデルが消費から生産に変化した近年の動向に対する考察を試みる。第3節では、ザカートで集めた資金を融資に使用することができるのかという法学の是非を、インドネシア・ウラマー評議会が1982年に出した「生産的活動と公益のためにザカートを使用すること」ファトワーを用いて分析する。ザカートの最適化に開発言説が関わっていることも考察に挙げ、第5章のフィールドワークのデータを分析する際に重要な概念となる「生産的ザカート」の法学的展開や、インドネシアにおける状況を提示する。

3-1. イスラーム経済思想とザカートの合流

　近代イスラーム経済の発展とともに、経済に関するあらゆる問題やシステムがイスラーム的な価値観から議論され、法学的に許容されるものか位置付けられるようになってきた。1981 年に、イスラーム諸国会議機構（Organization of Islamic Conference, 通称 OIC）主導の下サウディアラビアのジェッダに設立されたイスラーム法学アカデミー（*Majma 'al-Fiqh al-Islāmī* [Ar.], Islamic Fiqh Academy, 通称 IFA）では、1985 年から 2000 年の間に 97 もの現代的な課題に対してファトワーを出している。その中でも特に金融に関する項目が多くを占めている。

　この IFA は、ザカートの運用に関して 1986 年に、収入を生む投資にザカートの余剰資金を使用することさえ許容している [OIC 2000: 27]。ザカート資金は、ムスタヒック（ザカート受給者）の基本的かつ緊急なニーズが満たされた後に、損失に対して十分な保証がなされる限り、ザカートの権利を有する者が所有することになると結論付けている。スンナ派大国サウディアラビアでもザカートに関する革新的解釈が出されており、特にその経済、金融的観点への関心は高い。では本書の射程であるインドネシアにおいて、イスラーム経済思想とザカートの合流はいつ頃からみられるのだろうか。

(1)スピリチュアル・エコノミーの出現

　前章で議論したように、インドネシアの開発言説や改革運動の中で、ザカートの概念は変化し、形作られていった。主にイスラーム復興の急伸と軌を一にする 1970 から 80 年代にかけてザカートの義務性の強調やチャリティーとの融合が盛んに議論されたが、同時に新しい思想的プレイヤーが出現し、ムスリム社会全体の経済的見通しにも関心を寄せていた。その結果、福祉サービスや社会正義を提供するという議論は、良きインドネシアのムスリムとしてどのように富を生み出すかという問題によって補完され、部分的には取って代わられた [Kailani and Slama 2020: 75]。社会福祉の充実のためには、まずは全体の富を増やさなければいけないということである。

　宗教や経済に関する人類学者のルドニスキ（2010）が「インドネシアの発展

プロジェクトを導いたまさにその同じ近代改革派論理が、イスラームの信仰を発展させるためのイニシアティブにも働いていた［Rudnyckyj 2010: 126］」と示しているように、これらの議論はスハルト政権の開発主義を完全に再現することはなかったものの、完全に断絶することもなかった。主著『スピリチュアル・エコノミー』は、鉄鉱会社の自己啓発で用いられるイスラームについて1990年代後半のインドネシアを舞台に描かれている。そこでは2000年代にインドネシアの企業を席巻した意識改革、意欲向上のためのモチベーションセミナー市場を支配したカリスマ的なムスリムの説教を分析することで、イスラームの信仰こそが経済・社会的に成功した社員になるための指針として再解釈されたことを明らかにした。現代のムスリムとして職業においてプロフェッショナルに行動することが信仰心の中心的な部分として再構築されたとも換言できる。神を崇拝することと働くことは、ほとんど区別できない活動となったのだ[101]。

このようなイスラームの労働倫理プログラムが極端に押し進められると、ムスリムの福祉を向上させるためにイスラームの慈善活動に依存していた従来のアプローチとは相容れないものとなった。良きムスリムであることがハードワーカーであること、したがって経済的に成功することを意味するという論理は、多く働いてもわずかな収入しか得られない大多数インドネシアのムスリムにとっては、中産階級の人々ほど魅力的には映らない。中産階級の人々のみ、労働と信仰心の融合が経済的繁栄に対応できる［Rudnyckyj 2010］。それゆえ、このような中流階級の社会環境においてのみ、ザカートを「戦略的協力［Rudnyckyj 2010: 91］」と呼ぶなど、経営専門用語が安易に使われる理由が理解できよう。

経済的成功、あるいは理論的には現在も貧しい人々もつかむことができる、より豊かな未来の約束［Retsikas 2014］をイスラームの慈善事業と結び付けて強調すること、つまり貧しくても労働と寄付をして敬虔さを表すことで社会的成功が収められるとする言説は、まさにポスト・スハルト時代に起こった言説の転換の中心的前提であり、インドネシアのイスラームの分野における様々な非国家主体によってさらに推進されてきた。

この点で、ポスト・スハルト期のインドネシアにおけるイスラーム説教師の台頭は、重要な進展であろう。2000年代に入ると、主に民間のテレビ局に定

---

[101] 詳しくはRudnyckyj 2008や2009、2010を参照。

期的に出演するようになり、一部のイスラーム伝道師は有名人の地位を獲得し、新たに獲得した文化資本を経済的利益に転換するのに十分に巧みであった。さらに、これらの裕福な伝道師の中には、経済的成功を教えのテーマとし、敬虔さがいかに繁栄につながるかのロールモデルとして自らを提示する者もいた。例えば、2000年代半ばに最も人気を博した説教者アア・ギム[102]は、預言者ムハンマドを職業人として、また起業家として描き、ムスリムは預言者の輝かしい模範に従うべく、自らのような起業家になるべきだと提案した。アア・ギムは起業家養成プログラムを開発し、その人気のおかげで、インドネシアの企業や銀行が従業員教育のために利用するようにもなった［Kailani and Slama 2020: 75-77］。

またホスタリー（2016）が分析したように、この起業家養成プログラムは西洋の個人主義的な自助ガイドとイスラームの経済倫理を融合させ、起業家精神を持つムスリムの活動に不可欠なものとしてイスラームの慈善活動を強調した［Hoesterey 2016: 113-117］。慈善活動を行うことは、来世において精神的な面で報われるだけでなく、現世において物質的な面でも報われると信じられているため、極めて重要であると考えられている。

さらに、ラティフ（2017）が指摘しているように、民間団体によるザカートの徴収は、様々な戦略的目標に利用できる経営手法の導入を伴っていた。例えば、伝道師アア・ギムのザカート財団は、下層階級に属する農村部の若い女性のための育児研修プログラムに資金を投じた。この研修は、保育そのものだけでなく、イスラームの敬虔さについての授業も含まれており、保育士たちが、世話をする子供たちのイスラーム教育にも貢献できることを示唆している。このような活動にザカート資金を投入することは、農村部の下層階級の女性たちを、ムスリムである中流階級の雇用主の期待に応える熟練したイスラーム労働力に変えることであり、ザカートをダアワ（布教）に変えることを意味する。

---

[102] 本名アブドゥラ・ギムナスティアル（Abdullah Gymnastiar）は1962年バンドゥンで生まれた。アア・ギムというのは通称でギム兄さん（「ギム」は本名の略称、「アア」はスンダ語）という意味である。父親は軍人であり、宗教色の強い家庭であったといわれるが、ウラマーの家系ではなかった。教育もいわゆる伝統的なイスラーム教育を受けておらず、小学校から高校まで公立の普通学校に通い、バンドゥンのパジャジャラン大学のビジネス学校に1年在籍した後二年制のアフマド将軍工学学院を卒業している［見市 2003: 73］。

まさにルドニスキが提唱した「スピリチュアル・エコノミー」[103]の一例であろう。

そしてこれは、国内でイスラームの慈善事業がいかに広範な分野に及んでいるかを示しており、「インドネシアのムスリムコミュニティにおいて前例のないレベルの社会活動」を生み出している［Latief 2013b: 191］。今日、こうした活動はザカートに限らず、小規模起業家に資金を提供し、インドネシアのより社会的に公正な経済の確立に貢献しようとするイスラーム貯蓄信用協同組合（*Baitul Maal wat Tamwil*［Ind.］；通称BMT）など、ほかの資金源も含むことができる［Sakai 2014］。

ザカートに関していえば、貧者の権利であったものが、まじめに労働して働くことと給付がセットになるような土台が作られたのは、このスピリチュアル・エコノミーの出現と無関係ではないだろう。

(2)イスラーム経済の台頭と「消費／生産」的ザカート

インドネシアにおけるザカートの展開については、金融と関係した展開が早い段階からみられる。例えば、ジャカルタ特別州の公的ザカート管理団体であるBAZIS DKIは、その分配プログラムに革新的なザカート解釈をいち早く適用した団体でもある。1978年には早くも「生産的ザカート（*zakat produktif*［Ind.］）」という小口融資を、小規模小売業者に対して行っていた［Fauzia 2013: 198］。

また、アチェ州のウラマー評議会は、『ザカート議論と金融組織の開発（*Kajian Zakat dan Pengembangan Lembaga Keuangan*［Ind.］）』という本を1984年に発行した［Fauzia 2013: 194］。従来研究において、こうした事象は確認されてきたものの、イスラーム経済思想への指摘はなされてこなかった。管理者や理論家の間では、ザカートの分配について「消費／生産」という言葉で語られ、それまでの短期的や断続的な給付という実践だけでなく、持続可能な小口融資としての新実践も行われてきた。

---

［103］スピリチュアル・エコノミーとは、経済改革や新自由主義的な再構築が、宗教的な敬虔さや霊的な美徳の問題としてどのように考えられ、行動されるかを概念化したものである。ルドニスキは、スピリチュアル・エコノミーに3つの相互に関連する要素があるとしている。第一に、スピリチュアリティを管理と介在の場として客体化すること。第二に、仕事を、イバーダや宗教的義務として再構成すること。第三に、労働者に対して、新自由主義的な透明性、生産性、営利目的の合理化と同じ尺度で測ることができる説明責任の倫理を植え付けることである［Rudnyckyj 2009: 105-106］。

このような新しい視座の導入により、ザカートは「消費的分配」と「生産的分配」という風に語られるようになっていったと考えられる。この線引きは人によって異なるが、一般的には、前者を食料、住居（シェルター）、交通、教育、医療的支出とする場合が多い。そして、後者を金融サービスとする。

ザカート管理の実務家や研究者の間では、ザカートをどのように分配すべきかという問題に関して3つの立場がある。第一に、ザカートは直接、消費的分配に専念すべきである（直接給付型）という主義である。これは、イスラーム法学のバックグラウンドを持つウラマーや実務者に多い。第二に、ザカートは消費的／生産的両方の分配をすべきである（バランス給付型）という立場[104]である。そして第三に、生産的ザカート分配が優先されるべきである（生産優先型）という立場である［Sudirman 2016］。以下に、ザカートの運用と分配に関する議論を概観する。

(3) 投資のためのザカート運用

徴収したザカート資金を財源として、投資ファンドに委託、運用するという革新的な実践も起こっているが、どのような法学見解を拠り所としているのだろうか。インドネシア・ウラマー評議会のザカートに関するファトワー集『Himpunan Fatwa Zakat MUI（2011）』を資料とし、「投資のためのザカート運用（2003）」についての箇所を翻訳、分析する。

現　状
1. ファキール（貧困者）やミスキン（困窮者）などの貧しい人（受給資格者）にわたるべきザカート管理団体の資金が、投資ファンドに使われている（とインドネシアのムスリム共同体から問われた）
2. それにより、ウラマー評議会はザカートの資金がいかに使われるべきかという管理指針を示すファトワーを出さねばならない

---

[104] カッコ内は、わかりやすいように筆者が名前を付けた。ちなみにインドネシアのザカート管理法2014年改訂版に言及されている分配規定は、第二の立場に近い。このように生産的ザカートへの言及がされ、優先順位が明記されているのはインドネシア以外にはみられない特徴である［Islamic Social Finance Report 2014: 58］。

決定項
1. 資産ザカートは、できるだけ早くムザッキーから、信頼できる徴収者（アミル）を通して受給資格者に支払われなければならない
2. 資産ザカートの分配は、受給資格者がいないとき、もしくは受給者の利益がより大きくなる場合に限り、すぐに渡さなくてもよい
3. 利益（マスラハ）は政府から、シャリーアと法に則って決定される
4. 投資や管理によって遅れる（*di-ta'athir-kan* [Ind.]）ザカートは下記の場合であれば許される
   a. シャリーアと法に則って分配される
   b. 正しい基礎研究の上で利益が見込まれる（と信じられる）ビジネス・フィールドで投資されるべし
   c. 能力のある諸団体が管理・分配すること
   d. 専門的で信頼の置ける団体に任されること
   e. 投資の許可は政府によって出されなければならない。またもし破産や損失が起こった場合には政府によって補填されなければならない
   f. 飢えや最低限の金銭が必要な困窮、貧者がいない場合に限り、投資は許可される
   g. 遅れる（即に渡さない、投資される）ザカートは分配されなければならない。なぜなら投資ザカートは、時間に制限があるからである

（No. 4, 2003）

　この投資ザカートに関するファトワーはきわめて重要であるといえる。なぜなら、ザカートの本質である貧者救済に関してどのようなプロセスで望むのがよいかという指標を指し示すからである。
　そのプロセスというのは、第一に直接的な短期支援である。これは、今まさに困っている人々へその日を生きるための救済資金を手渡すということである。貧困の原因の主とされる教育の不十分や、医療を受けられないせいで健康でないといった、マイナスの要素を取り除くために学校や病院の設立、運営をするということだ。第二には経済的自立を促すための資金援助、間接的な長期支援が挙げられる。上記のファトワーを見ていると、「飢えや最低限の金銭が必要

な困窮、貧者がいない場合に限り、投資は許可される」とある。これは、ザカート管理法23条1-2にも明文化されており、このような優先順位を明確に示した国はほかにない［Islamic Social Finance Report 2014: 58-59］。

　上記のファトワーから導き出されるのは、インドネシアのザカート管理の挑戦性と先進性である。投資を通じて富を増やすことはイスラーム経済でも推奨されているところではあるが、それだけを推進していると、肝心の目的である貧困削減や弱者救済の大義名分を見失う。ファトワーで優先性を規定することにより、マカーシド・シャリーア（$maqāṣid\ al\text{-}sharī'a$ ［Ar.］, $maqasid\ syariah$ ［Ind.］、シャリーアの目的）は保ちつつ、イスラーム法を遵守しながらも、より多くの人を救える可能性を生み出す富を入手するためには、確実性の高い投資は推進していこうという意図が見てとれる。これは、ザカート管理のパラダイム転換で、長期援助のために病院や教育施設の運営費にザカートを使用するという、時代と地域に添って解釈を変容させた手法と近い挑戦性を見出せる。

　また、ファトワーの決定項第4項からは、2つの特徴が判明した。第一に、「投資や管理によって遅れる（$di\text{-}ta'athir\text{-}kan$ ［Ind.］）ザカート」という言葉を用いることで、ザカートは基本的にはムザッキーからムスタヒックへ直ぐに渡すべきだという前提を踏まえながらも、期限付きの投資を許可していることがわかる。第二に、そうした期限を設けることで無理な投資を避け、本来の目的に沿うように分配されるよう仕向けてあることを指摘できる。

　シャー・ハニーフとマフムード（2011）が行った調査によると、ザカート資金の運用に反対している人たちは、ザカートというものは根本的には受給者の将来的なニーズに備えるものではなく、原則的には現在の経済的ニーズを充足し、貧困を軽減するためだけに使われるべきだとの見解を述べている［Shah Haneef and Mahmud 2011: 75-77］。したがって、収集されたザカートはすぐにその受給者に配布されるべきだというのがザカート運用の反対派意見である。

　ザカート運用反対派の意見は、前項で挙げたスディルマン（2016）の直接給付型、バランス給付型、生産優先型という3つの分析枠組みを敷衍すれば、第一の直接給付型のみ許容する立場といえる［Sudirman 2016］。一方、ザカート資金の活用を支持する者は、ザカートの支出が迅速になる必要はないと述べている。具体的には、以下の3つの条件が満たされている場合、ザカートファンド

の投資は許可されるという。
1) 返済の最終的な所有権と資本金を受領者に費やす
2) 余剰資金だけを投資すべきである
3) 投資活動は慎重かつ慎重な財務計画を用いて実施されなければならない。

　このようにザカート資金の投資（運用）には、特別注意を払うべきではあるが、投資については許可されると指摘されている［Sudirman 2016］。この立場は、第三の生産優先型に近い。
　以上のような「投資や管理によって遅れる（*di-ta'athir-kan*［Ind.］）ザカート」に対する異なる2つの立場は、長岡（2014）の分析枠組みを敷衍するとシャリーア順守の SLC（Sharia Legitimacy Condition）と経済的妥当性を重視した EFC（Economic Feasibility Condition）の立場として分類できる［Nagaoka 2014: 7-14］。インドネシア・ウラマー評議会の法的見解を考察すると、経済的妥当性を重視した EFC の立場がとられていることがわかる。
　つまりインドネシア・ウラマー評議会による「投資のためのザカート運用」ファトワーをイスラーム経済論の視点から分析すると、経済的妥当性を重視した立場をとっていることが明らかになった。シャリーア順守が命題であるという前提で議論されがちなウラマー評議会に対して、経済的合理性を重視した見解を持つこともあると指摘できる。

3-2.「ハッド・キファーヤ（イスラームにおける貧困線）」の法学的展開

　この節ではイスラームの視点から定義される貧困とは何かを踏まえたうえで、近年提示された「イスラームにおける貧困線：ハッド・キファーヤ（*Had Kifayah*［Ind.］、*Ḥadd al-kifāya*［Ar.］）」の法学的展開を論じることで、イスラーム的観点からの分配モデルの仕組みの差異の考察を試みる。この分析には、BAZNAS による研究報告書「2018 ハッド・キファーヤ研究（*Kajian Had Kifayah 2018*）」を使用する。

(1) 貧困の定量的基準

　まず、現代インドネシアにおいて貧困とはどのように定義されるのだろうか。インドネシア統計局が示した2017年の貧困線を見ると、月に一人当たり387,160ルピア（約3,200円）以下の等価可処分所得[105]しか得ていない者を貧困者であると定義されている［BPS 2018］。このように貧困を測定する際、インドネシア統計局ではベーシックニーズアプローチ[106]を採用している。

　一方、世界銀行は2015年に国際貧困線を1日当たり1.9米ドルと設定し、汎用に適用できる国際基準としている。もし世界銀行の貧困線を採用すれば、1.9米ドルは1日に約25,000ルピア（約200円）となり、月の等価可処分所得は750,000ルピア（約6,250円）となる。この計算では、インドネシア統計局が試算した貧困者数よりはるかに多い数が貧困者であると定義されうる。このようにベンチマークとなる貧困線は、それぞれのアプローチを採用することにより貧困者数や貧困率にも異なる結果をもたらすこととなる。

　ザカートの受給資格にはアスナーフという8つのカテゴリーがあるが、その中でも重要なものに困窮者がある。この定義も極めて定性的なものであり、管理者がどのように貧困を定義するのかは長年の課題でもあった。この課題を克服するために、イスラームの観点で用いられるアプローチは、マカーシド・シャリーア（イスラーム法の目的）である。ニングルムは、ザカート受給者測定のために、マカーシド・シャリーアに基づいた定性的基準を作成した。この研究は、イスラームの観点から貧困の概念を説明しようとする試みであるが、にもかかわらずどの人が貧困に該当するのかという定量的基準までは示唆されていない［Ningrum 2016］。

　こうした中、近年ハッド・キファーヤという「個人や家族がファキール（困窮者）であるのかを峻別する指標」について検討がなされ、その現代的規格が議論されてきた［BAZNAS 2018: 4-18］。先に結論を述べると、インドネシア全体のハッド・キファーヤは1家族1か月あたり3,011,142ルピア（約25,000円）で、一人当たり715,679ルピア/1か月（約5,900円）となる[107]。

---

[105] コメ、卵、肉など52品目からなる1人1日2,100キロカロリー相当の食費と、住居費、教育費、光熱費、医療費などの生活必需品を得るために最低必要な1か月当たりの支出。
[106] 住居、食料、衣服、保健、教育など、社会が最貧層の人々に設定すべき最低限の生活水準。
[107] 中ジャワでは1家族1か月あたり2,791,147ルピアで、一人当たりでは715,679ルピア/1か月で

図 4　ザカート受給者の優先順位

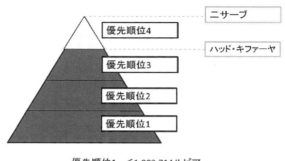

出所：［BAZNAS 2018: 63］より筆者作成。

　この調査機関が出した結論を平均すると、一家族当たり1か月1,003,714ルピア（約8,300円）以下の可処分所得で暮らしている場合には、優先的にザカートを支給すべきと結論づけている。その優先順位の二番目は1,003,714ルピア以上、2,007,428ルピア（約8,300円以上16,700円）以下の家族で、三番目は2,007,428ルピア以上3,011,142ルピア（約16,700円以上25,000円）以下である。その優先順位の第四番目に、月額300万ルピア（25,000円）以上の可処分所得があるが、ニサーブ（最低余剰資産額）に満たない者が入る。この場合は貧困とはいえないため、直接給付ではなくエンパワーメントとして事業資金が援助される（図4）。

　この図4からわかることは、優先順位が4番目と低くても、ニサーブを満たしていなければザカートを受け取る権利があるということである。また、ニサーブを満たした者にはザカートを支払う義務が発生するため、ザカートの受け手から支払い手になる。その逆に、ニサーブに達しなくなればザカートを受け取ることができるという点も指摘できる。つまり、インドネシアにおけるザカートの受け取りは、理念上、垂直的な富裕者から貧者へという力学よりも、共同体におけるザカートの水平的な関係が強いという側面が指摘できる。

ある。ハッド・キファーヤが最も高いのは、東ヌサ・トゥンガラ州で、1家族1か月あたり3,363,105ルピアで、一人当たり862,335ルピア/1か月となる。

このような定量化は、ザカート制度化の先進国マレーシアのスランゴール州のザカート管理団体（*Lembaga Zakat Selangor*、通称 LZS）によって考案された。ハッド・キファーヤの総額は、礼拝、住居、食糧、衣服、健康、教育、交通の 7 つの側面をカバーする世帯単位の基本的な支出の額を計算することによって計算されている [Lembaga Zakat Selangor 2016]。その金額は、家族ごとに異なる。例えば自宅または賃貸住宅の所有権に基づいて区別され、さらに、障害のある扶養家族がいる場合や慢性的な病気にかかっている家族がいる場合など、特定の条件の下では追加支出が発生する。

(2)貧困線（ハッド・キファーヤ）の語源と法学的展開

ハッド・キファーヤの基本概念を見ていく。「キファーヤ」の語源カファー（*kafā* [AR.]）はアラビア語で「重要なこと、十分に必要なこと」であり、転じて「他人の助けを必要としないこと」を意味する。「ハッド」は境界という意味を持つので、「他人の助けを必要としない最低ライン」と訳せるかもしれない。BAZNAS では「個人や家族がファキール（困窮者）であるのかを峻別する指標」として、その現代的規格が議論されてきた。

1. イブン・アービディーンは、キファーヤが人々が人生の苦難から防ぐことができる最小限の限界であることを述べている。このケースでは、食料、衣類、避難所、または贅沢過ぎない道具や車両なども、最低限の生活をするためには必要だと説いている。
2. イマーム・ナワウィーは、キファーヤは十分であり、それ以下ではないと述べている。
3. イマーム・シャーティビーは、キファーヤが非常に緊急かつ基本的なニーズの指標であることを明らかにした [BAZNAS 2018: 4-18]。

つまりキファーヤは一次的充足度だけでなく、人生を平滑に進めるためのマイルストーンとなる副次的カテゴリーにも含まれているといえる。人間の持続可能性の決定要因となる主要なニーズに加えて、教育、保健、交通の側面も、人間の最低限のニーズを補完する非常に基本的ニーズ（*Dharuriyat Asasiyat* [Ind.]）である。これらは人間の生命の維持に決定的な要因ではないが、人が健康で文化的な生活水準にあることを可能にする重要な側面でもある。上記の説明から、

ハッド・キファーヤには以下の次元が含まれていると結論付けることができる。

 a．基礎的ニーズ（Dharuriyat Asasiyat［Ind.］, Ḍarūrīya al-asāsīyā［Ar.］）：衣料、食料、住居（Sandan, Pangn, Papan［Ind.］）、礼拝する場所（Ibadah［Ind.］）[108]
 b．より良い（ḥajjīya［Ar.］）基礎（Hajjiyat Asasiyat［Ind.］, Ḥajjīya al-asāsīyā［Ar.］）：教育、医療、交通

以上の二種類である［BAZNAS 2018: 8-9］。現代的生活の文脈を考えると、上記のハッド・キファーヤの二つの次元は基本的ニーズの分類に入るであろう。以下に、ハッド・キファーヤの7項目である食料、衣料、住居、イバーダ、教育、医療、交通を一つずつ検討していく［BAZNAS 2018: 9］。

(3) 貧困線（ハッド・キファーヤ）を規定する7項目とその考察
①食料と飲料

いうまでもなく、生きるには最低限の食料と飲料が必要である。アブー・ハーミド・ガザーリーは、最低限として一日に昼と夜飲み食いをするべきであると定義付けている[109]。許された（ハラールな）ものを食べ、宗教的ルールに従うことは、マカーシド・シャリーア（目的）として信仰（dīn［Ar.］）、人間の生命（nafs［Ar.］）、知性（'aql［Ar.］）、後代（nasl［Ar.］）と富（māl［Ar.］）を守ることにつながる［BAZNAS 2018: 9］。

②衣料

クルアーンにはこう書かれている。

 「アーダムの子孫よ、われは、恥ずかしいところを覆い、また飾るために衣装をあなたがたに授けた。だが篤信という衣装こそ最も優れたものである。これはアッラーの印である。恐らくかれらは諭されるであろう。」（高壁〔七〕章26節）

---

[108] イバーダ（ibadah［Ind.］, 'ibāda［Ar.］）とは本来、崇拝行為を指すが、ここでは衣食住の話をしているので、「礼拝する場所」と訳した。モスク（masjid［Ind.］, masjid［Ar.］）や礼拝所（mushola, musala［Ind.］, muṣallā［Ar.］）のことであると推察する。
[109] クルアーンの食卓章〔五〕88節と3節、眉をひそめて〔八十〕章24節で、ハラールな食べ物に関して言及している。

上記の箇所は、衣服を着ることについて、神から下されたクルアーンの章句である。衣服でプライベートな部分を覆う人間の義務が書かれている。毎日の活動でしかるべき服を使用することは、信仰心と魂を維持するためのマカーシド・シャリーアを実現するためにも必要だという。また、フィクフ学者は、衣服の問題に関連して、プライベートな部分だけをカバーするために使用された衣服だけでなく、夏と冬に使用される服についても必要最低限な要素[110]であると言及している［BAZNAS 2018: 10］。

③住居

　人間にとって住居が非常に重要なことは疑うことはできない。家では、昼と夜、熱と寒さの危険性から自分と家族を守ることができる。とりわけ、人の住居は、人間の持続可能性のための社会の柱である家庭を築くことができる［BAZNAS 2018: 12］。

> 「アッラーはあなたがたのために、その家を安住の所とされ、またあなたがたのために、家畜の皮で造った家を定められ、あなたがたの旅の時、また宿る時、それを（持ち運びのために）軽便になされた。また羊毛や、毛皮や獣毛や日用品を、一つの時期までの用に供出[111]なされた。」(蜜蜂〔十六〕章80節)

④崇拝（イバーダ）

　クルアーンでは、人間を創造した理由はアッラーを崇拝（イバーダ）させるためだけであると説明されている。

> 「ジンと人間を創ったのはわれに遣えさせるため」(撒き散らすもの〔五十一〕章56節)

　ゆえにここでは、モスクや礼拝する場所（*mushollah*［Ind.］）も人間が生きていくうえでの最低限必要なものの一つであると解釈できる。

---

[110] 極めて現代的な必要に則した解釈として、たとえ女性がメイクに使うアイシャドウを持っていても、それだけで自分が貧しい人に分類されないというわけではないという法学見解も紹介されている［BAZNAS 2018: 11］。

[111] 人間の寿命が終わるまで、御恵みの品をアッラーから与えられるの意（日本ムスリム協会訳1996『日亜対訳・注解　聖クルアーン』日本ムスリム協会を参照）。

⑤ 教育

教育は、人間の存在において重要な要素である。教育はイスラームにおいて重要な位置を占めている。教育はイスラームの進歩と衰退の原因であり［Hafidhuddin 2012］、教育はクルアーンで明らかにされているように美徳を持ち続けている。

> 「あなたがた信仰する者よ、集会のおりに（広く）席をあけなさいと言われた時は、直ぐ席を譲れ。アッラーはあなたがたのために（十分な）席を与えられる。また立ち上るよう言われた時は、直ぐ立て。アッラーはあなたがたの中で信仰する者や、知識を授けられた者の位階を上げられる。本当にアッラーは、あなたがたの行う一切を熟知なされる。」（抗弁する女〔五十八〕章 11 節）

このように科学的知識全般を賛美する言葉は、クルアーンの章句にも含まれている。

⑥ 医療

医療は、イスラームの観点からすると、マカーシド・シャリーアを達成するのにかなり重要な事柄である。すべての目的を達するには、まず健康でなくてはならない。しかしながらブハーリーのハディースにもあるように、「人間が良く忘れてしまう二つの良いことがある。一つは健康で、一つは好機である。［BAZNAS 2018: 14］」

⑦ 交通

人間の特性の一つは、ある場所から別の場所に移動する意志と能力を持つことである。輸送手段によって、人間は生活水準を向上させるための高い機動性を持つ。一般的な乗り物の中で最も初期のものはラクダと馬であった。馬とザカートとの関係について、ハディースに預言者ムハンマドがこういったという記載がある。「乞食がたとえ馬に乗ってきても、与えられる権利はある」。これは現代でいうと、人が困っている場合、彼は車を持っているにも関わらず、ザ

カートを得る権利があることを示す[112]。なぜなら、交通手段は人生を維持する上で非常に重要なことであるからだ［BAZNAS 2018: 18］。

「アッラーは、あなたがたのため家畜を創られた方で、あなたがたは、その或るものは乗用に、或るものは食用に用いる。」（ガーフィル〔四十〕章79節）
「あなたがたはそれらに、様々の便益を被り、あなたがたの胸に抱く望みも、それらによって満たし、またその背や船によってあなたがたは運ばれる。」（ガーフィル〔四十〕章80節）

以上のように、イスラームの貧困線を規定する7項目は、食料と飲料、衣服、住居、信仰、教育、医療、交通である。ハッド・キファーヤの総額は、この7つの側面をカバーする世帯単位の基本的な支出の額を計算することによって計算されている。特筆すべきことは、基本的ニーズの中に「イバーダ」が入っていることだろう。イスラームの価値観においては、モスクやムショッラなどの礼拝する場所も人間が生きていくうえでの最低限必要なものの一つである。

3-3. ザカート資金を融資に使用することへの法学的是非

クルアーン悔悟〔九〕章60節には次のように8種類の受給者（分配先）が明示され、給付先が明確に定まっている——「貧者、困窮者、これ〔ザカート〕を管理する者、および心が〔イスラームに〕傾いた者〔新しい入信者の意〕、奴隷解放のため、身代金や負債の救済〔を必要とする者〕、またアッラーの道のため〔に努力する者〕、旅人」。イスラーム法学では、この8つの受給者の定義、つまり現代において誰が受給者に該当するのかという点が長らく議論されてきた。

---

[112] 同様のことがクルトゥービー（al-Qurṭubī, 1214-1273）によっても提唱されている［BAZNAS 2018: 17］。小杉はイムラーン家〔三〕章97節「アッラーのために、人びとに館〔カアバ聖殿〕への巡礼〔が課せられている〕。それ〔聖殿〕に行くことができるすべがある者は。」の「行くことができるすべ」という箇所の解釈について、「ムハンマド時代の当時は『糧秣と乗り物〔ラクダやロバ〕』と解されていた［al-Qurṭubī 1964: vol. 4, 146-149］が、現代的に言えば旅費であろう」と指摘している。近代的な交通機関が発達する以前は、旅程が非常に長かったため、留守をする家族の生活費も巡礼にでかけるに際して必要な経費とされていた［小杉 2022: 201］。

(1) 1982 年ファトワー「生産的活動と公益のためにザカートを使用すること」

　インドネシア・ウラマー評議会は 1982 年から 2022 年までに 22 のザカートに関するファトワーを出しているが、1982 年の「生産的活動と公益のためにザカートを使用すること (*Mentasharufkan Dana Zakat untuk Kegiatan Produktif dan Kemaslahatan Umum* [Ind.])」が初出である。徴収や管理よりも、その分配方法を先んじて規定している点は興味深い。中身を見ていくと、聖典クルアーンに書かれた 8 つの受給者が、現代的文脈においては誰に該当し、かつどのような分配方法が許されるのかという議論が展開されている。

　このファトワーの文脈における生産的活動、公益とは何のことを指しているのだろうか。以下に 1982 年のファトワーの中身を分析することで、明らかにしたい。

　はじめにこのファトワーではクルアーン御光〔二十四〕章 56 節「それで礼拝の務めを守り、定めの喜捨をなし、使徒に従え。そうすればあなたがたは、慈悲にあずかるであろう。」を引用し、ザカートの義務を強調している。次に、オスマン朝期に活躍したシャーフィイー学派のバイジューリー (1784 〜 1860)、エジプトの法学者で『フィクフ・スンナ』を大成したサイイド・サービク (1915 〜 2000) らを引用し、ザカートとして土地や家畜、つまり運用できるような資産を受給者に与えることを許容している。

> 　確かに、ザカート基金は個人 (*syakhsīya* [Ar.]) の権利である。ただし、アッラーの道のため〔に努力する者〕と身代金や負債の救済〔を必要とする者〕(という受給者カテゴリー) には、開発目的で使用できる部分がある。フィクフ・スンナの本の第 1 巻 394 項では次のように述べている。「アル・マナールの解釈では、巡礼を確保するため、アッラーの道のため〔に努力する者〕にザカートを与えることが許されている。(マッカ巡礼の巡礼者のための) 灌漑を完成させ、マッカ巡礼の巡礼者に食糧と健康施設を提供するが、他の規定はない。アッラーの道のため〔に努力する者〕の問題は、宗教と国家の問題に関連するすべての一般的な公益をカバーしている。サビール (アラビア語で「道」) の定義には、公益のための病院の建設、道路、鉄道の建設が含まれる。」

　検討中：インドネシアにおけるザカートの重要性について、特にその返還

(*tasaruf*〔Ind.〕) に関して。

決定項：①貧しい人々に与えられるザカートは、生産的な形をとることがある。

②アッラーの道のため〔に努力する者〕の名のもとに与えられるザカート資金は、公益の目的で使用される場合がある〔MUI 1982: 171-172〕。

上記の法的規定①からわかるのは、ザカートを単に日々の欠乏を満たすための消費的分配に充てるのみならず、運用できる資産の形で渡す（＝生産的な形をとる）ことも許容されるということだ。②からは、ザカートはあくまで個人の権利、つまり個々に分配されるべきものであると留意しながらも、公益のため、特に病院、道路、鉄道などのインフラの整備などにもザカートを使用可能であるという解釈がされていることがわかる。

(2)ザカートの最適化と開発言説

これまでみてきたように、ザカート資金の最適化は、重要な議題の一つであった。特に、管理者側の視座から、ザカートの分配は、消費的に支出するか、生産的に支出するかの二つに区分されてきた。ザカートはあくまで個人の権利でありながらも、「開発目的で使用できる」と明記する姿勢は、近代の開発や援助の枠組みを踏襲していると考える。つまり、受給者のケイパビリティを向上させようとするこの姿勢は、経済学者のアマルティア・センが提唱した開発や援助の枠組み〔Sen 2001〕に近く、すなわち支援には、援助の受け手の健康やスキルなどの維持、向上を図るような分配が必要であるという理解がなされている。

イスラームの根幹であるザカートにも、インドネシアの文脈においては、「慈善から持続可能な援助、開発へ」という言説[113]が垣間見られる。中国の諺

---

[113] より広い文脈でいえば、ODAと民間資金の関係にも、この「援助から投資へ」という言説がみられる。2011年に釜山で開催された「第四回・援助の有効性に関するハイレベル・フォーラム」に出席したアメリカの国務長官ヒラリー・クリントン（当時）は、「要するに、援助から投資へ、なかんずく、具体的な見返りを目指す投資へと、私たちのアプローチと思考をシフトさせていくことが必要です」と述べている〔加藤 2017: 38-39, Clinton 2011〕。ソ連崩壊後、アメリカを筆頭にほとんどのドナー国が「援助疲れ（aid fatigue）」に陥ったといわれ〔Burnell 2009〕、持続可能な援助の仕方が

とされるフレーズをたとえに使うと、「魚を一匹やれば一日食いつなぐことができるが、魚の捕り方を教えてやれば一生食いはぐれることはない」[Lancaster 2007: 37]。つまり、困っている人に「はい、どうぞ」と魚を与えるだけではなく、魚の取り方を教える持続的な方向にシフトしつつあるのだ。

「開発業界」でよくいわれるエンパワーメント、キャパシティービルディング、参加型開発、プロジェクトのオーナーシップ（主体性）なども、考え方としては同じ方向を向いている［加藤 2017: 51］。しかし、イスラーム経済の影響を受けるザカートが興味深いのは、この魚の取り方を、ひいては魚の増やし方にまで展開していく点である。

　魚、つまり資産の増やし方についてのイスラーム法学の議論を概観すると、カラダーウィーの法学見解にザカート資金を融資として貸し付けるというアイデアの萌芽がみられる。ザカート資金を無利子融資や貸し出し条件の緩やかな借款の形でマイクロファイナンスとして融資することはカラダーウィーの法学見解においては可能であると結論付けている［al-Qaraḍāwī 2000: vol. 2 49-54］。

　イスラーム経済学者のアフメドも、ザカートおよびワクフからの歳入をマイクロファイナンスとして使用することは可能であり、なおかつ資金の流用を防ぎ、貧しい受益者にとって利益をもたらすと強調している［Ahmed 2002; Ahmed 2013: 212-213］。

　そして、インドネシアにおいても、そのカラダーウィーの見解を踏襲した法学見解が散見され、「生産的ザカート（zakat produktif [Ind.]）」の呼称で実践されている。『ムスタヒック（受給者）からムザッキー（支払者）へ（mustahiq to muzakky）[Ind.]』というスローガンのもと、「消費的支出しかしない困窮者から生産的活動（収入創出）ができる受給者へ」変革させるという開発の理念が垣間見られる[114]。「生産的ザカート」とは無利子（カルド・ハサン：qarḍ al-ḥasan [Ar.]、qardhul hasan [Ind.]）、無担保でザカートを困窮者や債務者に貸し付けるという取り組みである。次に、この「生産的ザカート」に関するイスラーム法学の法的根拠を説明する。

　　模索されてきた。
[114] ルマ・ザカートのマラン支部長への聞き取り調査（2014 年 8 月 13 日）や BAZNAS のマラン市部長への聞き取り調査による（2017 年 4 月 20 日）。

(3)「生産的ザカート」に関するイスラーム法学的見解

　生産的ザカートとは、無利子融資での少額貸付に使われるザカートのことであり、活発に議論されてきたザカートの最適化に関する主要な題目の一つである [Nurzaman 2012: 5]。これまで論じてきたように、管理者側の視座からはザカートの分配を、消費的に支出するか、生産的に支出するかの二つに区分できる。

　前者の消費的ザカート分配は、受給者の基本的ニーズを満たすために始終、消費的目的のために使用される。衣料、食料、住居、交通や医療、教育を提供するための支出であり、ハッド・キファーヤ論でいうと、基本的ニーズ (*Dharuriyat Asasiyat* [Ind.]) にあたる。後者の生産的ザカート分配は、生産的活動（収入創出）ができる受給者へ、生産的な目的のために支出される。この分配では、受給者に金融援助や職業訓練、経営監督を行うことにより、経済的自立を促すことを目的とする。ハッド・キファーヤ論でいうと、より良い基礎 (*Hajjiyat Asasiyat* [Ind.]) を目的にしているといえる。

　ザカート資金を融資に利用することができるという法学見解に先鞭を着けたカラダーウィーは、キヤース（イスラーム法学における類推法）と一般的なイスラームの教えにおける目的（マカーシド・シャリーア）からザカートを論じると、ザカート資金を困窮者や債務者 (*ghārimīn* [Ar.]) への融資に使うことは許されると強調している。特に、高利貸しや利子 (*ribā* [Ar.]) をとる要因を除外するためには、ザカートを実践的に貧しい人への貸付金として活用できるという。

　言い換えれば、無利子融資のカルド・ハサンの形をとれば、リバーの要素を含む融資から低所得者を守ることができるという。そこから派生するもう一つの議論は、ザカート資金から債務を補填することがイスラーム法的に許されるとすれば、リバーの要素のない良い方法でザカート資金を困窮者や貧困者に融資することができるという点である。これは最も一般的な類推法 (*qiyās al-aula* [Ar.]) を使用した法学見解である。つまり、ザカート資金をカルド・ハサンやソフトローンの形でマイクロファイナンスとして融資することはカラダーウィーの法学見解においては可能である [al-Qaraḍāwī 2009: vol. 2 49-54]。

　以上、インドネシアにおいては、インドネシア・ウラマー評議会が、生産的な方法でザカートを支出することについて、1982年のファトワーで許容する法学的見解を出していることが明らかになった。クルアーンに定められた受給

者のうち、貧困者と困窮者については全面的に許容し、アッラーの道のために努力するものというカテゴリーについては、その分配が公益（マスラハ, maṣlaḥa [Ar.]）[115]のためであるならば許可されるという条件付きで許容されたのである［BAZNAS 2011: 9-14］[116]。

(4)「生産的ザカート」の仕組みと運用方法

この節では、生産的ザカートの仕組みについて簡単に説明する。

図5　生産的ザカートのメカニズム

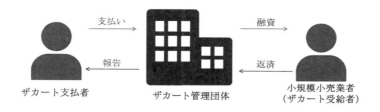

出所：［Nurzaman 2012: 8］を参考に筆者作成。

図5は、ザカート管理団体が実施している生産的ザカート分配プログラムの実践を図式とし、説明したものである。ザカート支払者（ムザッキー）がザカート管理団体にザカート資金を支払った後、この団体は資金を必要とする零細・小規模小売業者（起業家）に資金を配分する。融資はカルド・ハサンのスキームに基づいて行われる。その理由は主に2つある。1つ目は、資金に限りがあることである。1年後に資金が返却されれば、他の零細・小規模小売業者に直

---

[115] マスラハ（公益）については、ムハンマド・ハーシム・カマーリー（Mohammad Hashim Kamali）が「マサーリフ（maṣāliḥ [Ar.] はマスラハ [maṣlaḥa] の複数形）はマカーシド・シャリーア（maqāṣid al-sharīʿa [Ar.], maqasid syariah [Ind.]、シャリーアの目的）の新たな名前となり、ウラマーはこの2つの用語をほとんど互換可能なものとして使用している」［Kamali 2008: 3］と指摘している。12世紀のガザーリーをはじめとして、イスラーム法学者たちは、同時代的状況に答えうる法学的判断を補うために、マスラハをイスラーム法における目的とした。のちにイブン・タイミーヤやイブン・カイイム、シャーティビーなどのイスラーム法学者によって展開されていく［Muhammad and Ahmad eds. 2016］。近年では、イブン・アーシュール（Muhammad al-Ṭāhir ibn ʿĀshūr）や前述のカマーリーなどのイスラーム法学者だけでなく、エル＝ガマル（El-Gamal）やウマル・チャプラ（Umer Chapra）などの近代イスラーム経済学者にも広く応用される概念である。
[116] この箇所は BAZNAS 発行の『インドネシア・ウラマー評議会ザカートファトワー集』から翻訳したが、このファトワー自体は1982年2月2日に発行されている。

接配分される。2つ目の理由は、資金を受け取る側が、受け取った資金に責任を持つよう教育するためである。資金を悪用したり、事業以外のことに使ったりしてはならない。説明責任を果たすため、またザカート管理法で義務付けられている通り、ザカート管理団体は監査済みの報告書を年1回、また毎月の進捗状況を支払者に公表する。

おわりに

　この章ではインドネシアにおけるザカートの消費から生産へという分配パラダイムの転換を、理論面の考察からとらえてきた。第1節ではイスラーム経済の台頭、先行研究で「スピリチュアル・エコノミー」と呼ばれる現象の分析、そしてザカートを融資や投資に使用することは法学的に許されるのかという議論の紹介を行った。特にスピリチュアル・エコノミー論では、神を崇拝することと働くことは、ほとんど区別できない活動となった点を指摘し、それにより貧しい人の権利であったザカートも、働くこととセットで語られるようになってきたという変化を指摘した。

　第2節では、「ハッド・キファーヤ（イスラームにおける貧困線）」の法学的展開を論じることで、イスラーム的観点からの分配モデルの仕組みの差異の考察を試みた。考察の結果、消費型分配モデルがハッド・キファーヤにおける二つの次元に分けて論じられていることが明らかになった。基本的ニーズとより良い基礎の二段階である。具体的に、前者は衣料、食料、住居、礼拝する場所を指し、後者は教育、医療、交通を指していた。イスラームの視点に基づいた貧困線研究として特徴的なのは、人間の最低限必要な要素として、イバーダが挙げられていることである。イスラームの信仰に基づいた人間生活の在り方を基盤に、現代的なニーズに合わせた思想的展開がなされていると指摘できる。この分析には、BAZNASによる研究報告書「2018ハッド・キファーヤ研究（Kajian Had Kifayah 2018）」を使用した。

　第3節では、ザカートとして集めた資金を融資に使用することの法学的是非と生産的ザカートの法学的見解、実際の運用方法を検討した。ザカートに関するイスラーム法の議論において、イスラーム法的に何が正しいかという正当性

の議論にとどまらず、現代社会や経済においてどう活用することが重要かという経済的妥当性・合理性も議論されてきたと指摘できる。結果として、公益のためであれば生産的ザカートとしてザカート資金を融資に使用することは許容されるという現代的な解釈が出たことを明らかにした。そして「生産的ザカート」の仕組みと運用方法をみると、受給者が受け取った融資金に責任を持つように教育するという。これも受給者に説明倫理の植え付けを行うスピリチュアル・エコノミーの一例と指摘できる。

　以上、地域社会の現代的情勢に応対して、ザカート法学は徴収面と分配面の両面で発展してきた。インドネシアにおける多くのザカート管理団体は伝統的なザカート実践だけにとどまらない。第2章で紹介したように徴収面では、「収入のザカート」を財源として受け付けることで広く徴収する。そして分配面では消費的分配だけでなく、「慈善から持続可能な援助、開発へ」という言説とともにザカートとして集めた余剰金を投資で運用し、増やすという形や、「生産的ザカート」などの革新的な方法が模索されてきたことを明らかにした。

　このようにザカートの制度化は漸次的に進みつつも、ザカートが個人の宗教的義務である点は変わらない。しかしながら、これまで見てきたイスラーム知識人の知的営為からわかるように、急速な近代化をもたらした資本主義の弊害を乗り越えるために、ザカートの概念自体も現代的状況に応じて質的に変容しているのである。

第4章

マラン市におけるザカート管理団体の諸相

はじめに

　前章では、ザカート分配が、消費から生産という異なる次元への革新的なパラダイム転換がなされていることを指摘した。最低限の衣食住と信仰生活の確保から、教育や医療、交通といった創造的な支出へとザカートの分配機能を拡張するような理念が共有されている様子がみられた。本章では、実践面に着目していく。

　先行のザカート管理団体研究では、ある一つの団体に記述を集中して、その詳細から議論することがよくみられたが[117]、いずれもザカート管理団体の一面を記述することにしか成功していない。よって、ここではマラン市にあるザカート管理団体をすべて網羅的に調査し、全体構造を理解したうえで、都市におけるザカート実践のあり方に接近することを試みる。具体的には、公私を問わないザカート管理団体を事例に、各団体の目的や活動内容の比較、検討、つまり市内全体の社会的文脈の中でザカートを位置付けるという方法をとる。

　すなわち、前章において示した導入的議論を、マラン市のザカート受給者やザカートを管理する側への聞き取りまで多方面から検討することで拡充することになる。まず第1、2節でザカートの生産的分配を考察する際の基礎情報として、調査地の概況と、ザカート管理団体の地理的分布、諸活動を明らかにする。第3節ではザカート管理団体と開発言説という視点から考察する。特に、『ムスタヒック（受給者）からムザッキー（支払者）へ』というスローガンのもと、「消

---
[117] 例えば、BAZNAS ジャカルタの事例研究を行った Beik（2010）や、ルマ・ザカートを対象にした事例研究を博士論文にまとめた Lessy（2013）などがあるが、いずれも全国規模の民間ザカート管理団体だけに着目しており、ローカルな草の根団体については捨象されている。

費的支出しかしない困窮者から生産的活動（収入創出）ができる受給者へ」変革させるという開発の理念が散見されることを指摘するとともに、イスラーム的観点からも考察を加える。ザカート管理団体はその目標を達成すべく、消費的支出より、もっと生産的な目的のために支出される「生産的ザカート分配」というプログラムを実施している点を探究する。第4節では、この生産的ザカートプログラムの有無と規模で市内のザカート管理団体を分類し、地理的な分布を分析する。

4-1. 調査地の概況

(1)マラン市

本書の調査地マラン市[118]は、東ジャワの州都スラバヤを南へ90キロほど進んだところにあり、海抜400メートルほどの高地に位置する人口約82万人[119]の都市である。東ジャワ州は行政区画的に、28の県（*kebupatan* [Ind.]）と9つの市（*kota* [Ind.]）に分かれているが、マラン市はその人口密度等からも州内第二位の規模を誇る。110,06平方キロメートルの面積を持ち、その人口密度は1平方キロメートルあたり7,453人である。5つの郡（*kacamatan* [Ind.]）に分かれ、その中に57の村（*kelurahan* [Ind.]）と536の町内会（エルウェー：*Rukun Warga*, 通称RW [Ind.]）、4,011の隣組（エルテー：*Rukun Tetangga*, 通称RT [Ind.]）で構成されている。

マラン市内の人口は約82万人であるが、インドネシア統計局（*Badan Pusat Statistik*, 通称BPS [Ind.]）の調査によると、2014年度の貧困率は4.8％で、およそ8万人が貧困線以下の生活をしていることがわかる[120]。マラン市を選んだ理由は、マランが位置する東ジャワという行政区の絶対的貧困者数がインドネシア国内で最大であることが挙げられる。マラン市自体の貧困率は4.8％とイン

---

[118] マラン県（*Kelurahan Malang* [Ind.]）に囲まれた第二行政区である。
[119] 2010年の調査では、820,243人である。マラン市公式サイト（http://malangkota.go.id/sekilas-malang/sejarah-malang/）より。
[120] それでも、インドネシア全体の貧困率が11％であり、マラン市の人間開発指数も高く報告されていることを考慮すると、マランは比較的裕福な都市だといえる。また人口規模では国内第10位であるが、そのほとんどが州都（*ibu kota provinsi* [Ind.]）であるため、州都でない都市としてはバタムに続いて二番目の大きさの都市である。

ドネシア全体よりも低い［BPS 2014］が、東ジャワ州全体からの流入を考えると、都市でのザカート実践を見るケーススタディとしてはマラン市が最適だと考え、調査地として選定した。

マラン市内は行政的に、クロジェン（klojen）、ブリンビン（blimbing）、ロウォクワル（lowokwaru）、スクン（sukun）、クドゥンカンダン（kedungkandang）の5つの郡に区分されている（図6　マラン市内の五郡）。中部のブランタス川沿いに発達した盆地地帯で、クロジェン地区全域とそこに接するスクン地区の北東部、ブリンビン、ロウォクワル地区の南部を含むマラン市の中部は文字どおり県の政治、経済の心臓部を成している。

図6　マラン市内の五郡

出所：筆者作成。

マラン市の五郡のうち、第一のクロジェン（klojen）は、ほかの四郡に囲まれる形で市内中心部に位置する。クロジェンは、町の中心部である市役所や高級外資系ホテルなどが周縁を連なる噴水公園、そこを中心に放射線状に形成された市街を有している。マラン駅や、アルンアルンと呼ばれる公園、マラン市最大のモスク（Masjid Agung Jami Malang［Ind.］）もあり、観光、行政の要の地域だといえる。広さは8.83平方キロメートルと、5つの郡の中では最小であるが、コンパクトにまとまった都市の心臓部である。

第二に、クロジェンの東側に位置するブリンビン（blimbing）である[121]。野菜や果物、肉などが並ぶ伝統的な市場があり、町でも有数の大きなモスク（Masjid Fisabilillah［Ind.］）がある。域内の広さは17.76平方キロメートルである。

第三に、マラン市内の北西に位置し、市内でも最も高い海抜460 mにあるロ

---

[121] http://kecblimbing.malangkota.go.id/

ウォクワル (lowokwaru) である。マラン市自体がバンドゥンやジョグジャカルタと並ぶ学術都市として有名であるが、この地域は特に大学の密集している文京区で、国立のブラウィジャヤ大学 (Universitas Brawijaya: UB)、マラン州立大学 (Universitas Negeri Malang: UM)、マラン州立工科大学 (Politeknik Negeri Malang)、国立イスラーム大学マラン校 (Universitas Islam Negeri Maulana Malik Ibrahim Malang: UIN Malang)、私立ムハマディヤ大学 (Universitas Muhammadiyah Malang) をはじめとする5つのキャンパスがこの郡に集中している[122]。このロウォクワル以北部一帯はなだらかな高原をなし、水利に恵まれ、稲作が盛んに行われている。この一帯はマランと北海岸のスラバヤ、パスルアンを結ぶ交通の要衝であり、かつて13世紀には、植民地化以前のジャワ王朝滅亡史を飾るシンガサリ (Singosari) 王朝が栄えた土地でもある［加納 1979: 3-8］。

　第四に、域内の南西に位置するスクン (sukun) は、東に隣接するクロジェン地区との境には大きなショッピングモールもあり、居住地区も多い。南北を縦断するブランテス川の恩恵を受けた稲作も盛んであり、タバコの工場もある。広さは26.55平方キロメートル[123]。

　最後に、市内の南東に広がるクドゥンカンダン (kedungkandang) である。広さは5つの郡の中で最も大きく、39.89平方キロメートルである[124]が、人口密集度は一番小さい。理由としては、この域内に居住地域は少なく、主に山や畑といった農業地区が広がっている未開発地だからとみられる。

　それぞれの郡内には様々なコミュニティ組織があり、婦人会[125] (Pendidikan Kesejahteraan Keluarga [Ind.]、通称PKK)、村落会議[126] (Lembaga Pemberdayaan Masyarakat Kelurahan [Ind.]、通称LPMK)、コミュニティ自己啓発機関[127] (Badan Keswadayaan Masyarakat [Ind.]、BKM)、老人会 (Karang Werda [Ind.])、青年会 (Karang Taruna [Ind.])、村郡健康フォーラム (Forum Kecamatan dan Kelurahan Sehat [Ind.])、子ども会 (Forum Anak [Ind.]) などが町内会の至るところで結成される。また、市

---
[122] http://keclowokwaru.malangkota.go.id
[123] http://kecsukun.malangkota.go.id
[124] http://keckedungkandang.malangkota.go.id
[125] 内務省条例1号（2013年）によると、PKKの組織と加入による、家庭のエンパワーメントと福祉運動による共同体エンパワーメントの促進が望まれている。
[126] LPMKは、コミュニティが地域行政と協力して地域開発のイニシアティブを取るために発足された会議である。
[127] BKMは市民団体のことである。

内にはインフォーマルセクター従事者が多く、特に路上で商売を行う小規模小売業従事者も多く見受けられる[128]。

　マランは、海抜約440〜667メートルに位置する準高原地域であり、市内の気候は州都スラバヤなどに比べるとかなり涼しい。平均気温は年間を通じて推定23℃〜26℃である。その準高原の過ごしやすい気候から、オランダ植民地時代1821年に避暑地として市制が敷かれた。1879年に鉄道が通ってからは、かつての農業中心の生業が産業ベースに移行していき、益々の発展を見せている。

　マラン駅や、市役所や高級外資系ホテルなどが周縁を連なる噴水公園から中心的に都市計画がなされ、そこから放射線状に伸びる通りを少し進んだところにあるイジェン・ボールヴァード大通り（Ijen Boulevard）は古いダッチ・コロニアル建築をそのまま現存してある家々が沿う美しい大通りである。片側二車線の広い道沿いとその間の中央分離帯には大きなヤシの木とブーゲンビリアなどの鮮やかな色の花々が咲き乱れる。この辺りは富裕者の地域にすぎないという声も聞かれるが、近年では毎週日曜日に朝市が立ち、移動式屋台（pedagang kaki lima, 通称PKL［Ind.］）や屋台（ワルン：warung［Ind.］）などが立ち並ぶ。広い道路全体が歩行者天国となり、レクリエーションの場としての役割とともに、小規模小売業者たちにとっては物やサービスを売る実用的な機会でもある。

(2) ザカート管理団体の構成と概観

　調査地はインドネシアのジャワ島東部のマラン県の県庁所在地であるマラン市の中心部である北部三郡（Kacamatan Lowokwaru, Blimbing, Klojen）を選んだ（図6 マラン市内の五郡）。2014年8月から10月に予備調査を行い、2016年11月から2017年10月にかけて本調査を行った。

　2014年8月5日から同年10月11日に行った予備調査では、実態としてザカートを集めていないにもかかわらずクルアーン学校がザカート管理団体を名乗る例などザカート管理団体の定義に入らないような組織も含まれていることが判明した[129]。

---
[128] http://kecklojen.malangkota.go.id/profil/basis-data/
[129] 2011年のザカート管理法23号の成立から、ザカート管理団体の法人化と、認可が義務付けられたことにより、いわゆる法的には、非認可ザカート管理団体となってしまう団体ができた（詳しくは、

本書では、それらを除外した 15 の民間団体と 1 つの公的団体 BAZNAS マラン支部について取り上げ、マラン市内のザカート管理団体によって有機的に構成されうる全体構造から、都市部におけるザカート実践の在り方に接近することを試みる。

4-2. マラン市におけるザカート管理団体とその沿革・理念・活動

ザカート管理団体とは、文字通りザカートを管理する団体のことである。ザカート管理団体の規模は全国、州、県、市や草の根レベルと様々である。民間団体の場合、LAZ として国や地方自治体から認可されていなくとも団体 (*lembaga* [Ind.]) か財団 (*yayasan* [Ind.]) として活動する社会団体も存在する。2014 年のザカート管理法改正後、都市部におけるザカート管理団体は、法律上には次のような 3 つのレベルに弁別できる。

(1) 公的ザカート管理団体（BAZ）
(2) 民間ザカート管理団体（LAZ）：認可
(3) 草の根ザカート管理団体：認可外

法律レベルでの定義だと、草の根ザカート管理団体は団体や財団といった法人化の手続きをとっていない団体のことを指す。以上の定義から、マラン市において確認できたザカート管理団体は、(1) 1 団体、(2) 8 団体、(3) 7 団体の計 16 団体であった。調査の結果、活動実態がない団体も散見されたため、休止中の団体には㈶のマークを付与する。以下ではそれぞれの活動や基本情報について記載することで、ザカート分配プログラムの志向性に注意しながら、各団体の意義と役割を浮かび上がらせる[130]。

(1) 公的ザカート管理団体（BAZ）
① バズナス・マラン支部（BAZNAS Kota Malang）

BAZNAS の組織体系は、ジャカルタの中央 BAZNAS (*BAZNAS Pusat* [Ind.]) の下に、州単位、県単位、市単位とあるが、個々の管理や会計は独立してい

本書第 1 章 4 節）。
[130] この節に関しては、2017年4月20日から2017年6月13日まで断続的に行ったマラン市内のザカート管理団体へのフィールド調査、および会計資料、公式資料、公式 HP の参照をもとに記述する。

る。BAZNAS マラン支部の場合も、マラン市役所と提携して中央 BAZNAS からは独立した会計活動を行っていた。BAZNAS マラン支部の所在地は、マラン市役所の中にあるため、連携がとりやすくなっている（写真7）。事務所の目的はザカートを BAZNAS に支払いたい人の相談や徴収、税金の還付などの窓口であり、福祉活動の推進と管理に徹している。

写真7：BAZNAS マラン支部事務所の概観（2017年4月20日）

　分配に関しては、この事務所に困窮者が直接来て受給の相談を受けることはほとんど想定されていない。BAZNAS マラン支部に特徴的な点として、下部組織として7つの BM という分配事務所を配置している点が挙げられる。下部組織である BM が貧困地域に拠点を構えて、それぞれ独立した方法で地域の困窮した住民などに分配を行っている。

　BAZNAS マラン支部は、新しい BM を創設すると、その初年度に 300,000,000 ルピアから 500,000,000 ルピア（約250万から400万円）程度の資金をマネージャーに渡し、会計の監査と活動の監督のみ行う。調査時点で7つあった各 BM 支部のマネージャーは無償で、ボランティアとして地域の福祉向上のために活動を行っている。

写真8：BAZNAS マラン支部が運営する無償食堂のバナー（2017年4月26日）

　分配プログラムとしては、経済的エンパワープログラムを中心に、医療、教育、無償食堂（*warung Infaq*［Ind.］）などの独自事業を行っていた（写真8）。

　例えば BM Qona'ah は、生活必需品（*sembilan bahan pokok*［Ind.］, 通称 sembako）

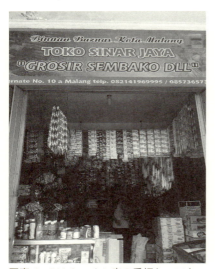

写真9：BM Qona'ah 店の看板と、マネージャーが営む日用品雑貨店（2017年4月26日）

の販売がメインの食料雑貨店を営むA氏の店舗の二階に事務所が設置されている。ここでは、ザカートの資金を借りて小規模の事業を始めたい人が事業計画を持参して、無利子貸し付けの審査に臨む。基本的に食品関係であれば、彼らは安く仕入れるルートを知っているので、そこからストックをそろえ、運転資金を貸し出す（写真9）。毎月の返済にはA氏やその従業員などのボランティアが徴収に行く。通常借り手は、融資額に、少しのインファーク（喜捨）を上乗せして支払う。2016年にはインファークだけで 30,000,000 ルピア（約25万円）も集まったという。それが次年度の運転資金に上乗せされ、持続的な運用が目指されるという。

またKedungkandan地区のマネージャーB氏は、自ら経営するマラン特産の肉団子入りスープ（バッソ：bakso [Ind.]）店の二階にBM事務所を構える。Kasin支部は、2015年にBAZNASマランによって設立された最も新しいBMである。発足の理由のひとつは、事前調査でこの地域に月額 180,000 ルピア（約 1,500 円）ほどの収入で住む未亡人や老人が200人ほど確認されたからだという。彼らが小規模小売業を営もうにも、教育を受けていなかったり、金融知識（financial literacy）が低いため、銀行のルールやシステムを理解できなかったり、貸付から除外されることがほとんどだという。

そこでKasin支部は、実際的に金融排除（financial exclusion）の対象となっている低所得者層に便宜を図るよう（capital facilitation）に、簡単な書類さえあれば、担保や利子、手数料なしに貸付を行うこととした。設立時のKasin区の住民はおよそ15,549人であり、貧困率は約10％である。当時この地区の問題点として取り上げられていたのは、多数の失業者、悪質な金貸しの被害、不平等なビジネス競争、能力の欠如であった。2015年には、合計203人に対して、

327,550,000 ルピア（270万円ほど）の生産的ザカートの貸付を行った。

Merjosari 地区の BM は、UIN マラン校の裏にあり、12 の RW を抱える最大規模の支部である[131]。2017 年時点で 147 人に生産的ザカートの貸付を行っており、月によって変動はあるものの、貸付総額は毎月 24,000,000 ルピアから 120,000,000 ルピア（約 20 ～ 100 万円）ほどである。新規受給者は月に 5 人～ 10 人であった。

⑵ 民間ザカート管理団体（LAZ）
② ルマ・ザカート（Rumah Zakat Indonesia）（認可）

ルマ・ザカートの前身の社会団体は、1998 年 7 月 2 日にバンドゥンの有名な若手説教師（*dai*［Ind.］）の一人アブー・シャウキー（Abu Syauqi）によって創設された。人道的支援のための社会団体として（*Dompet Sosial Ummul Quro*［Ind.］、通称 DSUQ）と名付けられ、事務所はバンドゥンのトゥランガ通り 33 に開かれた。事務所は同じ組織の説教師たちと共同で設立した

写真 10：ルマ・ザカートマラン支部事務所（2014 年 8 月 13 日）

ため、同市にあるアル・マナールモスクと同様に、すぐに若い説教師たちの勉強場にもなった。

DSUQ は 2003 年 3 月 18 日の宗教令 157 号の施行で LAZ として承認を受けたのと時を同じくして、名称をルマ・ザカートに変更した。この月に、ルマ・ザカート本部は東ジャワ州の都市マランに転居した。ルマ・ザカートは世界規模で拡大を続け、LAZ の中では国内でドンペット・ドゥアファに続き二番目の集金力がある。

この団体の特徴としては、社会宗教的 NGO として 2016 年 8 月 30、31 日に世界各地の NGO との協力を強化し、トルコで行われた国際公共財団会議を通

---
［131］Merjosari 地区は、Lowokwaru 郡の中で一番大きい区である。

じてガザの復興を策定したことが挙げられる。ルマ・ザカートの寄付者からの援助は、国内にとどまらずパレスチナ問題、レバノンのパレスチナ難民、ロヒンギャなどにも及んでおり、インドネシア国内にとどまらないグローバルなザカート送金の活動が有名である。クラウドファンディングなどの技術革新を用いて、さらなる社会貢献を目指しているという[132]。

　ビジョン：専門的なエンパワーメントに基づいた国際的な慈善事業団体。

　ミッション：①国際的な慈善事業ネットワークを構築する上で積極的な役割を果たす、②コミュニティの独立を促進する、③人間の卓越性を通じて資源のあらゆる側面を最適化する。

　マラン市内のルマ・ザカート（写真10）では、5つの徴収方法が用いられており、①ATM支払い、②事務所での直接支払い、③オンラインバンキング、④SMSバンキング、⑤クレジットカードの自動引き落としである。これらの方法で徴収したザカートは、一度、バンドンに所在する本部に集められ、そこから全国に向けて再分配が行われるという中央集約型の会計管理構造をとる。ザカートの分配に関しては、地域の隣組長や町内会長、学校からルマ・ザカートに支給要請の連絡が来る場合が多い。分配プログラムについては、①教育、②自立、③健康、④環境、⑤ラマダーン、⑥クルバーンの6つに分かれている。

　教育部門（senyum juara［Ind.］）では、奨学金や職業専門高校、学校運営、給食費などに使用される。自立部門（senyum mandiri［Ind.］）では、小規模起業を応援するためのマイクロファイナンスやカルド・ハサンでの貸し付け（および職業訓練）、牧畜や酪農の訓練に使用される。健康部門（senyum sehat［Ind.］）では病院経営や出張医療、救急車、医療知識の講座や健康診断に使用される。環境部門[133]（senyum lestani［Ind.］）では安全な水場を提供したり、災害現場に飲み水を運んだりするのに使用される。ラマダーン部門（senyum ramadhan［Ind.］）では、断食明けの食料配布、孤児への学用品や日用品配布、困窮者への主食配給、聖典『クルアーン』の配布に使用される。そして最後のクルバーン部門（superqurban［Ind.］）では、インドネシアでクルバーン（Qurban［Ind.］, Qurbān Uḍḥiyya［Ar.］）と呼ばれる犠牲祭（ʿīd al-aḍḥā［Ar.］, Hari Raya Haji［Ind.］）において、屠る家畜をルマ・

---

[132] 公式HPを参照（https://www.rumahzakat.org/tentang-kami/sejarah/）。
[133] 熱帯性気候に属するインドネシアでは雨期に洪水が多発し、社会問題となっている。この部門は地域的特質を理解したうえでのザカート活用法だといえる。

ザカートが育てて自社工場で缶詰化したものを生贄の替わりにするシステムへ使用される[134]。

上記の6つのプログラムを、前章でも議論したスディルマン（2016）のザカート分配の分析枠組みでとらえなおすと、④環境、⑤ラマダーンと⑥クルバーンが直接給付型に該当し、①教育と③健康がバランス給付型、②自立が生産優先型に該当する。つまり、6つのプログラムのうち、5つが伝統的な消費型分配をしていることになる。

消費型分配が多いとはいうものの、ルマ・ザカートではザカートによる支援が短期的支援に終わらないようなように志向している。例えば、自立部門の貸付では、ただ金銭を貸し付けるのではなく、職業訓練と並行したプログラムを組んでいる。小規模企業家が多いインドネシアにおいて、まず推奨される仕事はビジネスであるという。ルマ・ザカートのマラン支部長テディ・ヘリヤント氏（Tedi Heryanto）に職業訓練について尋ねた際に、次のような回答が返ってきた。

> 「ルマ・ザカートでは、毎月の企業講座を開き、週一回の企業家サポートも行う。実際、ここに来る人のほとんどはすでに何かしらのビジネスを始めています[135]。職業訓練は大体三種類に分けられ、第一に縫製業などの技術能力獲得のトレーニング。第二にモチベーション・トレーニング。そして最後に宗教的なトレーニングがあります。我々はザカート受給者にただお金を渡すのではなく、意思能力や行動力を向上してほしいと考えています。」[136]

職業訓練は大体月に一回行われ、参加者にはお弁当と300,000ルピア（約2,500円）が支給される（写真11）。資金の直接給付はできるだけ避けられるという説明の中で、「敬虔さ（taqwah［Ind.］）」という言葉が何度も語られた。イスラームにおける正しい教えを学び、敬虔さを向上させれば、それは怠惰さからの脱却

---

[134] イスラームの宗教的な祭日である犠牲祭や断食明け祭では盛大に祝宴を開き、その際多くの食物を家族や、近隣の貧しい人とも分け合って供食するのが伝統である。この伝統的なクルバーンという生贄を、缶詰化し長期保存ができるようなシステムを考案したのは、ルマ・ザカートの画期的な点である。これにより、犠牲祭で配給された肉が計画的に消費できるようになった。
[135] 移動式屋台（pedagang kaki lima; PKL［Ind.］）などの零細小規模小売業を営んでいる人が多い。
[136] ルマ・ザカートのマラン支部長 Tedi Heryanto 氏への聞き取り調査による（2014年8月13日）。

写真 11：ルマ・ザカートマラン支部での職業訓練の様子（2014 年 8 月 16 日）

が促されるという。

これは、人類学者のルドニスキ（2009）が鉄鋼会社でイスラームおよび西欧の経営知識を自己啓発に使う事例に類似している［Rudnyckyj 2009: 105］。彼は、宗教的倫理観とビジネスマネジメントの知識の融合が、「スピリチュアル・エコノミー」の形成を示していると論じている。西洋の経営知識と組み合わせてイスラームの倫理を教え込もうとするトレーニングプログラムなどの取り組みによって、経済的生産性を高め、蔓延する汚職を減らし、国有企業の従業員を民営化に備える様子を描いている。

つまりここでの「スピリチュアル・エコノミー」とは、労働者をより宗教的に敬虔に変化させると同時に、より生産的で経済的な人間にすることを希求するプロジェクトであるともいえる［Rudnyckyj 2009: 106］。ルマ・ザカートでの事例もまさに「スピリチュアル・エコノミー」と呼べるような啓発を行うことによって、ザカート受給者の敬虔さと経済的生産性を高めようとする取り組みを行っていたことが確認された。

③ヌールル・ハイヤート（Yayasan Nurul Hayat Cabang Malang, 通称 NH）（認可）

ヌールル・ハイヤート（以下 NH）は、社会サービスとダアワに従事するために 2001 年に設立された。その設立当初から、ウンマに属する独立した機関になることが切望されていた。ウンマに属する独立した機関とは、受託者の資金管理における透明性と適切な会計報告を促進することによりウンマから信頼される機関のことであるという。

ここで独立した機関とは、ザカートの徴収人としての従業員の権利（従業員の給与）が援助の資金から拠出されないことを意味する。受給者の一つに徴収人のカテゴリーがあることから、団体職員の給与を寄付金から拠出する団体が

多い中、このNHは、財団の業績から独立して従業員の給与を支払うよう努めている点が特徴的である。

この団体は生産的ザカートの給付に力を入れており、小規模小売業者等に無利子融資や、損益分配方式のムダーラバ契約を積極的に行っていた。無利子融資を受け、香辛料のソースをかけたフルーツサラダのルジャック（*rujak*［Ind.］）の移動式屋台を購入した男性（写真12）や、粘土を攪拌、成型する半自動レンガ製造機をムダーラバ契約で購入した男性（写真13）に聞き取りを行った。まず小規模の事業から始め、軌道に乗ればムダーラバ契約でより大きな融資を受けられる。レンガ職人の男性も、最初は手作りでレンガ造りを行っていた工場を、自動化するに際し、このNHという団体から援助を受けることになった。

ビジョン：ウンマを構築することによりアッラーに奉仕すること。

ミッション：ダアワ、社会、医療、教育、経済分野における利益とエンパワーメントの普及。

モットー：すべての人に幸福を。

写真12：ヌールル・ハイヤートの無利子融資で、移動式屋台を購入した男性
出所：2017年4月17日筆者友人撮影。

写真13：ヌールル・ハイヤートの自立支援で、レンガ作りの機械をムダーラバ契約で購入した男性（2017年4月17日）

④アルファラー（**Yayasan Dana Sosial Al-Falah, 通称 YDSF Malang**）（認可）

YDSFマラン市部は2001年に、アフマド・ヤニモスク財団法人とYDSHスラバヤ（本部）の協働により創設された（写真14）。YDSFの規模が成長したこ

写真 14：アルファラー事務所の外観（2017 年 4 月 17 日）

とにより、2010 年 1 月からは支部ではなく、YDSF マランとして独立した財団法人となった。「資金運用機関となることが命題で、資金を調達することはそのための過程に過ぎない」というのが、YDSF の教義である。

ビジョン：寄付者と受給者の満足度を優先させるような、東ジャワ州で最も確立された ZIS 組織となる。

ミッション：①確実な管理システム、信頼できる専門的な人的資源管理を通じて、寄付者に優れたサービスを提供する。②教育、ダアワ、孤児、医療と社会の分野で最高の資金活用活動を実行し、ムスタヒックの育成と独立の向上を支援する。③寄付者と受給者の双方に複数の利益と便益を供給する。

モットー：利益よりも意味を与える（Menberi Arti Lebih dari Sebuah Manfaat [Ind.]）。

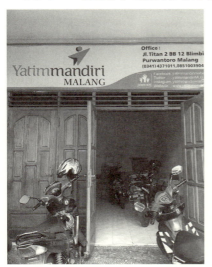

写真 15：ヤティム・マンディリ事務所の外観（2017 年 5 月 9 日）

⑤ヤティム・マンディリ（Yatim Mandiri）（認可）

ヤティム・マンディリは、直訳すると孤児（yatim [Ind.]）の自立（mandiri [Ind.]）となるように、孤児や路上生活の子供を主な対象として支援する団体である（写真 15）。東ジャワの州都スラバヤに本部があり、全国団体の LAZ として認可を受けている。生産的ザカートを使った小口融資については、以前行っていたものの、返済が滞る事例が多かったので取りやめている。団体の第一義は、孤児の救済であるため直接給付が優先されること

第 4 章　マラン市におけるザカート管理団体の諸相

と、融資に関する専門家がいないことから運用が困難であったことが小口融資を行っていない理由であるという[137]。

プログラム：教育、エンパワーメント、医療、直接給付。

⑥ヤサ（Yayasan Amal Sosial Ash Shohwah Malang, 通称 YASA）（認可）

YASA は、1994 年に教育やダアワ活動、イスラーム情報センターとして設立された。2000 年の 1 月 25 日からはマラン市では唯一、市レベルの団体で、BAZNAS から推薦（認可）を得ている。教育、ダアワ、医療、経済、社会などの分野において、コミュニティの貧困者やムスタヒックをエンパワーする目的のもと、立ち上げられた非営利団体である。プログラムとしては、クリニックと無料の救急車（写真 16）や、孤児院の経営（写真 17）がなされている。

ビジョン：公的資金を通じたエンパワーメントとウンマの同胞（ukhuwwah[138]［Ind.］）の紐帯を目指す。

ミッション：ウンマの潜在的可能性を探求し、最適化することによって、教育、経済、社会、医療と宗教分野における人々の生活と福祉を向上させる。

モットー：良い社会はすべての

写真 16：ヤサマラン支部の外観（2017 年 5 月 10 日）

写真 17：ヤサが運営する孤児院
出所：2014 年 8 月 20 日筆者友人撮影。

---

[137] 2017 年 5 月 9 日、マネージャーの Mohammad 氏に聞き取り調査。
[138] アラビア語の同胞（ikhwān［Ar.］）のインドネシア語的な表記であると考えられる。

構成員からサポートを得られる（Satu Hati Sejuta Peduli ［Ind.］）。

⑦バイトゥルマール・ヒダヤトゥッラー（Baitulmal Hydayatullah, 通称 BMH）（認可）
　バイトゥルマール・ヒダヤトゥッラー東ジャワ代表事務所では調査を断られたため、マラン支部の詳細は不明であるが、全国規模の団体として、医療教育、融資プログラムも行っていることが確認できた。ダアワ活動によるウンマの強化をミッションの一つとして強く主張している。

⑧ラジスム（Lembaga Amil Zakat Infaq Shodaqoh Muhammadiyah: LAZISMU）（認可）

写真 18：ラジスムの事務所（2017 年 5 月 23 日）

　ラジスムマラン市部は、2016 年に設立された。イスラーム復興団体のムハマディヤが母体である。ムハマディヤが所有する建物の一室に事務所を構えるが、広さは 6 畳ほどしかない（写真 18）。2017 年にはムスタヒック 150 人ほどを支援しており、その中で 60％ほどは生産的プログラムであった[139]。
　生産的プログラムの中にも三種類あり、①スタートアップ資金（awal ［Ind.］）、②貸付（usaha ［Ind.］）、③災害援助（Penghutahan Usaha Musibah ［Ind.］）である。二番目に関しては、麺屋、花屋、果物の露天商などに出資している。融資金額が大きい場合は、現金で手渡すのではなく、物品を購入して渡すようにしているという。三番目のプログラムは、小売業や労働者が自己や病気で働けなくなったときに、一時金を給付する。医療的ケアに関しては、医療保険に加入するためのお金（5 人家族で 127,500 ルピア / 月、約 1,000 円）を支出する例もある。寄付者の多くはムハマディヤ大学マラン校の講師であり、聞き取りの時点では 480 人からザカー

---
[139] 2017 年 5 月 27 日に Taro 氏の自宅と、事務所で聞き取り。

ト、サダカ、インファークの支払いがあった。

⑨ラジスヌ（LAZISNU）㈱ （認可）

マネージャーのイッズディン氏は、マラン州立大学のイスラーム法学部で講師としてシャリーアを教えている。ラジスヌはイスラーム復興団体のNUが運営母体である。NU系モスクを事務所にして発足準備中であった[140]。

出所：http://www.nu.or.id/post/read/68649/nu-care-lazisnu-secara-nasional-sepakat-tingkatkan-peran

ビジョン：人々の独立のために信頼でき、専門的な方法で活用されるコミュニティファンド管理機関（ザカート、インファーク、慈善団体、慈善団体、CSRなど）となること。

(3) 草の根ザカート管理団体

⑩エルザワ（eL-zawa: Pusat Kajian Zakat dan Wakaf UIN MALIKI Malang）

エルザワは大学に設置されたザカート管理団体である（写真19）。この団体はUINマラン校に属しており、その発足は、2006年11月22日に同大学のシャリーア学部によって組織され、マレーシアマラ技術大学のザカート研究機関（UiTM）の協賛を得た東南アジアザカートセミナーより始まる。

正式に設立されたのは2007年である。エルザワには2つの主要な役割があり、第一は社会的エンパワーメントでビジネス、職業訓練やコミュニティ開発な

写真19：エルザワで、寄附箱の金額を数える女学生（2017年5月4日）
出所：https://www.slideshare.net/sudirmanhasan94/sekilas-tentang-el-zawa-2013

---

[140] 2017年5月10日、マラン州立大学でGus Izzudin氏に聞き取り調査。

写真 20：エルザワ事務所で生産的ザカートの貸付契約成立の握手（2017 年 5 月 2 日）

どの様々な（発展的）プログラムが用意されている（写真20）。第二が調査センターで、ザカートとワクフ専門のリサーチセンターとして本の出版やトレーニング、セミナーなど様々な活動を行う[Sudirman 2016: 59]。

2013 年 1 月 13 日から「ザカートの銀行」と名付けた小規模融資のプログラムが始まった。現在の団体長であるトリ（Thoriqqudin）氏は、エジプトにあるイスラームスンナ派の最高教育機関として有名なアズハル大学を卒業した後、スラバヤの UIN で生産的ザカートに関する論文で博士号を取得した人物である。この団体が主に生産的ザカートに焦点を当てた運営方針をとっているのは、トリ氏の影響が少なからずあると推察できる[141]。

徴収面での最大の特徴が、所属する UIN マラン校の職員から「収入のザカート」を天引きするという方法で豊富に創出される資金源である。ザカートを生産的分配に使用するという大幅な改革と生産的ザカートのプログラムを拡充が可能であったのは、この潤沢な資金源に依存しているからだと指摘できる。

2016 年の年次レポートを見ると、この団体における生産的ザカートの受給者のうち 200 人は講師であった。彼らは博士号取得の教育資金ためお金を借りたり、副業として何かビジネスを始めたりするのにエルザワの生産的ザカートを利用するという。

⑪サビーリッラー（LAZIS Sabilillah）

サビーリッラーはマラン市内で唯一、モスクに併設されたザカート管理団体である。モスクの中に、社会部門としての協同組合（koperasi[Ind.]）と教育部門（併設の小中高）がある。K.H. Masjkur というキヤイによって設立された[142]。

---

[141] エルザワ事務所にてトリ氏への聞き取りから（2017 年 9 月 5 日）。
[142] 詳しくは公式 HP を参照。http://www.sabilillahmalang.org/konten-80.html

2006年3月31日、サビーリッラーの名称で、寄付者から社会基金（ザカート、インファーク、サダカ）を募金して貧困者に配布する社会機関となった。この機関は、モスクとして祈りの場という機能を果たすだけでなく、社会サービス（貧困、奨学金、孤児、医療）へのプログラムなど、コミュニティのための社会化の手段として、人々への経済的エンパワーメントの機能

写真21：サビーリッラーモスクの敷地内に置かれた救急車（2017年5月22日）

も果たす（写真21）。このようにモスクに社会団体が併設されているパターンは、マラン市でサビーリッラーしかない。先行の調査によると、サビーリッラーは2015年までに累計約120億ルピア（約1億円）という巨額の資金を集めている[Fathullah 2016: 7-8]。

ビジョン：①モスクを説教、指導、奉仕、信頼できる専門家によるエンパワーメントの中心地にする。②人々をエンパワーメントし、独立させる。

ミッション：サビーリッラーの使命は、人々の経済的エンパワーメント・プログラムを通じてウンマの貯蓄機能を最適化することである。また、ザカート資金の運用を最適化することによって、ウンマの一人一人をより独立させるためのプログラムを通じて、コミュニティに力を与えることである。

目的：パンチャシラと1945年の憲法に基づいた機関であるところのサビーリッラーは、以下の四つの目的がある。第一に、ウンマの人々とサービスに力を与える手段として、モスクを繁栄させ、モスクの機能を最適化すること。第二に、ムザッキーが（ザカートを支払うという）義務を果たすことをより容易にすること。第三に、ザカートを受給する権利を持っているムスタヒックへそれをつなげること。第四に、ザカート、インファーク、サダカ、フィドヤ（*fidya*[Ar.]）[143]

---

[143] フィドヤやカッファラ（*kaffāra*[Ar.]）は断食中の特別な寄付である。補償金的な側面が強く、サウム（断食や斎戒）を守れなかった人々への代償、罪滅ぼしのような義務として課せられる。フィドヤは、サウムができない人々が、サウムの義務を免除される代わりに、逃したサウム1日につき、貧者に1日2食分の食事をもてなすか、相当額の金銭を施す。カッファラも、サウムを破った場合に、

などの専門的な管理を担うことである。

⑫ルンバガ・マネジメン・インファク（Lembaga Manajemen Infaq: LMI）

ルンバガ・マネジメン・インファクは東ジャワを中心に27事務所を持つ州内で活動する草の根ザカート管理団体である（写真22）。この団体の特徴として、従業員は新規寄付者を開拓すると50％のコミッションが入るというインセンティブがあった。そのため従業員は事務所で寄付者を待つだけではなく、積極的に街に出て徴収と新規開拓に努めるという特徴があった。従業員からは、他の団体との競合を避けるために町のはずれに事務所を開いているという説明がなされた[144]。

写真22：ルンバガ・マネジメン・インファクの事務所（2017年5月12日）

⑬ワイデーエス・ムスタヒック（Yayasan Dana Sosial Mustahiq）

ワイデーエス・ムスタヒックは、2011年にスラバヤを本部として設立された。マラン支部はクドゥンカンダン郡の貧困地区に所在する。貧困地区をメインのターゲットとしており、基本は消費的分配が主流である。生産的ザカートなどの小口融資は行っていない。

ビジョン：悔悟〔九〕章60節にある通りに、受給者に対して専門的で透明性のあるZIS組織になること。

ミッション：①イスラームの五柱の3番目としてザカートを支払うというムスリムの意識を高める。②専門的にZISを集め、信頼性を高める。③シャリーアに従って、社会的および人道的な活動を通じて貧しい人々に力を与えるためにZISを利用する。④ZISを専門的かつ透明性があり、説明責任を果たす形で

自分で連続60日間サウムをしなくてはならないという自戒である。体力的に困難であれば、破った1日につき、60人の人に1日2食をふるまうか、同等額の金銭を施す。
[144] 2014年8月11日と、2017年5月12日に訪問し、聞き取り調査。

管理する。

　目的：①貧しい人々を自立させ、繁栄させる。②人間の福祉と平和を実現する。③特に貧しい子供たちの公教育（*pendidikan masyarakat*［Ind.］）の質を向上させる。④孤児や貧しい子供たちを、情報や科学技術を備えた優秀な人材に育てる。⑤社会に対して有益な組織を作る。

⑭アル・ハロマイン（**Lazis al-Haromain**）休

　アル・ハロマインは2001年にプサントレン（*pondok pusantren*［Ind.］）の設立、経営や説教師の育成、サントリ（*santri*［Ind.］）への奨学金提供を主にする団体として設立された。名称にLazisと付くが、ザカート管理法で定められている認可LAZではない。現地調査の結果、マラン市内の事務所はすでに廃止され、隣接するバトゥ（Batu）市にのみ事務所があった。

出所：https://lazisalharomain.org/

　ビジョン：ウンマの人々の福祉を実現するうえで、信頼出来て透明性が高く、説明責任が果たせるようなZIS及びワクフ、社会資金（*dana sosial*［Ind.］）管理団体になること。

　ミッション：①ウンマの人々の福祉のためのZISとワクフの啓発運動、②様々な教育活動やダアワ活動のためにZISとワクフ、社会資金の徴収管理を最適化する。

　モットー：ともに栄光を達成する（*Bersama Meraih Kemuliaan*［Ind.］）

⑮バイトゥル・ウンマ（**Lagzis Baitul Ummah**）休

　創設者の大学教授サリフ氏（Prof. Salif Muhammad）が亡くなった後は、ウスマン氏がディレクターに

写真23：休止中のバイトゥル・ウンマ事務所外観（2017年5月9日）

就いていたが、今は人手不足で休止中だという（写真23）[145]。

⑯ブラウィジャヤ国立大学のモスクに併設されたザカート管理団体（Lagzis Masjid Raden Patah Universitas Brawijaya）㊡

マラン市の国立大学であるブラウィジャヤ大学の付属モスク地下一階に併設されたザカート管理団体である。2009年に発足されたが、調査時はボランティアのスタッフが二人しかいないため、大学の募金箱にあるサダカを集めるのみで、ザカート団体としては休止中であった[146]。

以上、(1) BAZ 1団体、(2) LAZ 8団体、(3)草の根ザカート管理団体7団体の計16団体の概要と理念を列挙した。調査の結果、⑨ラジスヌ（LAZISNU）、⑭アル・ハロマイン（Lazis al-Haromain）、⑮バイトゥル・ウンマ（Lagzis Baitul Ummah）、⑯ブラウィジャヤ国立大学のモスクに併設されたザカート管理団体（Lagzis Masjid Raden Patah Universitas Brawijaya）は活動休止中であることが判明した。よって、マラン市内では12団体に活動実態があったといえる。また活動休止中の団体の3/4は草の根ザカート管理団体であったことから、やはり個人が認可を受けずにローカルで活動することの持続の難しさも指摘できる。

4-3. ザカート管理団体と開発言説

各団体のHPや公式資料、聞き取り調査をもとにした前節を概観すると、ほぼすべての団体に「ビジョン」と「ミッション」が書かれていることがわかる。また、各団体への聞き取り調査では、団体のマネージャーからザカート管理に大事なこととして主に二つのことが強調された。一つは、「ザカート管理団体に重要なのは、accountability/responsibility（責任）、transparency（透明性）、trustworthy（信頼性）」という説明である。この標語は、多くのNGOやNPOが掲げるものであり、キャパシティービルディングの一環といえるようなグローバルにみられる開発言説である。

---

[145] 2017年5月12日、所在地の向かいにある学校で働くRさんに聞き取り。
[146] 2017年4月17日、ボランティアスタッフのFatimahさんに聞き取り。

もう一つは、「ムスタヒック（受給者）からムザッキー（支払者）へ」という社会階層の上昇を謳う文句である。これも、キャパシティービルディングの一環やエンパワーメントの一つではあるものの、背景にイスラームの哲学があることを忘れてはいけない。それは、取るよりも与えることを重視するというイスラームにおけるメンタリティーが関係していると考えられる。

　取るよりも与えることを重視するというメンタリティーについて、小杉はあるハディースを紹介している。それは「イブン・ウマルは次のように伝えている――〔ある時〕アッラーの使徒は説教台の上から、喜捨、〔経済的な〕支援を求めること、物乞いについて、こう語りました――上の手は下の手よりもよいのです。上の手とは費やす〔喜捨をする〕手で、下の手とは乞う手です。（ブハーリー）」である〔小杉 2019: 501-502〕。これは、取る側（taker）であるよりも与える側（giver）であれ、と説かれている。このようなメンタリティーは、インドネシアにおけるイスラーム教育現場でもよく聞かれる。例えばインドネシア映画史上最大のヒット作（2009 年当時）である『虹の兵士たち（Laskar Pelangi［Ind.］）』でも、舞台となるムハマディヤ小学校の校長が、menerima（受け取る）よりも memberi（与える）ことの重要さを何度も説く[147]。つまりザカート管理団体の「受給者から支払者へ」という標語を見て、単なる開発の枠組みであると捉えるのは尚早であり、イスラームの哲学も背景に散見されることに留意したい。

　各ザカート管理団体の会計や実践においてシャリーアのコンプライアンスは順守されているのだろうか。イスラームの法学的観点では受給者が 8 つのカテゴリーに分類されているため、イスラーム法上は集めたザカート資金の使い道には 8 つの定まった規定にしか使えないという限定がある。しかしながら団体の会計報告からは、ザカートのみならずインファーク、サダカと他の喜捨も同様に集めて管理する形態がほとんどのため、さほど厳格なシャリーア順守の会計監査はなされていないということが指摘できる。よって厳格なシャリーア順守は目指されていないともいえよう。ひるがえせば、現地の事情に合わせた柔軟で革新的な実践が行われる余地があるとも指摘できる。

　改めて前節で詳述した活動内容を見てみると、伝統的なザカート分配方法で

---

[147] イスラーム的倫理教育（特にムハマディヤ系）における良いふるまい（akhlakul karimah［Ind.］）のひとつである。

ある直接的現金給付だけでなく、多くの団体が学用品や奨学金などの医療、教育部門にザカートを使用していることがわかる。例えば、無償食堂（①）やワクフを活用して病院やプサントレン自体を建設する例（②、⑭）、救急車の購入に充てる例（②）、教育に焦点を当てる例（⑥、⑪）など様々な展開がみられた。

このような開発的な分配方法はマラン市で活動実態のある 12 団体すべてで実施されており、すでにザカート管理においては普及した分配形態であると指摘できる。しかしながら、ザカートをどのように分配すべきであるかというイスラーム法学的議論から考えると、医療や教育にはまだ適用可能とする法学者もいるものの、建物の建設に使われるのは、おおよそ原則をはみ出しているという法学者の意見も聞かれた。

まとめると、マラン市におけるザカート管理団体の資金使用用途はザカートだけでなくインファーク、サダカと他の喜捨も同様に集めて管理するため、さほど厳格なシャリーア順守の会計監査はなされていないということが明らかになった。一方で、その分現地の事情やニーズに合わせた柔軟で革新的な実践が行われる余地があるとも指摘できる。

4-4. マラン市におけるザカート管理団体の位相

最後に、上記のザカート管理団体がそれぞれどのように位置付けられるか見ていこう。本章前半で概要を示したように、マラン市内には総じて 16 のザカート管理団体が確認されたが、そのうち活動実態のあるザカート管理団体は、12 団体であった。

本章では生産的ザカートプログラムの有無と、団体の法律上の分類や活動規模で相関があるのかを調べるために、5 年以上の活動の歴史と実績がある団体の中で、生産的ザカートプログラムのある団体とない団体が同数になるように調査対象を 8 団体に絞り込んだ。さらに公的ザカート管理団体 BAZNAS マラン支部 1 つ、およびその配下に 7 つある BM という分配専門の金融機関[148]（図

---

[148] 本章 2 節で詳述したように、BAZNAS マラン支部は、市内のザカート管理団体の包括的な把握を目的としており、地域のザカートを利用した支援、福祉活動の拠点の役割を担っている。BAZNAS マランでも無料食堂（*warung infaq* [Ind.]）などの補助事業を行っているものの、主目的は BM のネットワークを広げ、活動の監査をすることであった。よってフィールドワークは、主に

7の①〜⑧）を合わせ、計16団体を地図上に布置した（図7）。この図7は、マラン市内のザカート管理団体を分布したものである。①〜⑧は公的ザカート管理団体とその分配機関BM、⑨〜⑯は民間のザカート管理団体である。団体の特質によって後半⑨〜⑫と⑬〜⑯に分類し、図示した[149]。

以下ではマラン市内におけるザカート管理団体の分布図を作成し、概観することで、マラン市内のザカート管理団体によって有機的に構成されうる全体構造から、都市部におけるザカート実践の在り方に接近することを試みる。

図の①は、BAZNASマラン市部である。②〜⑧は、そのBAZNASマラン市部の配下にあるBMである。BMは大抵、小さな雑貨店や商店を営む人物が、無償でボランティアとしてマネージャーを担っており、日本における民生委員のような役割を担う。役割は、担当地域へのザカートの分配であり、困窮者への現金給付などの支援から小規模小売業者へ無利子、無担保でマイクロファイナンスの貸付まで行う。

分配の基準や貸付のルールに関しては、BAZNASマラン支部の定めた大枠の規定がある。とはいうものの、受給資格の規定は第一に町内会長の推薦、第二にKTPのコピーの提出、第三に簡単な受給フォームの入力という比較的簡便な手順であり、複雑な手続きはない。また基本的には各支部のマネージャーに委任されており、個人の裁量に任される部分が多い。例えば民間のザカート管理団体でもルマ・ザカート等の全国規模団体であれば、不正受給や二重受給を防ぐために、直接住居環境を調べる、職場に問い合わせるなど、細かく規定がある。ところがBAZNASの場合、町内会長がBMのマネージャーを兼任していることも多く、また直接困窮者の家に訪問することがほとんどなので、身辺調査は必要としない。よって、分配の差配の権限の多くをBMマネージャーに譲渡しており、細かい規定は定められていない。

図の⑨〜⑫は、LAZで、生産的ザカート、つまりザカートをプールした資金での小口融資プログラムを有する団体を図示した。

図の⑬〜⑯は、LAZで、生産的ザカートプログラムは行っておらず、伝統的な消費的分配プログラムのみを有する団体である。

　その分配先であるBMで行った。
[149] 各団体の詳しい説明は、本章前節の対応箇所を参照。対応するページ数は図7に記してある。

図7　マラン市内ザカート管理団体分布図

① BAZNAS Kota Malang（p.124 〜 127）
② Baitul Mal Kasin
③ BM Merjosari
④ BM Jodipan
⑤ BM Arjowinangun
⑥ BM Kedungkandang
⑦ BM Pandanwangi
⑧ BM Cemorokandang
⑨ el-Zawa（p.135 〜 136）
⑩ LAZIS Sabilillah（p.136 〜 138）
⑪ Yayasan Nurul Hayat Malang（p.130 〜 131）
⑫ LAZIS Mukammadiyah (LAZISMU)（p.134）
⑬ Rumah Zakat（p.127 〜 130）
⑭ Yayasan Dana Sosial Al-Falah (YDSF) Malang（p.131 〜 132）
⑮ Baitul Mal Hidayatullah Kota Malang（p.134）
⑯ Yayasan Amal Sosial Ash Shohwah（p.133）

出所：各団体への聞き取りや一次資料から筆者作成。

マラン市内は行政的に、中心部のクロジェン（klojen）、北東のブリンビン（blimbing）、そこから反時計回りにロウォクワル（lowokwaru）、スクン（sukun）、クドゥンカンダン（kedungkandang）の5つの郡に区分されている。中部のブランタス川沿いに発達した盆地地帯で、クロジェン地区全域とそこに接するスクン地区の北東部、ブリンビン、ロウォクワル地区の南部を含むマラン市の中部は文字どおり県の政治、経済の心臓部を成している。全体の分布を分析すると、2点興味深い点がわかる。

第一に、BMがLAZの存在しない地域に戦略的に布置されている点である。図7からは、①のBAZNASマラン支部自体は町の中心にある市街地のクロジェン地区（マラン市役所内）にあるものの、分配組織のBM（②〜⑧）はおおよそ市内郊外に点在していることがわかるだろう。BAZNASマラン支部長によると、マラン市内のザカート管理団体は、市街地に集中しており、主に山や畑といった農業地区が広がっている南側のクドゥンカンダンにはほぼなかったという。そこで空白地域にBMを設置し、ザカートのネットワークを広げたそうだ。2017年時点では域内南西のスクン地区にBMがなかった（図7）ものの、2018年には2つBMを開設する意向があるそうで、マラン市内のザカートネットワークを一層拡大する傾向が明らかになった[150]。

第二に、LAZを生産的ザカートプログラムの有無で分けると、融資プログラムを有する団体（⑨〜⑫）が郊外に点在しているのに対して、消費プログラムしかない団体（⑬〜⑯）の3/4が市街地に位置していることである。それぞれの特徴を見ると、⑨〜⑫の生産的プログラムを持つ団体は地域に根差した大学やモスク付設の草の根ザカート管理団体であるのに対して、⑬〜⑯の民間団体はバンドンやスラバヤといった都市に本部を置く全国規模のLAZのマラン支部であることがわかる。

さらに各団体の会計報告を見ると、⑨〜⑫の生産的プログラムを持つ団体は草の根のコミュニティ内で、大学であれば大学職員から、モスクであれば町内会のメンバーから「収入のザカート」を徴収することで、より多くの資金調達に成功していた。特に大学付設のエルザワは、大学職員の給与から天引きを行っており、その豊富な資金からザカートを融資に活用するという持続的な生態系

[150] マラン支部長Fauzan氏への聞き取り調査による（2017年4月26日）。

を有していた。

　その一方で、⑬〜⑯の全国規模の LAZ は、市街地に事務所を構えるものの、マラン市内での分配はほぼ行わず、徴収業務をメインとしていた。市内で集められた資金は本部に送られ、そこからパプアやスマトラ、ヌサ・トゥンガラなどの外島に送られることも多いという[151]。都市部の場合、草の根団体は分配に注力するものの、全国規模団体の場合、比較的裕福な都市部で徴収したカネを貧しい地方や外島へ送る傾向があると判明した。よって都市部においては、ザカート管理団体の規模と特質によって徴収、分配方法の異なる位相を持つということが明らかになった。

おわりに

　本章ではマラン市という調査地の概況と、ザカート管理団体の地理的分布、諸活動を明らかにした。それぞれの沿革・理念・活動を網羅的に明らかにすることにより、開発言説とのかかわりを指摘した。また、「ムスタヒック（受給者）からムザッキー（支払者）へ」という標語は、開発言説にのみ還元できるものではなく、イスラームの哲学も背景にあると分析した。

　マラン市におけるザカート管理団体はザカートだけでなくインファーク、サダカと他の喜捨も同様に集めて管理するため、さほど厳格なシャリーア順守の会計監査はなされていないということを指摘した。一方で、その分現地の事情やニーズに合わせた柔軟で革新的な実践が行われる余地があるともいえる。

　次に生産的ザカートプログラムの有無と規模で市内のザカート管理団体を分類し、地理的な分布を分析することによって、都市部においては草の根か、全国規模かで LAZ の徴収、分配方法の位相が異なるということを明らかにした。市街地で全国規模の LAZ が、富裕層からの徴収をメインに活動する一方で、郊外では草の根ザカート管理団体が独自の融資プログラムで、現地の事情やニーズに合わせた柔軟で革新的な実践を行っていることがわかった。そして LAZ の存在しない地域に戦略的に BM が布置されていた。主に山や畑といった農業地区が広がっている南側の貧困地区を中心にザカート管理団体の空白地

---

[151] ルマ・ザカートのマラン支部長 Tedi Heryanto 氏への聞き取り調査による（2014 年 8 月 13 日）。

帯があるが、そこへ補完的に BM を布置することで、有機的にザカートのネットワークを広げているといえる。

　特に生産的プログラムを持つ団体は草の根のコミュニティ内で、大学であれば大学職員から、モスクであれば町内会のメンバーから「収入のザカート」を徴収することで、より多くの資金調達に成功していた。例えば大学付設のエルザワは、大学職員の給与から天引きを行っており、その豊富な資金からザカートを融資に活用するという持続的な生態系を有していた。

　本章では前章で議論されたザカートの消費/生産という理論的な議論が実践レベルでも適用されていることが確認できた。特に、分配のパラダイム転換に関しては域内多くのザカート管理団体で行われている。ただ、伝統的な消費的分配にとどまる団体も存在し、その背景としては専門的な人材の欠如や、持続的な徴収が確保できないという問題があった。つまり、ザカートの最適化を実践レベルで目指す際には、徴収と分配双方のパラダイム転換が両輪として働かないことには持続的な運用にならないということが指摘できる。

　加えて、マラン市内では活動実態のある 12 団体すべてで開発的な分配方法が実施されていると明らかにした。その一方で、管理者であるイスラーム法学者の中には、ザカートはあくまで困窮者にすぐに支払われるべきであり、生産的に使われるべきではないという考えを持つものもいた。実践レベルでは、実務に当たる人物の教育や思想など様々な背景に基づき、多様な実践が行われていることが明らかになった。

第5章

ザカートの融資を受ける人々の主体性

: 「消費から生産へ」の再構築と曖昧な助け合い

はじめに

　インドネシアにおけるザカート実践は漸次的に制度化されてきたわけだが、すべてが一元管理されることはなく、実際には多様な組織が様々な思想潮流に基づき実践を行ってきたことをこれまで明らかにしてきた。特に、個人的な宗教的義務であったザカートが徐々に制度化されていき、ザカート管理団体という形で形成されてきたことを明らかにした。加えて徴収面での革新的なイスラーム法解釈のみならず、分配面でも従来の消費的分配から生産的分配へと質的変容を起こしていると指摘した。

　では実際に、生産的ザカートの受給者たちとは、そもそもどのような人たちなのであろうか。どこに住み、どのような職業に就き、何のためにザカート管理団体からお金を借りるのかなどについて、アンケート調査の結果を整理して示すことにする。またザカート受給者の人物像や様相をより鮮明にするために、聞き取り調査の内容もいくつか紹介する。

　加えて、先行研究では看過されてきた管理者の視点についても紹介することで、支払者、管理者、受給者の相補的なザカート実践と人々の主体的な解釈に着目する。

5-1. マラン市における生産的ザカートの借り手たちとその実態把握

アンケートの具体的項目は以下のようなものである。まず受給者の性別・年齢・職種・学歴・大まかな月収・婚姻状況・居住状況・健康状態・貸与目的・政府からの貧困援助の有無・健康保険の加入状況について。それに加えて、イスラーム団体の加入有無や、アリサン（arisan［Ind.］，金融講）参加状況についても聞いた。また、ザカート管理団体のほかに資金を借りたことがあるか、そして現在の貯蓄の有無についての質問し、「はい」と答えた受給者には、融資状況と貯蓄状況についてより詳細な質問項目を4つずつ設けた。

ザカート管理者と受給者への聞き取り調査とアンケート調査は、協力を得たザカート管理団体の事務所か、受給者の自宅や仕事場を訪ねて行い、その状況なども観察・確認させてもらいながら半構造的な聞き取り調査を行った。

調査地はインドネシアのジャワ島東部のマラン市（Kota Malang）の北部三郡（Kacamatan Lowokwaru, Blimbing, Klojen）を選び、2014年8月から10月に予備調査2か月間、2016年11月から2017年10月にかけて11か月間本調査を行った。市内にはインフォーマルセクター従事者が多く、特に路上で商売を行う小規模小売業従事者も多く見受けられることから、ザカート融資を受けている人が多いのではないかと推測された[152]。

5-2. アンケート調査の概況

(1)調査団体の選定

本章ではより詳細な調査を行うために、3つの判断基準でマラン市内の団体から調査対象を選んだ。第一に、ザカート資金で融資を行うプログラムを有していること。第二に、5年以上の歴史と実績があること。そして第三に、受給者が25人以上いる団体とした。この3つの判断基準を満たす団体を調査対象として絞り込んだ。また、受給者の調査対象としては、Nurzaman（2012）を参考に、ザカート融資を6か月以上受給している人を対象とした。

---

[152] http://kecklojen.malangkota.go.id/profil/basis-data/

この判断基準を当てはめると、民間の2団体（図7の⑨エルザワ、⑩サビーリッラー）と公的ザカート管理団体であるBAZNASの下部組織であるバイトゥルマール2支部（図7の②BMカシン、③BMムルジョサリ）が残った。よってそれら団体の管理者6人と、受給者139人にアンケート調査を行った。

(2) アンケート調査の結果
　本節では、マラン市内でザカートを融資で受けている受給者層を把握するために、アンケート調査の結果から、ザカート管理団体ごとの年齢、学歴、居住状況、健康状態といった基本データを簡単に概観する。年齢層を見ると、大学付設のザカート管理団体であるエルザワには20～30代の若年層の受給者が集中しており、全体としては30～50代を中心に広く分布している。また、学歴をみるとザカート管理団体ごとにかなりの差異がある。全体的には、高等教育を受けた人の割合が39%と一番多く、次いで大学教育を受けた人の割合は19%、無回答を含むその他が13%、初等教育13%、中等教育12%、非識字が2%であった。
　例外的なのは、大学付きのザカート管理団体であるエルザワである。この団体はイスラーム大学付設であるため、受給者でも特に「アッラーの道のため〔に努力する者〕」を、クルアーンやハディースなどのイスラーム学を学ぶ学生への奨学金と解釈して給付を行っている点が特徴的だ。博士課程在籍中、もしくはポスドクで非常勤講師として掛け持ちをしている人々への融資プログラムがあるため、彼らの学歴は必然的に学士号かそれ以上の学位取得者の割合が高い（57%）。従来研究では、ザカートは貧しい人、困窮者、寡夫、孤児などに優先的に分配されていたが、大学に付設しているこの団体の特性上、奨学金としての分配が優先されているといえよう。
　居住状況に関しては、1年以上同じ場所に定住していると答えた割合が高く（約83%）、その割合が団体によって大きく異なるということはなかった。マラン市で調査を行った理由の一つに、都市部における貧困者層の流動性[153]があったが、この設問からは、生産的ザカートの受給者に関しては、あまり高い

---
[153] 調査を始めた当初、東ジャワは絶対的貧困者数が、全国で一番多い州であり、地方マラン市は高い人間開発指数で知られるので、特に州の南部にあり、マラン市からも遠くない農村部からチャンスを求めてマラン市に流入してくるのではないかと仮説を立てていた。

住民の流入、流出度合いは見受けられなかった。

健康状態に関しても、全体として、9割以上が心身ともに健康であると答えている。内臓疾患も含む、身体障碍を有する割合も1％に満たない。これは、ザカート受給者でも、生産的プログラムの受給者に関しては、従来研究で想定されていた社会的弱者というザカート受給者像には限らないということが考えられる。

生産的ザカート受給者の健康保険加入割合を見ると、全体として加入率は46％で5割超えない程度であり、団体ごとに特に大きな差異は見られなかった（表2）。インドネシアは2004年から10年に渡る社会保険制度改革の中で、貧困層向けの医療保険制度[154]などをBPJS Kesehatanに一本化した［江上ほか2012: 177-178］。

増原らは、医療保険改革の漸次的な加入に伴い、軍人や公務員などの第一フェーズに比べ、最も医療保険が必要になる小規模小売業者の医療保険の加入割合の低さを指摘していた［増原2014］が、表2からも同様の傾向が指摘できる。教育歴と国民健康保険の加入に関しては、特に優位な関係を明らかにすることはできなかった。

例外として、ザビーリッラーの加入者は6割であるが、マネージャーへの聞き取り調査によると、この団体ではザカート受給者にBPJS加入を推奨しているという。4人家族で月に180,000ルピア（約1,500円）ほどの加入費の場合、状況に応じて、この団体がその費用を持つといったことも行われるという。このようにザカート管理団体が、健康保険に加入を促したり、自身のファンドに貯蓄を義務付けたりすることで、マイクロファイナンスとして機能している。

ザカート管理団体以外からの融資状況も、団体ごとに違いがみられた。全体としては半数以上の53.2％がザカート管理団体以外からも融資を受けている

---

[154] 社会保障制度の統一以前には、全国民を対象とした社会保障制度は整備されておらず、インドネシアにおける福祉制度と政策は、主に業種ごとに3種類の健康保険制度に大別できた。第一に、貧困者を対象とした社会健康保障制度JAMKESMAS (*Jaminan Kesehatan Masyarakat* [Ind.])がある。第二に公務員を対象とした公務員医療保険 (*Asuransi Kesehatan Pegawai Negeri* [Ind.]：ASKES)と軍人・警察向けの医療保険（ASABRI）および年金制度。第三に民間の一定規模以上の企業の従業員の老齢保険、健康保険、労働災害、死亡保障については、労働者を対象とした労働者社会保障制度 (*Jaminan Sosial Tenaga Kerja* [Ind.]：JAMSOSTEK) などである。これ以外にも、地方政府レベルでの保険JAMKESDAや、貧困者のための米プログラム (*Beras Untuk Rakyat Miskin* [Ind.]：RASKIN) という制度もあり、地方政府レベルの制度は現在も続いている。

第5章　ザカートの融資を受ける人々の主体性　　153

表2　生産的ザカート受給者の健康保険の加入状況

国民健康保険	加入	無加入	無回答	合計
eL-zawa	26	27	4	57
BM kasin	25	20	1	46
BM Merjosari	8	18	0	26
LAZIS Sabilillah	6	4	0	10
計	65	69	5	139

表3　生産的ザカート受給者のザカート管理団体以外からの融資状況

貸与状況	はい	いいえ	無回答	合計
eL-zawa	38	18	1	57
BM Kasin	14	31	1	46
BM Merjosari	14	7	5	26
LAZIS Sabilillah	8	2	0	10
計	74	58	7	139

表4　生産的ザカート受給者の貯蓄状況

貯蓄状況	はい	いいえ	無回答	合計
eL-zawa	46	10	1	57
BM Kasin	25	20	1	46
BM Merjosari	8	18	0	26
LAZIS Sabilillah	8	2	0	10
計	87	50	2	139

表5　生産的ザカート受給者の政府からの貧困援助の有無

政府貧困援助の有無	PKH	PNPM	Raskin	今までなし	無回答	合計
eL-zawa	0	1	1	53	2	57
BM kasin	4	0	0	33	9	46
BM Merjosari	1	0	2	22	1	26
LAZIS Sabilillah	0	0	6	4	0	10
計	5	1	9	112	12	139

ということが明らかになった（表3）。

　貯蓄状況に関しては、全体の62％が何らかの形で貯金をしていると答えている（表4）。ここからザカート管理団体は貯蓄のある人にも融資を行うことが確認できた。

　アンケート調査の結果として特筆すべきは、政府からの貧困援助の有無である（表5）。この質問項目では、政府援助プログラムをこれまでに受けたことが

あるかを尋ねた。条件付き現金給付（*Program Keluarga Harapan*［Ind.］、通称 PKH）[155]、共同体エンパワーメント国家プログラム（*Program Nasional Pemberdayaan Mandiri*［Ind.］、通称 PNPM）、米購入補助金支給（*Beras bantuan bagi masyarakat miskin /Beras miskin*［Ind.］、通称 RASKIN）の主要政府援助プログラムを選択肢として提示した。

BM Kasin では、4人が、現金直接給付を受けたことがあると答えた。また、無回答も9人おり（この無回答数はこれまでの質問項目の中で一番多い）答えにくい質問であったことが予想される。ザビーリッラーでは、半数以上が米購入補助金支給を受けたことがあり、ザカート給付の優先度が高い人々の割合がほかの団体よりも高いことがわかる。政府の貧困援助を一度も受けたことのないと答える人が 80.5% と高い割合を示している点には注目に値する。

つまり、従来の研究にあったザカート受給者像——困窮して食べるものにも困っている——を一概にマラン市に当てはめるのは適当ではないと考えられる。そして生産的ザカートの借り手の像は、政府からの給付を受けるほどの貧困にはあえいでいないが、日々の生活に不足を感じる相対的貧困であると考察できる。特に第3章の議論と合わせると、貧困線（ハッド・キファーヤ）の最優先順位ではないが、ニサーブには足りないというはざまの層（図4）が、ザカートを借りているといえる。

以上、アンケート調査の概況からは、マランの事例では、貧しいとは必ずしもいえないが、もう少しでザカートを支払う側になれる可能性のある人物をアップリフトするというコミュニティ開発の目的指向を持った給付がなされていたことが判明した。

アンケート調査の受給者層からわかるのは、マランにおけるザカート分配では、従来の困窮する受給者という対象には限定されず、むしろ受給者の概念が拡張しているということだ。融資プログラムを持った団体に対象を限定していることから、ある程度のザカート受給者層の広がりがあることは想定していたが、学歴や健康状態などのフェイスシートからは、健康で教育歴もある層にまでザカートが分配されていることが明らかになった。

---

［155］広義には、現金直接給付（*Bantuan Langsung Tunai*［Ind.］、通称 BLT）として知られる。回答者で、PKH の項目にはチェックせずに BLT と書いたものが散見されたので、その場合は PKH の項目に含めた。

5-3. ザカート管理団体のマネージャーからの聞き取り

(1) ザビーリッラーのマネージャーママド氏の生産的ザカートプログラムの中止例

　サビーリッラーはマラン市内で唯一、モスクに併設されたザカート管理団体である。この団体には 2017 年 5 月時点で 25 人しか生産的ザカートの受給者はいないにもかかわらず、わずか 5 人しか、毎月継続してコンスタントに返済できていないのだという。貸付の最大は 500 万ルピア（約40,000円）で、返済期限はなく、月々の返済はわずか 5,000 ルピア（約40円）からでよい。かなり不徹底な規則であるが、これには理由があった。

　まず、このモスクにはすでに協同組合があり、そこが貸付業務全般を担っている。銀行や質業に比べ、もともと金利が安いため人々の間でよく利用される協同組合であるが、このモスクに併設されている協同組合は、無利子融資のカルド・ハサンのスキームを利用するため、ムスリムにとって安心して借りられるそうだ。

　つまり、サビーリッラーではザカート管理部門があえて生産的ザカート利用という新しい取り組みに取り掛からなくても、協同組合がその役割をすでに担っているという状況であった。そして、時にザカート管理団体に無利子融資の申請に来る人がいても、申請された融資額が大きい場合などは、協同組合に相談して、貸付にふさわしい人物か、チェックしあうという。そして協力して出資し合う場合は、始動資金はザカート管理団体、持続的な運転資金は協同組合から融資する形が理想だという。

　これまで返済が滞っている 20 人については、貸付のつもりだったが、数か月間の事業計画や精算を確認した上で、この人物に返済は不可能だという判断が下され、贈与（ヒバ：hibah［Ind.］, hiba［Ar.］）に変更したという。つまりは、このザカート団体において、生産的ザカートのプログラムはターゲッティングに成功しておらず、融資する側も金融の専門家ではないため、専門的に行われたとは言いがたい。それゆえ、生産的ザカートプログラムを継続するのは財政

的に困難だと考え、中止した[156]。

　また、この団体は約2,000人に慈善事業を提供しており、その中でも孤児や貧しい子供たちの教育に焦点を置いているという特性を持つため、生産的ザカートを積極的に取り入れる必要がないのだという[157]。これはモスクに併設された地域に寄り添った大きな団体であり、ザカート管理の他にも、教育や医療、協同組合などの多くの部門を有し、それぞれが個別の目的に終始しているからであろう。以上のように、生産的ザカートには中止例もある。融資である以上返済計画を立てたうえでの審査が必要ではあるが、ザカートはあくまで宗教的贈与であるという立場に立った場合、厳しい審査は行われない。

　一般的に、イスラーム経済における貸付はどのように理解されるのであろうか。イスラーム経済の研究者であるハシャンによると「彼〔債務者〕がもし困難〔窮状〕にあるならば、容易となる〔窮状を脱する〕まで猶予しなさい。もしあなたたちが〔何がよいことか〕分かっているならば、〔元本をも帳消しにして〕喜捨することがあなたたちのために最も良いことである」（雌牛〔二〕章280節）とクルアーンにあり、たとえ融資だったとしても借り手が払えない場合は借金の返済を求めないことが奨励されている[158]。ママド氏が融資から贈与へ変更した判断は法学者として妥当だったといえよう。

(2) BM ムルジョサリ地区のボランティアマネージャー

　ザカートの融資に関して興味深いもうひとつの点は、BMのマネージャーが毎週行っている受給者への訪問であった（写真3、本書13ページ参照）。BMは、基本的にボランティアによって運営され、その地区の有志、特に個人商店を持っている人が、商店の隅に事務所を開き対応している（写真4、本書14ページ参照）。

　私はこのBMのボランティアマネージャーのザカート受給者の家庭訪問に何度も同行したが、この時マネージャーの対応が人によって異なることに気付

---

[156] 2017年5月21日、ディレクターのママド氏に聞き取り調査より。
[157] ママド氏からは、あくまでこの団体はモスクとしての慈善事業と、基本である消費的給付を主としているという説明がされた。
[158] ハシャン（2022）は「ここに使われた表現はサダカであり、解釈者の間では、これに関して主に二つの意見がある。借り手が払えないときは借金の返済を求めずに返金をサダカとして免除するのが奨励されている、というのが一つの解釈である。もう一つは、ここでのサダカは比喩的な意味で、払える時までに猶予する、という解釈である。」と二つの解釈を紹介している［ハシャン2022: 84］。

いた。例えば、ザカート融資金でうまく商売を軌道に乗せている人には、返済を求め、さらなる融資と事業計画の拡大について話していた。他方、序章で述べたように、スヤティおばあさんや目の不自由なシフォン夫妻など、状況的に負債を返せそうにない人には「やぁ元気？」などの世間話だけにとどまり、特に返済を迫るそぶりはなかった。

　こうした管理者の視点からは、融資という手段を使いながらも、確実に返済を求める金融経済的な思想にとらわれるのではなく、ザカートはあくまで神への宗教的贈与であるという前提に立っているように考えられる。ザカート資金を融資に使用するという点では、「敬虔な新自由主義（Pious Neoliberalism）」の一例のように思えるが、ローカルな実践を見ていくと、むしろ全く異なる論理で運用されていることがわかる。

　小規模小売業従事者の多いインドネシアでは、事業のスタートアップを支える「生産的ザカート」プログラムは受け入れられやすい土壌があったため、ザカートを融資というスキームで活用しているものの、管理者はケースバイケースで柔軟に対応を変化させている。融資がうまくいく場合には、コンスタントに返済を求め、事業拡大のために「ムダーラバ」スキームを使い、更なる高額融資を行う。しかしながら、借り手が高齢者や障碍者などで、返済が焦げ付いてしまった場合は、ザカートはあくまで神への宗教的贈与なので、「贈与（ヒバ）」として返済不要に変えてしまう。このような事例は、敬虔な新自由主義による社会資源の動員という理論では捉えられない営みであると考える。

　以上、2名の異なるザカート管理者の聞き取り事例を挙げた。ザカート管理者側が、どのようなザカート概念を有しているか、もしくは法学的知識の有無等によって管理や分配の形態も変わっているのがわかる。換言すれば、ザカート管理者がどのような思想的背景を持っているかによって、ザカートの管理や分配の論理が変わるといえる。

5-4. ザカート管理団体から融資を受けること

　元ジャムゥ売りのスヤティおばあさんを訪ねたのは、4月の昼下がりであった。その日はBMムルジョサリに出向いていた。ムルジョサリ地区を担当す

るマネージャーがザカート受給者を見回りに行くというので同行し、ザカート受給者の状況を聞き取りにまわっていた。60代だというスヤティおばあさんは、バラック状の家屋で暮らしており、3歳ぐらいの孫が、その周りを走り回っていた。昔は、ジャムゥというインドネシアの伝統薬を売っていたという彼女に、今はどうしてザカートを受給しているのか聞いてみた。

「ジャムゥ作りは大変。朝早くから作って、頭の上に何本ものペットボトルを載せて、いろんなところに売り歩かなくちゃいけない。足腰も痛いし、もう無理よ。なので、今はベンシン（ガソリン）や氷を売っているわ。娘、息子も働いているので孫の世話をして日中を過ごすけど、少しは自分で稼ぎたいから、ここでお金を借りているよ。ここは利子もないし（tanpa bunga [Ind.]）、私みたいなおばあちゃんにも貸してくれるからいいわ。」

現在は、6畳ほどの自宅で、バイクのガソリンや氷に少し利ざやをつけて小売りしている（写真1、本書11ページ参照）。家は場所的にも裏路地の細い小道にあるため、売り上げは日に10,000ルピア（約80円）売れるか売れないか程度だが、何か商売をして自立しているということが、精神的安定にもなり、満足しているそうだ。

翌日、ムルジョサリ地区のマネージャーは、目の不自由なシフォン夫妻の家に、私を案内した。夫は普段「あんま（tukang pijat [Ind.]）」として、妻は路上の流し[159]（pengamen [Ind.]）として働いている。シフォンさんは、私が日本から来たことを説明すると、「あんま」の技術は日本式の指圧を特別支援学校で学んだと喜んで教えてくれた。二人の月の稼ぎは、これまで最大でも500,000ルピア（約4,000円）であるという。定期的な収入はないため、いつもは家族や隣人にカネを借りているが、家賃が足りないときや急な出費が発生した時などに、このBMでマイクロファイナンスを利用しているという。

---

[159] ペンガマンは屋台や公共バス、路上などでギターを弾いたり、詩の朗読や歌を歌って、聴き手からお金をもらうという職業。視覚障害でクルアーンの暗唱をする人も、駅や市場などの人が多い場所でみかける。このように何か見世物をして、小銭を恵んでもらうでも、歌う人を pengamen [Ind.] という。ちなみに、交差点などで、信号待ちの車に物を売りに来る人たちは asongan [Ind.]、バスの客引き（運賃徴収する人）は kenek [Ind.]、信号のないところで、勝手に交通整理をやって小銭を稼ぐ人を kopral Jono [Ind.] と呼称し、インドネシアの街中でよく見かける。

シフォン夫妻の暮らしぶりからは返済が進んでいるとは考えにくい。マネージャーはシフォン夫妻に対して「調子はどう？」とは聞くが、特に融資したお金の話はしていなかった。私が同行していたのでそういう話は避けたのかとも思ったが、他の受給者のところではしっかりと月の返済を受け取っていた。シフォン夫妻やスヤティおばあさんの返済は進んでいるのか、ムルジョサリ地区のマネージャーに見回りの後聞いてみると、こともなげに「いや、たまに少し返してくれるだけさ。まぁ彼らが返せない場合は、融資ではなく贈与（ヒバ）にするから大丈夫だよ。」と答えた[160]。

スヤティおばあさんとシフォン夫妻の事例からわかるのは、二人がムルジョサリ地区マネージャーと同じ町内に住み、顔見知りだということで、気軽に融資を頼めて、特に複雑な事業計画や手続きなしにザカートを受け取っているということである。また、定期的に見回りにいくマネージャーは、受給者の暮らしぶりを確認するために挨拶をするのが目的で、特に毎回返金の催促をするわけでもないということも判明した。

消費的ザカートの場合、返済不要なカネのため、一度に多くを貰うことはできない。しかしながら生産的ザカートであれば、ある程度まとまったカネを受け取れる。戦略的に生産的ザカートを選び、かつ基本はザカートということで返却の義務も強くない、緩やかな融資を受けているということだ。ザカートの管理者、つまり貸し手側も、強硬な催促は行わず、万が一返済不可能な場合は、贈与（ヒバ）に切り替えるという柔軟な対応をとっている。

受給者は、従来研究で描かれていたような恩恵を授かるだけの記号的存在ではなく、能動的に、自分の得られるサービスを享受しつつ、返せるときがきたら返すというしたたかさがあった。ザカートという宗教的贈与は、融資という形態をとりながらも、市場経済のシステムにとらわれない柔軟さがあるとも換言できよう。

---

[160] BMムルジョサリのマネージャーArif氏に同行して、参与観察および聞き取り調査（2017年6月12日、2017年7月17日）

おわりに

　本章は生産的ザカートの管理者、受給者たちとその実態について、マラン市を事例に把握とその分析を試みた。そこから、ザカート管理団体が、身近で地域に密着した金融サービスを提供しているという実態を確認した。アンケート調査で判明したザカートの融資実態、そしてスヤティおばあさんやシフォン夫妻の事例からは、インドネシアにおけるザカートの解釈の多様さと現場での柔軟な対応が明らかになった。従来の「イスラーム的慈善」研究においては、慈善を与える側の理想や、願望が一緒くたになって受け手にも共有されているという前提を所与のものとしていたが、マランのBMの事例ではそのようなロマンチシズムは前提とされていなかった。

　受給者たちは、敬けんさを高めるためにザカートを受給したわけでも、社会的上昇を目指すために受給したわけでもない。ただマネージャーと同じ町内に住み、同じムスリムとして顔見知りだということで、気軽に融資を頼めて、特に複雑な事業計画や手続き、利子なしにまとまったカネが入るという理由で選択をしたに過ぎない。

　加えて、管理者側も、ザカートの受給者だから礼拝をしっかり行うようにという指導を行うことや、クルアーンを読誦する会を開くといった啓蒙的なダアワ活動を同時に行うこともなかった。貧しい受け手の精神的・物質的な生活を改善させることが意図した効果をもたらすというような青写真を描くわけでもなく、特に返済ができなければそのまま贈与にしてしまうという曖昧さをよしとしていた。そして融資を贈与にしてしまうという背景には、ザカートはあくまで宗教的贈与であるという立場に立った場合、たとえ焦げ付いたとしても借り手が払えない場合は借金の返済を求めないことが奨励されているという事例も紹介した。ザカートはあくまで神を介在した贈与であり、ザカートの権利は受給者にあるというイスラーム経済における所有権を内在化しているからこそ、新自由主義的現代資本主義において負債は必ず返さねばならないという議論や開発言説を等閑に付すイスラーム独自の慈善の論理があると指摘できる。

　以上本章では、ザカートの受け手が、戦略的な金融手段の一つとして生産的

ザカートの無利子融資を活用している点が明らかになった。生産的ザカートの借り手の像は、政府からの給付を受けるほどの貧困状況ではないが、日々の生活に不足を感じる相対的貧困であると考察した。特に第3章の議論と合わせると、貧困線（ハッド・キファーヤ）の最優先順位ではないが、ニサーブには足りないというはざまの層が、ザカートを借りていると指摘した。

　これまでの先行研究では、ザカート受給者の主体的な解釈やコミットメントが看過されていたが、本調査により、受給者がただ恩恵的に与えられるだけの存在ではないということが確認できた。

終　章

　本書は、イスラームにおける慈善の論理と社会福祉を明らかにすることを第一の目的とし、現代インドネシアにおけるザカート概念の変容について論じてきた。分析手法としては、ファトワー分析や、イスラーム知識人のディスコースの検討、マラン市におけるザカート管理団体の具体的な展開に焦点を当てて考察をおこなった。

　第1章では、インドネシアにおけるザカートの歴史的沿革を詳述してきた。長らく個人間での慈善的実践であったザカートが、イスラーム改革主義思想の影響や制度化によって社会を支える福祉として再定義されていく様子を描いてきた。イスラーム伝播以降行われてきた伝統的なザカート管理の主体は、ウラマーや宗教官吏から、20世紀初頭に登場した二大イスラーム団体に加え、1968年を契機に公的ザカート管理団体という形で変遷しながらアクターを増やしていった。1999年には国内初のザカート管理法として法整備もされ、NGOを母体とする民間のザカート管理団体も慈善組織として多数誕生した。この章では、2001年に全国ザカート管理庁BAZNASが設立され、ザカート管理法で国家による一元化が目指されたものの、官民入り乱れた極めて多様な形態で実践が行われているという現状を確認した。制度化され、社会正義のためと再定義されてきたザカートが、なぜBAZNASではなくLAZで花開いたのかという問いに関しては、先行研究を敷衍し、汚職や縁故による腐敗が問題となった政治情勢の中で、民主化後のムスリムが慈善活動のために国家ではなく、非国家主体に頼ったのは自然なことであると結論付けた。トップダウンの制度化に抗う一部のBAZやLAZにも着目することで、インドネシアにおける国家と市民社会の相克を確認した。

　第2章では、ウラマー評議会の「企業資産のザカート」や「収入のザカート」というファトワーを検討することにより、徴収のパラダイム転換が起こったこ

とを明らかにした。またインドネシアにおいては、政府下のウラマー評議会のファトワーといっても、影響力は少なく、看過されがちであるということを指摘した。加えてザカートに関するインドネシア・ムスリム知識人であるアミン・ライス、マスウーディー、ハフィドゥッディンらの原著を翻訳、分析することで、ザカートを従来の個人的なものから、社会における富の再分配装置として再定義するようなムスリム知識人のディスコースがあったと指摘した。いずれの革新においても、インドネシア社会における現代的な変容に対応するような社会的公正やイスラーム的な倫理規範といったイスラーム経済に通底する思想が背景にあると指摘した。

第3章ではイスラーム経済思想とザカートの合流について、先行研究のスピリチュアル・エコノミー論を敷衍しながら考察した。そしてザカートを融資や投資に使用することは法学的に許されるのかという議論の紹介を行った。特にスピリチュアル・エコノミー論では、神を崇拝することと働くことは、ほとんど区別できない活動となった点を指摘し、それにより貧しい人の権利であったザカートも、働くこととセットで語られるようになってきたという変化を指摘した。「投資のためのザカート運用」のファトワー分析を行うことで、限定的だがザカートを投資に使用することは許可されると明らかにした。インドネシアにおいて、ザカートがイスラーム経済の影響を受けて、消費から生産という新しい分配パラダイムへと転換していった過程を、理論面からとらえてきたとも換言できる。また「ハッド・キファーヤ（イスラームにおける貧困線）」の法学的展開を論じることで、イスラーム的観点からの分配モデルの仕組みの差異の考察を試みた。このイスラームにおける貧困線のように、近代経済の観点を取り入れたイスラーム法学的展開は近年によくみられる。特に近代化による貨幣経済化、格差の拡大、社会的不公正の是正という文脈でザカートの徴収面、分配面をともに強化しようと理論面での模索が行われたことを指摘した。生産的ザカートの法学的見解とその仕組み、運用方法を明らかにすることで、次章で検討するフィールドワークの理念面を確認し、実態と相補的に捉えるための前段とした。

第4章では、マラン市という調査地の概況と、ザカート管理団体の地理的分布、諸活動を明らかにした。市内の15のLAZと1つのBAZNASマラン支部

それぞれの沿革・理念・活動を明らかにすることにより、開発言説とのかかわりを確認するとともに、背景にイスラームの哲学があるという点も指摘した。また、市内のザカート管理団体を分布した地図を製作することによって、都市部においては草の根か、全国規模かで民間ザカート管理団体の徴収、分配方法の位相が異なるということを明らかにした。加えて前章で議論されたザカートの消費／生産という理論的な議論が実践レベルでも適用されていることが確認できた。特に、分配のパラダイム転換に関しては域内多くのザカート管理団体で行われているものの、持続的な徴収が確保できないという問題があった。つまり、ザカートの最適化を実践レベルで目指す際には、徴収と分配双方のパラダイム転換が両輪として働かないことには持続的な運用にならないということを指摘した。

第5章では、ザカート管理団体が、身近で地域に密着した金融サービスを提供しているという実態を明らかにした。ザカート受給者が、戦略的な金融手段の一つとして生産的ザカートの無利子融資を活用している点が明確となった。生産的ザカートの受給者層は、政府からの給付を受けるほどの貧困状況ではないが、日々の生活に不足を感じる相対的貧困層であると考察した。特に第3章の議論と合わせると、貧困線（ハッド・キファーヤ）の最優先順位ではないが、ニサーブには足りないというはざまの層が、ザカートを借りていると確認した。そしてこれまでの先行研究では、受給者の主体的な解釈やコミットメントが看過されていたが、本調査により、受給者がただ恩恵的に与えられるだけの存在ではなく、個々人が戦略的に借りているということが、指摘できた。加えて、管理者側も、ザカートの受給者だから礼拝や断食を行うようにという指導を行うことや、クルアーンを読誦する会を開くといった啓蒙的なダアワ活動を同時に行うこともなかった。貧しい受け手の精神的・物質的な生活を改善させることが意図した効果をもたらすというような青写真を描くわけでもなく、特に返済ができなければ債務を帳消しにしてそのまま贈与にしてしまうという曖昧さをよしとしていた。

以上の議論を踏まえ、序章で挙げた3つの問いに対しての回答することで、本書全体の主題に対して知見を示す。

第1の問いは、インドネシアにおいてザカート概念は、どのような理念的変

遷と現代的変容をとげてきたのかというものであった。

　インドネシアにおいては歴史的に、共同体の義務というより個人の宗教的行為としてザカートは実践されてきた。20世紀初頭、NUやムハマディヤなどのイスラーム大衆団体によりザカートは個人的な義務というだけでなく、社会福祉的な意義があるという解釈が徐々に広まっていった。ザカートの概念が個人の義務的な慈善から社会福祉的な意義へと徐々に変化していく中で、国家によるザカート管理への関心も高まっていった。

　特に、イスラーム知識人による収入のザカートという現代的なイスラーム法的解釈により、給与所得者は現金収入の2.5%をザカートとして支払うという新たな法学規定が誕生したことも、ザカートの資金調達という点では重要であったと指摘した。そしてその資金の分配方法として、困窮者や貧者だけでなく、公益のために使うことが是とされ、ひいては融資にも使用できるようにザカートが質的変容を遂げたと明らかにした。

　インドネシア・ムスリム知識人であるアミン・ライス、マスウーディー、ハフィドゥッディンの原著を翻訳、分析することで、ザカートを従来の個人的なものから、社会における富の再分配装置として再定義するようなディスコースがあったと指摘した。

　また、ウラマー評議会のファトワーを検討することにより、地域社会の現代的情勢に応対するように、ザカート徴収と分配の両面でパラダイム転換が起こったことも明らかにした。徴収面では、「収入のザカート」を財源として受け付けることで広く徴収する。そして分配面では消費的分配だけでなく、「慈善から持続可能な援助、開発へ」という言説とともに融資や投資で増やすという形や、「生産的ザカート」などの革新的な方法が模索されてきたことを明らかにした。

　近代化による社会、経済状況の変化、およびイスラーム改革思想やイスラーム経済思想の影響によってザカート法学が徴収面と分配面で発展してきたことも明らかにしたことは本書独自の学術的貢献である。

　第2の問いは、ザカートに関する議論にどのようなイスラーム経済思想の影響があるのかであった。イスラーム知識人の議論やファトワー分析からザカートを問いなおすと、イスラーム法的に何が正しいかという正当性の議論にとど

終章

まらず、現代社会や経済においてどう活用することが重要かという経済的妥当性・合理性も議論されてきたと指摘した。

「収入のザカート」ファトワー分析では、特にザカートの支払いにおいて相対的に収入の多い公務員や専門職と、収入の少ない農民の間で守られるべき公正(アドル)への配慮が見受けられた。当時のインドネシア社会における急速な近代化に対応できずに増えた貧困という社会問題に対して、「社会的公正」やイスラーム的な倫理規範といったイスラーム思想に通底する経済的思想が背景にあると指摘できる。

先行研究で指摘されてきた「ザカートの再定義、つまり慈善的贈与という概念がわきに追いやられて軽視され、代替的理解として正しさが強調されるようになった」という議論は、むしろ逆であるといえる。

つまり、ザカートは自発的贈与というより、神および貧者の取り分を内包した絶対的所有権のもとに構成されており、現世を生きる人間にはその用益権のみ与えられていると理解すべきである。さすれば、インドネシアにおけるザカート制度化やイスラーム経済学における議論の発展は、ムスリムが経済の「再分配」と「社会公正」を求めた結果の一つに過ぎないと理解できる。

歴史的にいえば、第1章で論じたようにザカートは個人の慈善から社会福祉的へと概念が変容してきた。しかしながらこの現象をイスラームの内的理解をなしに、元来慈善であったものが強制化されていくというマイナスの文脈で捉えると、なぜインドネシアのムスリムの喜捨が増加しているのかという問いに答えられないが、インドネシアにおけるイスラーム経済の受容と影響を論じたうえで考察すると、急速な近代化による社会経済の不公正に対抗する形で、ザカートが伸張してきた自然な現象であるとわかる。

第3の問いは、インドネシアにおけるザカート管理団体は、ザカート受給者にとってどのような意義をもたらすのかというものであった。ザカート管理団体が身近で地域に密着した金融サービスを提供しているという実態が明らかになったことにより、ザカートの受け手が、戦略的な金融手段の一つとして生産的ザカートの無利子融資を有意義に活用している点が明確となった。

インフォーマルセクター従事者が多いインドネシアにおいて、生産的ザカートの借り手の像は、政府からの給付を受けるほどの貧困状況ではないが、ザカー

トを支払うには足りないというはざまの層が日々の生活の不足を補うためにザカートを借りていると本書は指摘した。

　これまでの先行研究では、受給者の主体的な解釈やコミットメントが看過されていたが、本書により、ザカート受給者がただ恩恵的に与えられるだけの記号的な存在ではないということが示された。またインドネシアにおけるザカート管理団体は、マイクロファイナンス組織として、少なからず金融包摂の役割を担っているとも指摘できる。

　加えて、従来の「イスラーム的慈善」研究においては、慈善を与える側の理想や、願望が混在して受け手にも共有されているという前提を所与のものとしていたが、マランの公的ザカート管理団体が行っている融資事例を検討したところ該当しなかった。

　第5章で論じたルマ・ザカートのような一部の民間ザカート管理団体では、宗教的敬虔さを高めることと生産的人間になることをリンクさせるスピリチュアル・エコノミー的な職業訓練実践の事例も確認された。しかしながらマラン市内の悉皆調査により、活動中の12団体中このルマ・ザカートのみがスピリチュアル・エコノミー論の枠組みで捉えられるが、それ以外の団体では特に宗教的敬虔さと生産性向上を結び付ける言説は聞かれなかった。

　むしろ多くの受給者たちは、同じムスリムとして顔見知りだということで、気軽に融資を頼めて、特に複雑な事業計画や手続き、利子なしにまとまったカネが入るという理由で選択をしたに過ぎない。加えて、管理者側も、貧しい受け手の精神的・物質的な生活を改善させることが意図した効果をもたらすというロマンチシズムはなく、生活に困窮していれば返済は不要にしてしまう事例が散見された。

　以上の議論を踏まえ、本書全体の主題に対して知見を示す。まずザカートを「イスラーム的慈善」という固定化した枠組みで捉えようとする試みは、もはやイスラーム法学的にも機能拡張を起こしているザカートの持つ役割を総合的に理解するうえで、不十分だといえる。むしろザカートの歴史的変遷や実践を丹念に照射していくことで、イスラームにおける「慈善の論理」と「社会福祉」という二義性が浮かび上がってくる。

　それは、第一に神を介在した宗教的贈与であり、ザカートの権利は受給者に

あるというイスラーム経済における所有権を内在化しているからこそ、新自由主義的現代資本主義において負債は必ず返さねばならないという議論や開発言説を等閑に付すイスラーム独自の慈善の論理を有するということである。先行研究のスピリチュアル・エコノミー論が指摘するように、神を崇拝することと働くことはもはやほとんど区別できなくなったため、貧しい人の所与の権利であったザカートも、いつしか働くこととセットで語られるようになった。しかしながら、あくまでザカートはすべての所有者である神のものであり、同時にザカート受給者のものであるから、困窮者が債務不履行になった場合は返済不要になるというしたたかな慈善の論理を明らかにした。

　第二に、クルアーンとスンナへの回帰、正しいイスラームへの「標準化」という過程の中で、ザカートは社会福祉的な構造も有している。ただそこでは、預言者ムハンマド時代の社会福祉に回帰するというサラフィー主義的な純粋回帰ではなく、ザカートの現代的解釈を用いた法学的、地域的革新がみられた。急速な近代化に対応できずに増加した貧困や格差の広がりというインドネシアの社会問題に対して、マスラハや社会的公正、イスラーム的な倫理規範といったイスラーム思想に通底する経済的思想を背景に、よりよい社会福祉を目指す構造があると明らかにした。

　そしてこのような「慈善の論理と社会福祉」という二義性を混合して有するものが現代インドネシアにおけるザカートの概念だと本書は指摘する。先行研究における「イスラーム的慈善」や「救貧税」という固定化された視座の限界を指摘し、ザカートの相対化を試み、新しい視座を提供した点に、本書の新規性がある。加えて本書は、古典的なイスラーム法思想や制度が現代の文脈でどのように変容しているかについて、ミクロな事例をもとに検討することで、本質主義的な議論を乗り越えようとした。イスラーム世界における宗教的贈与の再分配的側面を過度に強調する方向へ倫理的定式化をしてきた先行研究に対する批判的研究としての側面もある。

　総じて、インドネシアにおけるザカートの概念は変容を見せてきた。それは、インドネシアの史的展開やローカルな文脈を抜きに補足できないし、ましてやイスラームの社会、経済、宗教倫理についての十分な考察を抜きには立ち現れない。今現在もザカートを支払ったり、受け取ったり、管理をしたり、様々な

アクターによって日々実践されている。今後もザカートを注視していくことは、インドネシアの社会を見るうえで重要なレンズであり続けるであろう。

例えば、BAZNASはジョコ・ウィドド前大統領に対して、公務員（*Pegawai Negeri Sipil* [Ind.], PNS）、国営企業（*Badan Usaha Milik Negara* [Ind.], BUMN）、国軍（*Tentara Nasional Indonesia* [Ind.], TNI）、および警官（*Kepolisian Negara Republik Indonesia* [Ind.], POLRI）の給与を最大2.5％天引きすることを提案した（CNBCインドネシア2021.3.26）[161]。大統領令（*Peraturan Presiden* [Ind.], PERPRES）の発布も考えられており、ザカートの強制性の強化が画策されている。インドネシアが今後どこへ向かっていくのか、国民国家とイスラームの関係を見るうえでも重要な指標となるのは間違いない。

また、インドネシア社会の新自由主義的傾向を見るにもザカートやサダカは有効である。近年、巷では「道端や公的空間において乞食（*pengemis* [Ind.]）にお金を恵むのはハラーム（禁止：*ḥarām* [Ar.]）である」という言説が非常によく聞かれる。これについて、南スラウェシのウラマー評議会が出した2021年のファトワー第1号[162]では、4つの法的規定を用いて説明している。この4つ目に、『物乞いのために人々を搾取すること（は違法であり）、路上で物乞いに与えること（は違法であり）、身体的に健康であれば物乞いをすることは違法であり、物乞いを世話するのは政府の義務である。』と明記されている。

むろん、善行を見せびらかさないという教えはあるため、「路上で物乞いに与えることは違法」という部分についてはこのファトワーが間違っているとはいえない。しかしながら、政府の義務であるといえば聞こえがいいものの、目の前に困っている人がいるのに助けることが違法であるとすれば、貧者救済を謳うイスラーム思想のエートスはどこへ行ってしまうのだろうか。

本書でカバーしきれなかった課題としては、現代のチャリティー、慈善、経済的正義のモデルに関する超宗派的な言説に関連して、ザカートに関するグローバルな言説がどのように形作られてきたかを今後より深く掘り下げる必要があるだろう。特に現在も重要な主題であり続けるパレスチナ問題に対して、ウンマの連帯を示すためのザカートの国際的な送金の動きは増え続けている。

---

[161] https://www.cnbcindonesia.com/news/20210325085101-4-232697/ini-alasan-gaji-pns-bumn-swasta-dipotong-zakat-25
[162] https://muisulsel.or.id/mui-sulsel-rilis-fatwa-perdana-haramkan-memberi-pada-pengemis-di-jalan/

インドネシアにおいても、国内送金のみならず、グローバル・ウンマに対する送金も拡大しているため、今後の研究主題として扱っていきたい。

　ザカートの概念や規範は今後も変容していくのだろうか。ザカートというレンズをとおして、これからもインドネシア社会やイスラーム世界を見ていきたい。まだまだ目が離せない。

謝　辞

　本書は、2019年3月に京都大学に提出した博士論文「現代インドネシアにおけるザカート（喜捨）制度の革新とイスラーム的社会福祉」を大幅に加筆・修正したものである。

　なぜザカートを研究しようと思ったのか、あとがきを書くにあたってきっかけを探っていたが、少しずつ思い出してきた。末期の病で書籍の整理をしていた故・足立明叔父がダンボールいっぱいのイスラームに関する書籍をくれたのだった。当時大学でアラビア語を専攻していた私が宗教、特にイスラームのことを勉強したいと話していたので譲ってくれたようだった。陽気な皮肉屋で巨漢の叔父だったが、最期の方はやせ細っていた。何か託されたような気がしてそれらの本を一生懸命に読んだ中で、最も私の興味を誘ったのが、五行の一つザカートであった。

　そしてもっと記憶をさかのぼると、祖母の故・楠田忠子の姿があった。大正生まれの敬虔なカトリック信者であった祖母は毎朝礼拝をし、決して裕福とはいえないにも関わらず献金や寄付を欠かさず行っていた。信仰とは何か、なぜ人は施しをするのかという根源的な問いを与えてくれた。

　ここまで約10年間、自分なりにではあるがザカートのことばかり考えてきた。深淵なザカートについて理解できたとは到底いいがたいものの、少なくとも現時点での私の理解を日本語で本にできたことにはほっとしている。このような研究生活を続け、本書を書き上げることができたのは、ひとえに出会いに恵まれ、多くの人々に支えられてきたからである。紙幅の都合上、全員のお名前を挙げることはできないが、とりわけお世話になった方々の名前を以下に掲げて、感謝の意を表したいと思う。

　特に、本書のベースとなる博士論文の構想および執筆において、主指導教員である長岡慎介先生（京都大学）には大変お世話になった。イスラーム経済と、インドネシア研究という新しい学問分野への挑戦に悩む私と根気強く対話を続け、いつも論理的に諭してくださった。日本におけるイスラーム経済・金融の

第一人者である先生から直接ご指導を賜ることができたのは幸運であり、先生の研究ネットワークを惜しみなく提供いただいたおかげで、スムーズにインドネシアにおけるイスラーム経済研究に参加することができた。

　また、副指導教員の小杉泰先生（立命館大学）のお導きとご配慮がなければ、ザカートという壮大なテーマを追求していくことはできなかったであろう。フィールドを選ぶ際に、大学時代に短期滞在して気に入ったモロッコでも研究しようと浅薄な気持ちでいた私を見透かすように、「ザカートを研究したいなら、時代はインドネシアだよ。」とおっしゃったことは忘れられない。直接ご指導を賜り、イスラーム諸学の一端に触れることができたのは喜びであった。また博論を本にするにあたって、逃げてばかりの私を忍耐強くいさめていただいたことで、ようやく研究者としての第一歩を踏み出せた気がする。これからも一生かけてこの主題と地域に挑んでいくことが、先生方の学恩に報いることだと信じている。

　博士論文の副査を引き受けてくださった中村沙絵先生（東京大学）には、社会福祉を論じる上で必要不可欠な理論的補助線や、相対化の意義について多くの示唆に富むアドバイスをくださったことに、感謝の意を表したい。

　所属していたグローバル地域研究のゼミナールでは、東長靖先生、藤倉達郎先生、中溝和弥先生をはじめ、異なる分野の先生方から多くのご助言や研究のヒントを頂いた。また、竹田敏之先生（立命館大学）はアラビア語文献精読の作法を、柏村彰夫先生（京都外国語専門学校）は、現地調査で必要となるインドネシア語の基礎をご指導くださった。

　筆者が学部時代を過ごした大阪大学外国語学部アラビア語学科の依田純一先生には、イスラーム研究で必要となる正則アラビア語の構文解析の基礎を学んだ。また、新たな調査対象としてアラブ世界を飛び出しインドネシアを選んだことを報告しても、更なる前進として喜んでくださり、温かく背中を押していただけた。

　東南アジア地域研究研究所の岡本正明先生（京都大学）には、ゼミナールでインドネシア地域研究の基本的なことから学ばせていただいたり、現地でもセミナーにお声がけいただいたりと大変お世話になった。大学院卒業後、東南アジア地域研究研究所で機関研究員として一緒に働かせていただいたことで、イ

謝辞　175

ンドネシアにとどまらず、東南アジア研究という大きい視野をもち、他の地域の研究者たちと交流する大切さを学ばせていただいた。水野広祐先生（インドネシア大学）からは、常に現地でフィールドワークをすることの大切さ、経済研究で必要な視座など、インドネシア地域研究に関するエールと温かいご指導を頂いた。京都大学大学院アジア・アフリカ地域研究研究科（ASAFAS）で、講座を跨いで気軽に受け入れてくださったインドネシア研究者の方々には、本当に感謝している。

東南アジア学会関西例会で、インドネシアにおけるイスラーム研究の第一人者の一人である小林寧子先生（南山大学）や菅原由美先生（大阪大学）から、研究発表に対する鋭いコメントと温かい応援の言葉を賜れたことは、忘れられない経験であった。

第一回インドネシア研究懇話会（KAPAL）では、同地域で時代や分野を超えた研究の輪を広げる機会を得られた。加藤剛先生（東洋大学）をはじめとした各分野の先駆的な諸先生方は、有益なコメントや議論の場を提供してくださった。京都大学イスラーム地域研究センター主催の講演会では、中東社会経済史の草分け的存在である加藤博先生（一橋大学）が、イスラーム経済を世界的な視野で位置づけていくという大きな視座をご教示くださった。

在学中、様々な場面で支え、議論し、励ましあった同期である伊東さなえさん（人間文化研究機構）、池端蕗子さん（立命館大学）の二人がいてくれたおかげで、切磋琢磨して博士論文を書き上げることができた。卒業後も定期的に会ってポスドクとしての悩みや出版の苦悩などを共有することができたのは最大の幸運であった。同じ方向を模索している同輩研究者のネットワークは、研究を推進するためになくてはならないものであると痛感している。

在学中、エスノグラフィーを読む勉強会に誘ってくださった飯田玲子先生（金沢大学）、西島薫先生（公立小松大学）には、民族誌的研究とは何か、取り組む姿勢、ヤシガラ椀の外へ飛び出して学ぶことの重要性を身近で教えて頂いた。研究に悩む中、視野を広げてくださったお二人には、心から感謝している。

中東政治講読会のメンバーであった渡邊駿さん（日本エネルギー経済研究所）、山本健介さん（静岡県立大学）、佐藤麻理絵さん（筑波大学）、岡部友樹さん（琉球大学）、望月葵さん（公立小松大学）たちとともに、イスラームに対して社会科学の方法

論でどう向き合っていくのかを考えることができたのは貴重な経験であった。また、イスラーム経済・金融研究を深化させるという志を同じくする研究者として、吉田悦章氏（同志社大学）、川村藍さん（三井物産戦略研究所）、桐原翠さん（京都府立大学）、上原健太郎さん（京都大学）、ヌール・イッザティさん（マレーシア工科大学）、ムハンマド・ハキミ・シャーフィイー先生（マレーシア国民大学）には多くの励ましを頂いた。

大学院在学中には、KIAS（京都大学イスラーム地域研究センター）、NIHUのプログラムには様々な場面で大変お世話になった。渋谷晴巳さんをはじめとするスタッフの皆さまに、ここに記して感謝の意を表したい。

加えて、本書の執筆にあたっては、2年間機関研究員としてお世話になった京都大学東南アジア地域研究研究所の先生方、ポスドク部屋のルームメイトとの交流が不可欠であった。9時5時の規則正しい生活で、土日は休み、一緒に飲み会やアクティビティーを楽しむにも関わらず、国際ジャーナルにどんどん投稿して掲載される同僚達をみると焦らないでもなかったが、研究と私生活のメリハリの付け方をそばで学ぶことができた。

特に、マイケル・フィーナー先生（京都大学）は、執筆の遅い私を叱咤激励し、毎週のように重要文献を貸してくださり、ご助言やアイデアを頂いた。議論の最中には先生の博覧強記さ、バイタリティーの強さに圧倒されながらも、温かいユーモアに助けられて完成に漕ぎつけることができた。

駆け出しの私を共同研究者として誘ってくださった北村由美先生との出会いは、2017年のジャカルタであった。公私共にお世話になり、研究会ではいつも柔和な笑顔で鋭いご指摘を頂いている。共同研究会では、インドネシアの宗教を再考するというテーマで読書会をしている。佐々木拓雄先生（久留米大学）、野中葉先生（慶應義塾大学）、蓮池隆広先生（専修大学）というインドネシアのイスラーム、宗教研究の先達に囲まれて背伸びをしながら研究を推進することができた。世俗についての読書会では、片岡樹先生（京都大学）にご参加頂き、批判的な読み方とは何たるかを学んだ。

北村先生に誘われた書く書く研究会では、横田祥子さん（滋賀県立大学）、今村祥子さん（京都大学）、佐久間香子さん（東北学院大学）と、お互いの書いた論文やコラムを批評する機会を頂いた。なかなか遅筆でご迷惑をおかけしている

謝辞

が、インドネシア研究という共通項で議論できるこの会のおかげで書くことに対してモチベーションを維持できた。

共同研究にお誘いいただいた安田慎先生（高崎経済大学）とハシャン・アンマール先生（立命館大学）にも、貴重な研鑽の機会をいただき厚く御礼申し上げる。そして博士論文を書籍に仕上げる過程で初稿を見ていただいた千葉悠志先生（京都産業大学）、黒田彩加先生（京都大学）には本当にお世話になった。本書の表現やアラビア語の転写など専門的な箇所にも丁寧にご助言を頂けた。

立命館大学国際関係学部の末近浩太先生には、日本学術振興会特別研究員（PD／RPD）の受け入れ教員になっていただき、立命館大学中東・イスラーム研究所（CMEIS）でも大変お世話になっている。同大学アジア・日本研究所（AJI）の皆さまにも研究発表の機会をいただき、若手の研究方針についても熱心に指導していただいている。

海外の研究者の方々からも多くの示唆を頂いた。京都大学イスラーム地域研究センターと英国ダラム大学イスラーム経済金融センターが共催する研究ワークショップでは、メフメット・アスータイ先生をはじめ、イスラーム経済・金融研究の第一線で活躍されている研究者の方々から多くのコメントをご教授いただいたことは、本書の重要なエッセンスとなっている。

マラン工科大学のヌール・インダ先生にカウンターパートを引き受けていただいたことにより、インドネシアで1年の調査許可を取得できた。ご自宅の向かいの女子寮に住まわせていただき、イスラーム金融機関での聞き取り調査や、文献収集に際して惜しみなく支えてくださったインダ先生とそのご家族に出会えたことは、最大の幸運であった。

ジャカルタでは、BAZNAS戦略研究センター所長のイルファン・シャウキー・ベイク氏、ヌールザマン氏（インドネシア大学）に、資料や最新研究の補足に役立つ重要な調査協力をいただいた。イスラーム経済・金融の最前線で活躍するインドネシア中央銀行のリフキ・イスマイル氏には実務調査を、ラフマティナ・カスリ先生（インドネシア大学）には、最新の文献収集やインドネシアにおけるイスラーム経済研究をするうえで様々なアドバイスをいただき、現地での最新の研究をいつもアップデートしていただいている。

現地調査において、BAZNASマラン市部長のファウザン氏は、研究の意図

を理解し、快く団体調査を快諾して、市内のザカート管理団体を紹介してくれた。急な訪問者を迎えて、快く話を聞かせてくださったインフォーマントの方々、調査を助けてくれた友人達、そして何よりも、インドネシアで出会い、助けてくれたすべての人に最大の感謝を捧げたい。いうまでもなく、彼らとの出会いと対話なくして、本書はなかった。コロナ禍と育児が続き、なかなかフィールドに行けていないが、早く戻って恩返しをしたい。

　本書の刊行に際して、日本学術振興会令和6年度科学研究費補助金（研究成果公開促進費 課題番号：24HP5106）の支援を受けた。出産が重なりタイトなスケジュールの中、本書を刊行へと導いてくださった明石書店の佐藤和久氏にも感謝を申し上げたい。また、本書にまとめられている研究の遂行に関しては、京都大学地域研究ユニット臨地教育支援センター「エクスプローラープログラム」(2014年度)、日本学術振興会特別研究員（DC1、PD、RPD）として特別研究員奨励費（それぞれ課題番号：16J10818、21J01822、24KJ2251）に加え、研究活動スタート支援の科研費（課題番号：19K23172）の助成を受けた。自由に研究をさせていただける環境に感謝するとともに、温かい目でご支援、ご助言を下さったすべての方に感謝を申し上げます。

　なお本書の記載に誤りや事実誤認があるとすれば、すべて筆者の責任であり、上記した一切の機関や個人には関係がない。

　最後に、これまで一番身近で支えてくれた両親と、執筆中サポートしてくれた義両親、そして最大の理解者である夫・片山大輔に最大級の感謝の意を捧げたい。夫は筆の遅い私を叱咤激励し、いつも冷静に諭してくれた。自身も臨床と研究で忙しいにもかかわらず、「子供たちのことは任せて、自分の仕事に専念して」と全面的に支えてくれたことでようやく出版に漕ぎつけた。いつも本当にありがとう。本書を、書ききらなければいけないという原動力になってくれた穂香と聡太に捧げる。

参考文献

日本語文献

青山　亨編　2006「東南アジアにおけるイスラームの現在」『南太平洋海域調査報告』43, pp. 69.
アパデュライ、アルジュン　2004(1996)『さまよえる近代：グローバル化の文化研究』平凡社.
アブドゥル＝ワッハーブ・ハッラーフ（中村廣治郎訳）　1984『イスラムの法』東京大学出版会.
有森美木　2007「イスラム金融と年金―インドネシアにおける私的年金制度の事例から―」『NFI リサーチ・レビュー』.
アル＝マーワルディー（湯川武訳）　2006『統治の諸規則』慶應義塾大学出版会.
アンダーソン、ベネディクト（白石隆・白石さや訳）　2007『定本　創造の共同体――ナショナリズムの起源と流行』書籍工房早山.
石井洗二　2014「『慈善事業』概念に関する考察」『社会福祉学』55(3), pp .1-11.
井筒俊彦訳　1964『コーラン（上・中・下）』岩波書店.
井筒俊彦　1991『井筒俊彦著作集 8　コーランを読む』中央公論社.
稲葉圭信ほか編　2009『社会貢献する宗教』世界思想社.
イブン・イスハーク（後藤明ほか訳）　2010『預言者ムハンマド伝 (1)』岩波書店.
イマーム・ムスリム・ビン・アル・ハッジャージ（磯崎定基ほか訳）　1987『日訳サヒーフ・ムスリム』日本サウディアラビア協会.
今村祥子　2024『統治理念と暴力：独立インドネシアの国家と社会』東京大学出版会.
岩木秀樹　2017「イスラームにおける弱者救済の福祉制度」『SOCIOLOGICA』41(1-2), pp. 65-79.
ヴェーバー、マックス（大塚久雄訳）　1989『プロテスタンティズムの倫理と資本主義の精神』岩波新書.
江上由里子・安川孝志ほか　2012『インドネシア共和国の保健医療の現状』「国際保健医療」27(2), pp .171-181.
大塚和夫　1989『異文化としてのイスラーム――社会人類学的視点から』同文館.
―――　2011『イスラーム的――世界化時代の中で』講談社学術文庫.
大山　博ほか編　2000『福祉国家への視座――揺らぎから最構築へ』ミネルヴァ書房.
岡本正明　2008「インドネシアのイスラーム主義政党、福祉正義党の包括政党化戦略」『イスラーム世界研究』4, pp. 280-304.
小川さやか　2019『チョンキンマンションのボスは知っている：アングラ経済の人類学』春

秋社.
小田なら　2022『〈伝統医学〉が創られるとき——ベトナム医療政策史』京都大学学術出版会.
加藤敦典　2016「ケアの制度化をめぐって」『民博通信』154, pp. 14-15.
加藤　剛　1996「『インドネシア』の見方——行政空間の認識とその変容」『東南アジア研究』34(1), pp. 78-99.
――――　2017「グローバル支援の歴史的位置づけ——『開発援助』の生成と変容」信田敏宏、白川千尋、宇田川妙子編『グローバル支援の人類学——変貌する NGO・市民活動の現場から』昭和堂.
加藤　博　2003「経済学とイスラーム地域研究」佐藤次高編『イスラーム地域研究の可能性』東京大学出版会.
――――　2004「イスラーム市場社会の歴史的構造」三浦徹他編『比較史のアジア——所有・契約・市場・公正』東京大学出版会.
――――　2005『イスラム世界の経済史』NTT 出版.
――――　2015「イスラム経済の基本構造」『経済研究所年報』29, pp. 5-44.
金澤周作　2008『チャリティとイギリス近代』京都大学学術出版会.
金菱清・大澤史伸　2014『反福祉論——新時代のセーフティーネットを求めて』ちくま新書.
加納啓良　1979『パグララン　東部ジャワ農村の富と貧困』アジア経済研究所.
――――　2017『インドネシアの基礎知識（アジアの基礎知識）』めこん.
茅根由香　2023『インドネシア政治とイスラーム主義——ひとつの現代史』名古屋大学出版会.
川島　緑　2011「1950～60年代フィリピンのイスラーム知識人の国家観——アフマド・バシール著『フィリピン・イスラーム史』を中心に」「東南アジア——歴史と文化」40, pp. 5-26.
――――　2004「南部フィリピン・ムスリム社会の山賊と民衆—『恐るべきラナオの王』の反乱—」私市正年・栗田禎子（編）『イスラーム地域の民衆運動と民主化』（イスラーム地域研究叢書第3巻）東京大学出版会.
ギアーツ、クリフォード（池本幸生訳）2001（1963）『インボリューション——内に向かう発展』NTT 出版.
北村恵子　2004「インドネシアにおけるシャリーア金融機関普及の背景——ジョグジャカルタ特別州の事例」『国際開発研究フォーラム』27, pp. 17-35.
工藤尚子　2007「インドネシアにおける福祉思想論の源流——1945年憲法とモハメド・ハッタ」ソシオサイエンス 13, pp. 94-109.
倉沢愛子　2006『インドネシア——イスラームの覚醒』洋泉社.
藏本龍介編　2023『宗教組織の人類学』法藏館.
グレーバー、デヴィッド（酒井隆史 監訳、高祖岩三郎、佐々木夏子 訳）2016（2011）『負債論：

貨幣と暴力の 5000 年』以文社．
小杉　泰　1994『イスラームとは何か——その社会・宗教・文化』講談社現代新書．
―――　1999「イスラーム世界の東西―地域間比較のための方法論的試論―」『東南アジア研究』37(2), pp. 123-157.
―――　2001「イスラームの『経教統合論』——イスラーム法と経済の関係をめぐって」『アジア・アフリカ地域研究』1, pp. 81-94.
―――　2006『現代イスラーム世界論』名古屋大学出版会．
―――　2022「シャリーアの典拠における命令言辞の多様性とその法解釈 ―イスラーム法源学におけるテクスト解釈をめぐる考察―」『イスラーム世界研究』15, pp. 180-204.
小杉泰・長岡慎介　2010『イスラーム銀行——金融と国際経済』山川出版社．
小杉泰・林佳世子・東長靖編　2008『イスラーム世界研究マニュアル』名古屋大学出版会．
小林和夫　2019「日本占領期ジャワにおけるイスラーム教理の制度化」『SOCIOLOGICA』43(1·2), pp. 29-55.
小林寧子　1999「インドネシア・イスラーム研究の半世紀―「地域研究」と「イスラーム学」とのはざま―」『東南アジア研究』37(2), pp. 176-193.
―――　2003「インドネシアのイスラーム伝統派の思想革新——アブドゥルラフマン・ワヒドの思想形成と軌跡」小松久男・小杉泰編『イスラーム地域研究叢書②　現代イスラーム思想と政治運動』東京大学出版 , pp. 239-274.
―――　2008『インドネシア　展開するイスラーム』名古屋大学出版会．
―――　2014「変容するナフダトゥル・ウラマーの二重指導体制——ウラマーの権威と指導力の乖離」『アジア経済』55(3), pp. 56-85.
―――　2015「第 33 回ナフダトゥル・ウラマー全国大会——総裁選出方法をめぐる対立」『アジア・アフリカ地域研究』15(1), pp. 71-93.
小峯　敦　2011『経済思想のなかの貧困・福祉——近現代の日英における「経世済民」論』ミネルヴァ書房．
佐久間寛ほか編　2023『負債と信用の人類学——人間経済の現在』以文社．
櫻井秀子　2008『イスラーム金融：贈与と交換、その共存のシステムを解く』新評論．
佐藤秀樹　1987-1988「喜捨の新解釈：贈与論的アプローチ」『国際大学中東研究所　紀要第 3 号』pp. 85-109.
塩崎悠輝　2011「マレーシアの公的ファトワー管理制度―近代ムスリム国家によるシャリーア解釈統制―」『イスラム世界』76, pp. 1-32.
―――　2016「国家と対峙するイスラーム——マレーシアにおけるイスラーム法学の展開」作品社．
重田康博　2017「激動するグローバル市民社会：『慈善』から『公正』への発展と展開」明石書店．

嶋田襄平　1977「イスラムの国家と社会」岩波書店．
ジョンソン、ノーマン（青木郁夫・山本隆訳）　1993『福祉国家のゆくえ――福祉多元主義の諸問題』法律文化社．
菅原由美　2013「オランダ植民地体制下ジャワにおける宗教運動」大阪大学出版会．
菅谷和宏・川名剛　2013「マレーシアおよびインドネシアの年金制度に関する現地調査報告」交易財団法人年金シニアプラン総合研究機構．
スコット、ジェームス（高橋彰訳）　1999（1976）『モーラル・エコノミー――東南アジアの農民叛乱と生存維持』勁草書房．
高尾賢一郎　2011「ムスリム社会における社会貢献：現代シリアのアブー・ヌールの事例」『宗教と社会貢献』1(2), pp. 1-21.
鷹木恵子　2007『マイクロクレジットの人類学――中東・北アフリカにおける金融の民主化にむけて』世界思想社．
田中拓道　2014『よい社会の探求――労働・自己・相互性』風行社．
多和田裕司　2005a「マレーシア（Ⅰ　マレーシア 全般）」『海外の宗教事情に関する調査報告書』文化庁（編），pp. 167-185, 文化庁．
―――　2005b『マレー・イスラームの人類学』ナカニシヤ出版．
長岡慎介　2011『現代イスラーム金融論』名古屋大学出版会．
―――　2014『ムダーラバ・コンセンサス』のマレーシア的転回――イスラーム資本市場が切り開く新たな地平」『イスラーム世界研究』7, pp. 243-275.
―――　2016「現代中東アラブ世界の「読み」「書く」伝統とその革新―研究者が見た出版メディアのいま―」『情報の科学と技術』66(1), pp. 26-31.
―――　2016「資本主義の未来――イスラーム金融からの問いかけ」村上勇介・帯谷知可編『融解と再創造の世界秩序』青弓社（相関地域研究 2），pp. 187-207.
長岡慎介編　2024『イスラームからつなぐ 2　貨幣・所有・市場のモビリティ』東京大学出版会．
長津一史　2002「周辺イスラームにおける知の枠組み――マレーシア・サバ州，海サマ人の事例（1950 〜 70 年代）」『上智アジア学』20, pp. 173-196.
―――　2014「マレーシア・サバ州におけるイスラームの制度化― 歴史過程とその特徴―」アジア文化研究所研究年報 48, pp. 111-123.
中沢洽樹訳　2004『旧約聖書』中央公論新社．
中田香織訳・中田考監訳　2006『タフスィール・アル＝ジャラーライン（全三巻）』日本サウディアラビア協会．
中村光男　1991「東南アジア史のなかのイスラーム――秩序と変革」石井米雄編『講座東南アジア学　第 4 巻　東南アジアの歴史』弘文堂，pp. 189-216.
―――　2004「東南アジアにおけるイスラームと市民社会」片倉もとこほか編『イスラー

ム世界』岩波書店．

仁平典宏　2011「『ボランティア』の誕生と終焉：〈贈与のパラドックス〉の知識社会学」名古屋大学出版会．

二木立ほか編　2008『福祉社会開発学——理論・政策・実際』ミネルヴァ書房．

ハシャン、アンマール　2022『イスラーム経済の原像——ムハンマド時代の法規定形成から現代の革新まで』ナカニシヤ出版．

服部美奈・西野節男　2013「現代インドネシアにおけるイスラーム指導者養成の課題——西ジャワのプサントレンの事例から」『名古屋大学大学院教育発達科学研究科紀要』60(2), pp. 85-104.

濱田美紀　2009「インドネシアのイスラーム金融制度の整備・拡充の動向」福田安志「『イスラーム金融のグローバル化と各国の対応』調査結果報告書」アジア経済研究所．

――――　2010「インドネシアにおけるイスラーム金融の発展」濱田美紀・福田安志編『世界に広がるイスラーム金融——中東からアジア，ヨーロッパへ』アジア経済研究所．

――――　2011『世界に広がるイスラーム金融——中東からアジア，ヨーロッパへ』アジア経済研究所．

平岡公一ほか編　2000『福祉国家への視座——揺らぎから再構築へ』ミネルヴァ書房．

福島真人　2002『ジャワの宗教と社会——スハルト体制下インドネシアの民族誌的メモワール』ひつじ書房．

福田安志　2000「現代世界の動向とイスラーム　サウジアラビアにおけるザカートの徴収——イスラームの税制と国家財政」『イスラム世界』55, pp. 73-93.

保坂修司　1994『乞食とイスラーム』筑摩書房．

穂坂光彦　2017「『開発福祉』の地平」『日本福祉大学　アジア福祉社会開発センターニューズレター』7, pp. 1-8.

細谷幸子　2011『イスラームと慈善活動　イランにおける入浴介助ボランティアの語りから』ナカニシヤ出版．

増原綾子　2014「変わるインドネシアの社会保障制度」末廣昭編『東アジアの雇用・生活保障と新たな社会リスクへの対応』東京大学社会科学研究所研究シリーズ No. 56.

松村圭一郎　2008『所有と分配の人類学——エチオピア農村社会の土地と富をめぐる力学』世界思想社．

見市　建　2003「インドネシアにおけるイスラーム主義とモダニティの交錯」『地域研究論集』5(2).

――――　2004『インドネシア——イスラーム主義のゆくえ』平凡社．

――――　2014『新興大国インドネシアの宗教市場と政治』NTT 出版．

水野広祐　1999『インドネシアの地場産業——アジア経済再生の道とは何か？』京都大学学

術出版会.
――― 2008「民主化・分権化後のインドネシアにおける地方政治経済構造の変容」平成17年度～平成19年度科学研究費補助金（基盤研究B）研究成果報告書.
――― 2013「ザカートとインドネシアのイスラーム経済」JavaJapa　第2号.
モース、マルセル（吉田禎吾ほか訳）2009『贈与論』ちくま学芸文庫.
森　明子　2015「ケアの実践から家族と社会の編成を考える」『民博通信』148, pp. 14-15.
森本公誠　1970「ムスリム商人の活躍」嶋田襄平 編『イスラーム帝国の遺産』平凡社.
――― 1982「商業倫理と商業テクニック」川床睦夫編『シンポジウム　東西交渉史におけるムスリム商業』中近東文化センター.
三重野卓　1988「成熟化現象としての『生活の質』―その機能的多様性と福祉問題―」『季刊・社会保障研究』24(3), pp. 325
八木久美子　2015『慈悲深き神の食卓――イスラームを「食」からみる』東京外国語大学出版会.
柳橋博之　1998『イスラーム財産法の成立と変容』創文社.
――― 1987「サウジアラビアにおけるザカートの施行」『中東研究』312, pp. 48-58.
――― 2001『イスラーム家族法：婚姻・親子・親族』創文社.
――― 2012『イスラーム財産法』東京大学出版会.
山尾　大 訳・注解　2007「現代シーア派のイスラーム国家論：ムハンマド・バーキル・サドル『イスラーム国家における力の源泉』」『イスラーム世界研究』Vol. 1, No. 1, pp. 172-197.
山口元樹　2018『インドネシアのイスラーム改革主義運動：アラブ人コミュニティの教育活動と社会統合』慶応義塾大学出版会.
吉田悦章　2017『グローバル・イスラーム金融論』ナカニシヤ出版.
ラッツァラート、マウリツィオ　2012［原著2011］『〈借金人間〉製造工場』作品社.
リード、アンソニー（太田淳・長田紀文監訳、青山和佳・今村真史・蓮田隆志訳）2021『世界史のなかの東南アジア　歴史を変える交差路』名古屋大学出版会.

英語文献

Abdullah, Taufik. 1971. *Schools and Politics – the Kaum Muda Movement in West Sumatra (1927-1933)*. Ithaca: Cornell University.
――― 1991. "Zakat Collection and Distribution in Indonesia", in Ariff, M. (ed.), *The Islamic Voluntary Sector in Southeast Asia*. Singapore: Institution of Southeast Asian Studies.
Adachi, Mari. "Discourses of Institutionalization of Zakat Management System in Contemporary Indonesia: Effect of the Revitalization of Islamic Economics", *International Journal of Zakat*, Vol. 3, 2018. pp.23-35.
Ahmed, Habib. 2002. "Financing Microenterprises: An Analytical Study of Islamic Microfinance

Institutions." *Islamic Economic Studies*, 9 (2): 27-64.

———— 2004. *Role of Zakah and Awqaf in Poverty Alleviation*. Jeddah: IRTI-IDB.

———— 2013." Financial Inclusion and Islamic Finance: Organizational Formats, Products, Outreach, and Sustainability," *Economic Development and Islamic Finance*. Washington DC: The World Bank.

Alfitri. 2017. "My Zakat is My Money, Islamic Commercial Banks Responses to State Intervention in Zakat Administration in Indonesia" *World Zakat Forum (WZF) International Conference Proceedings*, pp. 99-112. [https://www.researchgate.net/publication/323252040].

———— 2022. *Islamic Law and Society in Indonesia: Corporate Zakat Norms and Practices in Islamic Banks (Routledge Series on Islam and Muslim Societies in Indonesia)*, London and New York: Routledge.

Alterman, J. B. and K. van Hippel, eds., 2007. *Understanding Islamic Charities*, Washington, DC: Center for Strategic and International Studies Press.

Angelo, M. V. 2005. *Islamic Banking & Finance in South-East Asia: Its Development & Future*. Singapore: World Scientific Publishing Co, Pte, Ltd.

Ariff, M., ed. 1991. *Islam and the Economic Development of Southeast Asia: The Islamic Voluntary Sector in Southeast Asia*. Singapore: Institution of Southeast Asian Studies.

Asad, T. 1993. *Genealogies of Religion: Discipline and Reasons of Power in Christianity and Islam*. Maryland: Johns Hopkins University Press.

Ascarya, Yumanita, Diana, and Sanrego, Yulizar D. 2007. *The Profile and Role of Baitul Maal wa Tamwiel as an Alternative Source of Financing for MSMEs*. Jakarta: Center for Central Banking Education and Studies.

Asutay, Mehmet. 2012. "Conceptualising and Locating Social Failure of Islamic Finance: Aspirations of Islamic Moral Economy vs the Realities of Islamic Finance". *Asian and African Area Studies*, 11(2), 93-113.

Atia, M. 2013. *Building a House in Heaven: Islamic Charity in Neoliberal Egypt*, Minneapolis, MN/London: University of Minnesota Press.

Azyumardi, Azra. 2004. *The Origins of Islamic Reformism in Southeast Asia*. Honolulu: University of Hawai Press.

Bashear, S. 1993. "On the Origins and Development of the Meaning of Zakāt in Early Islam," *Arabica* 40(1), pp. 84-11.

Benda, Harry J. 1958. *The Crescent and the Rising Sun: Indonesian Islam under the Japanese Occupation 1942–1945*, The Hague and Bandung: W. van Hoeve.

Benthall, Jonathan. 1999. "Financial worship: the Quranic injunction to almsgiving." *Journal of the*

Royal Anthropological Institute 5, pp. 27-42.

Benthall, Jonathan and Bellion-Jourdan, J. 2003. *The charitable crescent: politics of aid in the Muslim world*. London: I.B. Tauris.

Beik, I. S. 2010. *Economic Role of Zakat in Reducing Poverty and Income Inequality in the Province of DKI Jakarta, Indonesia: Case Study of the Government Board of Zakat and Dompet Dhuafa Republika*. (PhD Dissertation). International Islamic University, Malaysia.

―――― 2012. Possible Implementation of iFSAP: Perspective of BAZNAS – Indonesia. A paper presented at the *IDB Expert Group Meeting*, Jeddah, Saudi Arabia.

―――― 2015. Towards International Standardization of Zakat System. *A paper presented at the Fiqh Zakat International Conference 2015*, Kuala Lumpur, Malaysia.

Beik, Mintarti, N., Tanjung, H., HakiemSutisna, N. 2011. *Indonesia Zakat and Development Report 2011*. Ciputat: IMZ.

Benda, Harry J. 1983(1958). *The Crescent and the Rising Sun – Indonesian Islam under the Japanese Occupation 1942–1945*. Dordrecht: Foris Publication Holland.

B. J. Boland. 2014(1982). *The Struggle of Islam in Modern Indonesia*, Springer; Softcover reprint of the original 1st ed. 1982.

Bruinessen, Martin van. 1999. "Global and Local in Indonesian Islam" *Southeast Asian Studies* 37(2), pp. 158-175.

―――― 2010. "New Leadership, New Policies? The Nahdlatul Ulama congress in Makassar." *Inside Indonesia* 101. http://www.insideindonesia.org/ （2024年12月27日アクセス）

―――― 2013. *Contemporary Developments in Indonesian Islam: Explaining the "Conservative Turn."* Singapore: Institute of Southeast Asian Studies.

Burhanudin, Jabat. 2005. "Aspiring for Islamic reform – Southeast Asian Requests for *Fatwās* in *Al-Manār*," *Islamic Law and Society* 12(1), pp. 9-26.

Chaider S. Bamualim, Cheyne Scott Dick van der Meij, Irfan Abubakar, eds. 2006. *Islamic Philanthropy & Social Development in Contemporary Indonesia*. Jakarta: Center for the Study of Religion and Culture.

Chapra, M. U. 1992. *Islam and the Economic Challenge*. Herndon: International Institute of Islamic Thought and Nairobi; Karo: Islamic Foundation.

―――― 2001(1996). *What is Islamic Economics?* Jeddah: IRTI-IDB.

―――― 2008. *The Islamic Vision of Development in the Light of Maqasid alShari`ah*. Surrey: International Institute of Islamic Thought.

Clark, A. Janiene. 1995. "Islamic Social Welfare Organizations in Cairo: Islamization from Below?", *Arab Studies Quartely* 17(4), pp. 11-28.

──── 2004. Islam, *Charity and Activism: Middle-Class Networks and Social Welfare in Egypt, Jordan and Yemen*. Indiana: Indiana University Press.

Deliar Noer. 1973. *The Modernist Muslim Movement in Indonesia 1900–1942*. London: Oxford University Press.

El-Din, A.K. 1986. 'Ten years of Islamic banking', *Journal of Islamic Banking and Finance* 3(3), pp. 496.

El-Gamal, M. 2006. *Islamic Finance: Law, Economics and Practice*. New York: Cambridge University Press.

Fauzia, Amelia. 2013. *Faith and the State: a History of Islamic Philanthropy in Indonesia*. Leiden: Brill.

──── 2017. "Islamic philanthropy in Indonesia: Modernization, islamization, and social justice" *Austrian Journal of South-East Asian Studies* 10(2):223-236.

Fealy, Greg. 2008. "Consuming Islam: Commodied Religion and Aspirational Pietism in Contemporary Indonesia." In *Expressing Islam: Religious Life and Politics in Indonesia*, Greg Fealy and Sally White. eds. Singapore: Institute of Southeast Asian Studies.

──── 2015. *Politics and principle at the NU Congress*, Jakarta Post (August 8, 2015).

Federspiel, Howard M. 1991. "Muslim Intellectuals and Indonesia's National Development." *Asian Survey* 31(3): pp.232-246.

Feener, R. Michael. 2007. *Muslim Legal Thought in Modern Indonesia*. New York: Cambridge University Press.

Feener, R. Michael and Keping Wu. 2020. "The Ethics of Religious Giving in Asia," *Journal of Contemporary Religion* 35 (1), pp. 1-12.

Firdaus, M., Beik, I. S., Irawan, T., Juanda, B. 2012."Economic Estimation and Determinations of Zakat Potential in Indonesia". *IRTI Working Paper Series* WP#1433-07.

Fountain, P., Bush, R. and Feener, R. M., editors, 2015. *Religion and the Politics of Development*. London: Palgrave Macmillan.

Geertz, Clifford. 1960. *The Religion of Java*. Chicago and London: University of Chicago Press.

Hefner, Robert. W. and Horvatich, 1997. *Patricia eds. Islam in an Era of Nation-State :Politics and Religious Renewal in Muslim Southeast Asia*. Honolulu: University of Hawai'I Press.

Hisyan, M. 2001. *Caught between three Fires: the Javanese Pangulu under the Dutch Colonial Adminitration 1882-1942*. Jakarta: INIS

Hoesterey, James B. 2016. *Rebranding Islam: Piety, Prosperity, and a Self-Help Guru. Stanford*, CA: Stanford University Press.

Hoexter, M./S. Eisenstadt/N. Levtzion eds. 2002. *The Public Sphere in Muslim Societies*, Albany.

Hooker, M. B. *Indonesian Islam: Social Change through Contemporary Fatawa*. Honolulu: University of Hawai'i Press.

Hosen, Nadirsyah. 2015. "Online Fatwa in Indonesia: From Fatwa Shopping to Googling a Kiai", in Greg Fealy and Sally White(eds.) *Expressing Islam: Religious Life and Politics in Indonesia*. Singapore: Institute of Southeast Asian Studies.

Houston, Christopher. 2009. "The Islam of Anthropology." *The Australian Journal of Anthropology* 20(2), pp. 198-212.

Hulme, D. and J.Toye. 2007. "The Case for Cross-Disciplinary Social Science Research on Poverty, Inequality and Well-being", in Hulme, D and J. Toye(eds.) *Understanding Poverty and Wellbeing: Bridging the Disciplines*, London and New York: Routledge.

Husein, Fatimah, and Martin Slama. 2018. "Online Piety and its Discontent: Revisiting Islamic Anxieties on Indonesian Social Media." *Indonesia and the Malay World* 46 (134): 80–93.

Ibrahim, Lethem Barbara and Sfarif, Dina. H. 2008. *From Charity to Social Change: Trends in Arab Philanthropy*. Cairo Scholarship Online.

Ibrahim, Patmawati, and Ruziah Ghazali. 2014. "Zakah As An Islamic Micro-Financing Mechanism To Productive Zakah Recipients", *Asian Economic and Financial Review*, 4(1), pp. 117-125.

Ichwan, Moch. Nur. 2005. "*'Ulamā'*, State and Politics—Majelis Ulama Indonesia after Suharto," *Islamic Law and Society* 12(1), pp. 45-72.

Ichwan, Moch. Nur. 2006. "Official Reform of Islam: State Islam and the Ministry of Religious Affairs in Contemporary Indonesia, 1966–2004." Ph. D. dissertation, University of Tilburg.

Ilchman, W. F., S. N. Katz, and E. L. Queen, eds. 1998. *Philanthropy in the World's Traditions*. Bloomington: Indiana University Press.

Iqbal K, M. 1998. *The Book of Zakāt*. Riyadh: Darussalam.

Islahi, Abdul Azim. 2005. Zakah: A Bibliography. Jeddah: Scientific Publishing Centre King Abdulaziz University.

Ismail, Abdul Ghafar and Possumah, Bayu Taufiq. 2013. "Theoretical Model for Zakat-Based Islamic Microfinance Institutions in Reducing Poverty" *International Research Journal of Finance and Economics* 103, pp.136-150.

Imtiazi, I. A. et al. 1989. *Management of Zakah in Modern Muslim Society*, Jeddah: IRTI-IDB.

Jahar, Asep Saupudin. 2006. "The clash of Muslims and the state: waqf and zakat in post-independence Indonesia." *Studia Islamika* 13(3), pp. 353-95.

————— 2015. "Marketing Islam through Zakat Institution in Indonesia," *Studia Islamika* 22(3), pp. 405-442.

Jawziyya, Ibn Qayyim. 2003. *Provisions for the Hereafter*, London: Darussalam.

J. Millard Burr and Robert O. Collins. 2008. *Alms for Jihad: Charity Terrorism in the Islamic World.* Cambridge: Cambridge University Press.

Kailani, Najib and Slama, Martin. 2020. "Accelerating Islamic charities in Indonesia: zakat, sedekah and the immediacy of social media," *South East Asia Research*, 28:1, pp. 70-86.

Kamali, Hashim. 2008. *Maqasid al-Shari'ah Made Simple.* London and Washington: The International Institute of Islamic Thought.

Karaman, O. 2013. "Urban Neoliberalism with Islamic Characteristics," *Urban Studies* 50(16), pp.3412-3427.

Kaptein, Nico. 1995. "Meccan Fatwās from the End of the Nineteenth Century on Indonesian Affairs." *Studia Islamika* 2(4), pp. 141-160.

―――― ed. 1997. *The Muhimmāt al-Nafā'is – A Bilingal Meccan Fatwa Collection for Indonesian Muslims from the End of the Nineteenth Century.* Jakarta: INIS.

Kasri, Rahmatina. A. 2016. "Effectiveness of Zakah Targeting in Alleviating Poverty in Indonesia" *Al-Iqtishad Journal Ilmu Ekonomi Syariah* 8(2), pp. 169-186.

Khan, M. Akram. 2003. "Zakāh Accounting and Auditing: Principles, Rules and Experience in Pakistan" *Islamic Economic Studies* 10(2), pp. 29-43.

Kahf, M. ed. 2002. *Economics of Zakat.* Jeddah: IRTI-IDB.

―――― 2000. *Zakah Management in Some Muslim Societies.* Jeddah: IRTI-IDB.

―――― 1989a. *Sustainable Development in the Muslim Countries.* Jeddah: IRTI-IDB.

―――― 1989b. "Zakat: Unsolved Issues in the Contemporary Fiqh" *Journal of Islamic Economics* 2(1), pp. 1-22.

―――― 1978. *The Islamic Economy: Analytical Study of the Functioning of the Islamic Economic System.* Canada: American Trust publications.

Kuran, T. 1986. "The Economic System in Contemporary Islamic Thought: Interpretation and Assessment." *International Journal of Middle East Studies* 18(2), pp. 135-164.

Lacey, Robert and Benthall, Jonathan eds. 2014. *Gulf Charity and Islamic Philanthropy: In the "Age of Terror" and Beyond.* Berlin: Gerlach Press.

Latief, Hilman. 2010a. *Melayani Umat: Filantropi Islam dan Ideologi Kesejahteraan Kaum Modernis.* Jakarta: Gramedia Pustaka Utama.

―――― 2010b. "Health Provision for the Poor: Islamic Aid and the Rise of Charitable Clinics in Indonesia." *South East Asia Research* 18 (3): 503-553.

―――― 2012a. *Islamic charities and social activism: welfare, dakwah and politics in Indonesia.* Utrecht: Utrecht university press.

―――― 2012b. "Islamic Charities and Dakwah Movement in a Muslim Minority Island: The Experience of Niasan Muslims" *Journal of Indonesian Islam* 6(2), pp. 222-244.

──────── 2013a. "The Politics of Benevolence: Political Patronage of Party-based Charitable Organizations in Contemporary Indonesian Islam" *Al-Jami'ah: Journal of Islamic Studies* 51(2): 337-363.

──────── 2013b. "Islam and humanitarian affairs: the middle class and new patterns of Islamic activism," in J. Burhanudin and K. van Dijk (eds), *Islam in Indonesia: contrasting images and interpretations*. Amsterdam: Amsterdam University Press, pp. 173–94.

──────── 2014. "Contesting Almsgiving in Post-New Order Indonesia" *American Journal of Islamic Social Sciences* 31(1), pp. 16-50.

──────── 2016. "Philanthropy and " Muslim Citizenship " in Post-Suharto Indonesia" *Southeast Asian Studies* 5(2), pp. 269–286.

Lessy, Zulkipli. 2009."Zakat(Alms-Giving) Management In Indonesia: Whose Job Should It Be?" *La_Riba Jurnal Ekonomi Islam* 3(1), pp. 106-119.

──────── 2013a. "Listening from The Bottom A Qualitative Approach Examining Zakat Recipients' Voice" INFRENSI, *Journal Penelitian Sosial Keagamaan* 3(2), pp. 297-320.

──────── 2013b. *Philanthropic Zakat for Empowering Indonesia's Poor: A Qualitative Study of Recipient Experiences at Rumah Zakat*. Indiana: Indiana University.

Lev, Yaacov. 2005. *Charity, Endowments, and Charitable Institutions in Medieval Islam*. Gainesville, FL: University Press of Florida.

Levitt, Matthew, and Dennis Ross. 2007. *Hamas: Politics, Charity, and Terrorism in the Service of Jihad*. New Haven: Yale University Press.

Madinier, Rémy. 2015. *Islam and Politics in Indonesia: The Masyumi Party between Democracy and Integralism*. Translated by Jeremy Desmond. Singapore: NUS Press.

Mahmood, M, W. and Haneef, S,S,S. 2008. "Debatable Issues in Fiqh al-Zakat: A Jurisprudental Appraisal," *Journal Fiqh* 5, pp. 117-141.

Malik, B.M. 2016 "Philanthropy in Practice: Role of Zakat in the Realization of Justice and Economic Growth" *International Journal of Zakat* 1(1), 64-77.

Marhaini, Wan, Wan Ahmad and Shamsiah Mohamad, 2011, "Classical Jurists' View on the Allocation of Zakat: Is Zakat Investment Allowed?" *Journal of Islamic Economics, Banking and Finance* 7(2).

Marhaini, Wan, Wan Ahmad. 2012. *Zakat Investment in Malaysia: A Study of Contemporary Policy and Practice in Relation to Sharī'a*. doctoral dissertation (unpublished), The University of Edinburgh.

Mawdudi(Mawdūdī), A. A. 1975(1974). *The Economic Problem of Man and Its Islamic Solution*. Lahore: Islamic Publications (Originally published in Urdu.).

McCarthy, D. Kathleen. 1998. *American Creed Philanthropy and the Rise of Civil Society 1700–1865*. Chicago: The University of Chicago Press.

Meuleman, Johan. 2011. "Dakwah, Competition for Authority, and Development." *Bijdragen tot de Taal-, Land-en Volkenkunde* (BKI) 167 (2/3): 236-269.

Mittermaier, Amira. 2014. "Bread, Freedom, Social Justice: The Egyptian Uprising and a Sufi Khidma." *Cultural Anthropology* 29(1): pp.54-79.

―――― 2019. *Giving to God: Islamic Charity in Revolutionary Times*. Oakland: University of California Press.

Muhammad, M. and M. U. Ahmed eds. 2016. *Islamic Financial System: Principles and Operations*. (2nd edition). Kuala Lumpur: Shari'ah Research Academy for Islamic Finance (ISRA).

Nagaoka, Shinsuke. 2011. "Islamic Finance as a Model of the Sustainable Financial System: Lessons from Financial Activities in the Pre-modern Islamic World." *World Financial Review*, May-June, pp. 42-45.

―――― 2012. "Critical Overview of the History of Islamic Economics: Formation, Transformation, and New Horizons." *Asian and African Area Studies* 11(2): 114-136.

―――― 2014. "Resuscitation of the Antique Economic System or Novel Sustainable System? Revitalization of the Traditional Islamic Economic Institutions (Waqf and Zakat) in the Postmodern Era," *Kyoto Bulletin of Islamic Area Studies* 7, pp. 3-19.

―――― 2015a. "Islamic Finance and Revitalization of the Traditional Islamic Economic Institutions" *MEI Insight* No. 122, 6 April.

―――― 2015b. "Islamic Finance and Global Economic History: Beyond the Western Paradigm." In Zamir Iqbal and Zurina Shafii eds. State of Islamic Finance: *A Retrospective Assessment and Looking Forward*. Bandar Baru Nilai: Universiti Sains Islam Malaysia, pp. 111-136.

―――― 2016. "Revitalization of Waqf in Singapore: Regional Path Dependency of the New Horizons in Islamic Economics" *Kyoto Bulletin of Islamic Area Studies* 9, pp. 4-18.

Nakamura Mitsuo. 1993. *The Crescent Arises Over the Banyan Tree: A Study of the Muhammadiyah Movement in a Central Javanese Town*. Yogyakarta: Gadjah Mada University Press.

Nakamura Mitsuo, Sharon Siddique, Omar Farouk Bajunid, eds. 2001. *Islam & Civil Society in Southeast Asia*. Singapore: Institution of Southeast Asian Studies.

Niel, Robrt van. 1984(1960). *The Emergence of Modern Indonesian Elite*. Dordrecht: Foris Publication Holland.

Nonami, Farhad. And Ali Rahnema. 1994. *Islamic Economic Systems*. London and New Jersey: Zed Books.

Nurzaman, M. Soleh. 2012. "Zakat and Human Development: An Empirical Analysis on Poverty Alleviation in Jakarta, Indonesia" in *8th Conference on Islamic Economics and Finance*, pp. 26.

Obaidullah, M., Tariqullah, K. 2008. *Islamic Microfinance Development: Challenges and Initiatives*. Jeddah: IRTI-IDB.

OIC (Organization of Islamic Conference). 2000. *Resolutions and Recommendations of the Council of the Islamic Fiqh Academy 1985–2000*. Jeddah: Islamic Research and Training Institute, Islamic Development Bank.

Osella F, Widger T. 2018. "You can give even if you only have ten rupees!: Muslim charity in a Colombo housing scheme" *Modern Asian Studies* 52(1), pp. 297-324.

Thomas B. Pepinsky, R. William Liddle, and Saiful Mujani. 2018. *Piety and Public Opinion: Understanding Indonesian Islam*. New York, NY: Oxford University Press.

Powell, R. 2009. "Zakat: Drawing Insights for Legal Theory and Economic Policy from Islamic Jurisprudence" *University of Pittsburgh Tax Review* 7(43), pp.43-101.

Pranam Dhar, Jafor Ali Akhan. 2010. "The Role of Zakat in Islamic Accounting and Finance: An Overview" *Journal of Business and Economic Issues* 2(1), pp. 37-45.

Pringle, Robert. 2010. *Understanding Islam in Indonesia*. Honolulu: University of Hawai'i Press.

al-Qaraḍāwī, Y. 2000. *Fiqh al zakāt: A Comparative Study of Zakah, Regulations and Philosophy in the Light of Quran and Sunnah/ Translated by Monzer Kahf*. Jeddah: King Abdulaziz University Press.

Rahman, Ab Azman et al. 2012. *Zakat Institution in Malaysia: Problems and Issues*. GJAT 2(1), pp. 35-41.

Rajeswary Ampalavanar Brown and Justin Pierce eds. 2013. *Charities in the Non-Western World: The Development and Regulation of Indigenous and Islamic Charities*. London and New York: Routledge.

Ramli, N. and Abdul Ghadas, Z, A. 2019. An Appraisal on The Obligation of Companies to Pay Zakat: The Malaysian Law and Shariah Perspectives. *International Journal of Law, Government and Communication*, 4(15), 08-17.

Retsikas, K. 2014. "Reconceptualising Zakat in Indonesia: Worship, Philanthropy and Rights", *Indonesia and the Malay World* 42(124), pp. 337-357 [https://www.tandfonline.com/doi/full/10.1080/13639811.2014.951519].

Ricklefs, M. 1979. "Six Centuries of Islamization in Java." In *Conversion to Islam*, N. Levtzion ed. New York: Holmes and Meir, pp.100-128.

―――― 2001. *History of Modern Indonesia since c.1200*. Stanford: Stanford University Press.

―――― 2012. *Islamisation and its opponents in Java: A political, social, cultural and religious *history, c.1930 to the present*. Singapore: National University of Singapore Press; Honolulu: University of Hawai'i Press.

Riwajanti, Nur Indah. 2013. *Islamic Microfinance in Indonesia: A Comparative Analysis between Islamic Financial Cooperative (BMT) and Shari'ah Rural Bank (BPRS) on Experiences, Challenges, Prospect and Role in Developing Microenterprises*, Durham theses, Durham University.

Rudnyckyj, Daromir. 2008. "Worshipping Work: Producing Commodity Producers in Contemporary Indonesia." In *Taking Southeast Asia to Market: The Production of Nature, People and Places as Commodities in a Neoliberal Age*, edited by J. Nevis, and N. Peluso, 73-87. Ithaca, NY: Cornell University Press.

―― 2009. "Spiritual Economies: Islam and Neoliberalism in Contemporary Indonesia." *Cultural Anthropology* 24(1): 104-141.

―― 2010. *Spiritual Economies: Islam, Globalization, and the Afterlife of Development*, Ithaca: Cornell University Press.

Rudnyckyj, D. and Osella, Filippo eds. 2017. *Religion and the Morality of the Market*, New York: Cambridge University Press.

Sabra, A. 2000. *Poverty and charity in medieval Islam: Mamluk Egypt 1250–1517*. UK: Cambridge University Press.

Sadeq, Abu al Hasan. 1994. *A Survey of the Institution of Zakah: Issues, Theories and Administration*. Jeddah: IRTI-IDB.

Said Bouheraoura. 2012. "Zakāh Obligations on Islamic Financial Institutions." Kuala Lumpur: ISRA No.23.

Sakai, Minako. 2012. "Building a Partnership for Social Service Delivery in Indonesia: State and Faith-Based Organizations." *Australian Journal of Social Issues* 47 (3): 373-388. SOUTH EAST ASIA RESEARCH 85.

―― 2014. "Establishing Social Justice Through Financial Inclusivity: Islamic Propagation by Islamic Savings and Credit Cooperatives in Indonesia." *TRaNS: Trans-Regional and National Studies of Southeast Asia* 2 (2): 201–222.

Salim, Arskal and Azra, Azyumardi eds. 2003. *Shari'a and Politics in Modern Indonesia*. Singapore: ISEAS.

―― 2008a. *The shift in zakat practice in Indonesia: from piety to an Islamic socio-political-economic system*. Chiang Mai: Silkworm Books.

―― 2008b. *Challenging the Secular State: the Islamization of Law in Modern Indonesia*. Honolulu: University of Hawai'i Press.

Sato, Hideki. 1987. *Understanding Zakat: an inquiry into the methodological problems of the science of economics*. Niigata (Japan), Institute of Middle Eastern Studies, 115 p.

Schaeublin, Emanuel. 2019. "Islam in Face-to-Face Interaction: Direct Zakat Giving in Nablus (Palestine)," *Contemporary Levant* 4(2), pp. 122-140.

―――― 2020. "Disconnected Accountabilities: Institutionalizing Islamic Giving in Nablus (Palestine)," *Journal of Muslim Philanthropy & Civil Society* 4(2), pp. 28-60.

―――― 2023. *Divine Money: Islam, Zakat, and Giving in Palestine*. Bloomington: Indiana University Press.

Sciortino, R. 2017 "Philanthropy, giving and development in Southeast Asia" *Austrian Journal of South-East Asian Studies* 10(2), pp.129-138.

Scott, James. 1987. "Resistance without Protest and without Organization: Peasant Opposition to the Islamic Zakat and the Christian Tithe." *Comparative Studies in Society and History* 29(3), pp. 417-452.

Sen, A. 1985. *Commodities and Capabilities*, Amsterdam: Elsevier Science Publishers.

―――― 2001. *Development as Freedom*. New York: Alfred A. Knopf, Inc.

Shah Haneef, S. and M, Mahmud. 2011. *Issues in Contemporary Zakah: A Juristic Analytical Evaluation*. Kuala Lumpur: IIUM Press

Shed Abdur Rahman. 2001. *Zakat and Ushr*. New Delhi: Islamic Book Service.

Shehu U.R. Aliyu. 2017. "A Treatise on Socioeconomic Roles of Zakah", *MPRA Paper* No. 81155 [https://mpra.ub.uni-muenchen.de/81155/].

Shirazi, N. S. 2006. Providing for the Resource Shortfall for Poverty Elimination through the Institution of Zakah in Low-Income Muslim Countries. *IIUM Journal of Economics and Management* 14(1).

Siddiqi, M. Nejatullah. 1981 *Muslim Economic Thinking: A Survey of Contemporary Literature*. Leicsester: Islamic Foundation.

Singer, Amy. 2008. *Charity in Islamic Societies*. UK: Cambridge University Press.

―――― 2013. Giving Practices in Islamic Societies. *Social Research 80.2 (Summer 2013)*: 341-358.

―――― 2018. *The Politics of Philanthropy*. Journal of Muslim Philanthropy & Civil Society 2(1), pp. 2-20.

Sirajul Haq, M. 1995. *Institutional Framework of Zakah: Dimensions and implications*. Jeddah: IRTI-IDB.

Snouck Hurgronje, Christian. 1970(1931) *Mekka in the latter part of the 19th century: daily life, customs and learning, the Moslims of the East-Indian-archipelago*, translated by J.H. Monahan. Leiden: Brill. (Mekka, Vol. 2. Haag: Martinus Nijhoff, 1889.)

S. Tobin. 2016. *Everyday Piety: Islam and Economy in Jordan*, Ithaca: Cornell University Press.

Sudirman. 2016. "Implementing Zakat Based Microfinance in Indonesia", *IOSR Journal of Economics and Finance* 7(5), pp. 57-61.

Weiss, Holger. 2002a. "Reorganizing Social Welfare Among Muslims: Islamic Voluntarism and Other Forms of Communal Support in Northern Ghana." *Journal of Religion in Africa* 32(1), pp. 83–109.

―――― 2002b. "Zakāt and the Question of Social Welfare: An Introductory Essay on Islamic Economics and Its Implications for Social Welfare," in Weiss, Holger, ed. 2002. *Social Welfare in Muslim Societies in Africa.* Stockholm: Nordiska Afrikainstitutet. pp. 7-38.

Wilson, Rodney. 1983. "The Development of Islamic Economics: Theory and Practice" in S. Taji-Farouki. And B. M. Nafi eds. *Islamic Thought in the Twentieth Century.* London; New York: I. B. Tauris, pp.195-222.

―――― 1998." The Contribution of Muḥammad Bāqir al-Ṣadr to Contemporary Islamic Economic Thought" *Journal of Islamic Studies* 9(1), pp. 46-59.

―――― 2007. "Making Development Assistance Sustainable Through Islamic Microfinance". *IIUM Journal of Economics and Management* by The International Islamic University Malaysia, 15(2), pp. 197-217.

Yumna, Aimatul. And Clark, Mattew. 2012 "Integrating zakat and Islamic Charities with Microfinance Initiative in the Purpose of Poverty Alleviation in Indonesia" in *8th International Conference on Islamic Economics and Finance.*

アラビア語文献

Ḥiṣnī, Imām Taqī al-Dīn. 2012. *Kifāya al-Akhyār fī ḥall ghāya al-ikhtiṣār.* Lebanon: Dār al-Kutub al-'Ilmīya.

al-Qaraḍāwī, Yūsuf. 2009(1970). *Fiqh al-zakāt.* 2 vols. Beirut: Al-Risālah al'alamityah LTD.

Qurṭubī, Ibn Rushd. 2009. *Bidāya al-mujtahid wa nihāya al-muqtaṣid.* Lebanon: Dar al-Kutub al-'Ilmīya.

al-Qurṭubī, Muḥammad b. Aḥmad al-Anṣārī. 1964. *al-Jāmi' li-Aḥkām al-Qur'ān*, 20 vols. Cairo: Dār al-Kutub al-Miṣrīya.

al-Shawkānī, Muḥammad b. 'Alī b. Muḥammad. 1994. *Nayl al-awṭār sharū muntaqā li-akhbār min aḥādīth Sayyad Al-akhyār*（8 vols.）. Beirut: Dār Al-fikr.

インドネシア語文献

Atho Mudzhar, Mohammad. 1993. *Fatwa-fatwa Majelis Ulama Indonesia: sebuah studi tentang Pemikiran Hukum Islam di Indonesia, 1975–1988.* Jakarta INIS.

Azyumardi Azra. 1995[First edition1994]. *Jaringan UZama: Timur Tengah dan Kepulauan Nusantara Abad XVII dan XVZII*. Bandung: Penerbit MIZAN.

Azyumardi Azra. "Diskursus Filantropi Islam dan Civil Society" in Idris Thaha (ed.), Berderma untuk Semua: Wacana dan Praktik Filantropi Islam, (Jakarta: Penerbit TERAJU, 2003), p. xxvi.

Badan Amil Zakat Nasional (BAZNAS). 2011. *Himpunan Fatwa Zakat MUI: Kompilasi fatwa MUI tentang Masalah Zakat*. Jakarta: BAZNAS.

Badan Amil Zakat Nasional (BAZNAS). 2018. *Himpunan Fatwa Zakat MUI: Kompilasi fatwa MUI tentang Masalah Zakat*. Jakarta: BAZNAS.

Bruinessen, Martin van. 1994. *Tarekat Naqsyabandiyah di Indonesia: Survei Historis, Geografis, dan Sociologis*. Bandung: Penerbit MIZAN.

Dewan Perwakilan Rakyat. 2009. *Proses pembahasan rancangan undang-undang tentang pengelolaan zakat*, Jakarta: Sekretariat Jenderal Dewan Perwakilan Rakyat Republik Indonesia.

Didin Hafidhuddin. 2002. *Zakat Dalam Perekonomian Modern*. Jakarta: Gema Insani.

Fathullah, Haikal Luthfi. 2015. Pengaruh Bantuan Zakah Produktif Oleh Lembaga Amil Zakah Terhadap Pendapatan Mustahiq (Studi pada LAZIS Sabilillah dan LAZ EL Zawa Malang), *Jurnal Ilmiah Mahasiswa Universitas Brawijaya* Vol. 4, No 1.

Hairunnizam Wahid, Sanep Ahmad and Radiah Abdul Kader. 2012 "Melokalisasikan Urus Tadbir Pengagihan Zakat: Peranan Institusi Masjid di Malaysia (Localizing Governance of Zakat Management: The Role of Mosque in Malaysia)" *Asian Journal of Accounting &Governance* 3: 85-98.

Indah Piliyanti. 2013. "Zakat untuk Sector Produktif: Studi pada Organisasi Pengelola Zakat di Surakarta." INFERENSI, *Jurnal penelitian social kegamaan* 7(2): 431-450.

Latief, Hilman. 2013. *Politik Filantropi Islam di Indonesia: Negara, Pasar dan Masyarakat Sipil*, Yogyakarta: Ombak.

─────── 2010. *Melayani imat: filantropi Islam dan ideology kesejahteraan kaum modernis* Jakarta: Gramedia Pustaka Utama.

Masdul F Masu'udi. 1991. *Agama keadilan: Risalah zakat (pajak) dalam Islam*, Jakarta: P3M.

Majelis Ulama Indonesia (MUI). 1995. *20 Tahun Majelis Ulama Indonesia*. Jakarta: MUI.

Mufraini, M Arif. 2008. *Akutansi dan Manajemen Zakat Mengoptimalkan Kesadaran zakat dan Membangun Jaringan*. Jakarta:Kencana.

Ningrum, Ririn Tri Puspita. 2016. Penerapan Manajemen Zakat Dengan Sistem Revolving Fund Models Sebagai Upaya Efektifitas Penyaluran Zakat Produktif (Studi Pada Lembaga Manajemen Infaq Madiun). dalam *Jurnal El-Wasathiya: Jurnal Studi Agama*, 4(1).

Presiden Soeharto. 1985. *Amanat kenegaraan: kumpulan pidato kenegaraan di depan Sidang Dewan Perwakilan Rakya*t, Jakarta: Inti Idayu Press.

Rais, Amien Muhammad. 1987. *Cakrawala Islam antara Cita dan Fakta* (The Firmament of Islam between Ideals and Reality). Bandung: Mizan.

Suharto (Soeharto). 1981. "Zakat Adalah Model Ummat Islam untuk Pembangunan dan Memerangi Kemelaratan dengan Cara-cara yang lebih Prinsipil, Sambutan Presiden pada Peringatan Isra' Mi'raj tanggal 26 Oktober 1968 di Istana Merdeka (Zakat is The Model of The Muslim Community for The Development and Eradicating Poverty with More Principle Methods, The President's Speech at Isra 'Mi'raj Memorial on 26 October 1968 at Istana Merdeka)", Djohan Effendi et al. (eds.) in Agama dalam Pembangunan Nasional Himpunan Sambutan Presiden Soeharto (Religion in the National Development Association of President Suharto's Message). Jakarta: Pustaka Biru.

Samsudin Nim. 2009. *Zakat dan Pajak Studi Pemikiran Masdar Farid Masudi* (Skripsi thesis). Yogyakarta: UIN Sunan Kalijaga Yogyakarta.

辞典類

梅棹忠夫ほか監修　1995『日本語大辞典：講談社カラー版』講談社.
大塚和夫ほか編　2002『岩波イスラーム辞典』岩波書店.
日本イスラム協会・嶋田襄平・板垣雄三・佐藤次高監修　2002『新イスラム事典』平凡社.
日本ムスリム協会訳　1996『日亜対訳・注解　聖クルアーン』日本ムスリム協会.
Esposito, John L, ed. 2009. *The Oxford Encyclopedia of the Modern Islamic World*. New York: Oxford University Press.
Departemen Pendidikan Nasional. 2002. *Kamus Besar Bahasa Indonesia*, Jakarta: Balai Pustaka.
John M. Echols and Hassan Shadily ed. 1975. *An English-Indonesian dictionary*. London: Cornell University Press.
Encyclopedia of Islam（第二版）　CD–ROM 版

年次レポート

BAZNAS Annual Report 2021
CAF World Giving Index 2018
CAF World Giving Index 2021
Extremist Charities and Terrorist Fund-Raising in Indonesia 2022. IPAC Report No. 76
Islamic Social Finance Report 2014. IRTI and Thomson Reuters.
Zamir Iqbal, Abbas Mirakhor eds. 2013. *Economic Development and Islamic Finance*. Washington: The World Bank.
国際協力銀行 2001.「貧困プロファイル：インドネシア共和国」東京：国際協力銀行.

オンライン文献

Bruinessen, Martin van. 2010 "New Leadership, New Politics? The Nahdlatul Ulama congress in Makassar." Inside Indonesia 101 (July-September 1010) https://www.insideindonesia.org/new-leadership-new-policies?highlight=WyJicnVpbmVzc2VuIl0%3D （2018/11/23 閲覧）

Burnell, P. 2009. Foreign Aid: Down but Not Out. https://www.wider.unu.edu/publication/foreign-aid-down-not-out （2021/07/05 閲覧）

Clinton, H.R. 2011. Keynote at the Opening Session of the Fourth High-Level Forum on Aid Effectiveness in Busan. South Korea. https://2009-2017.state.gov/secretary/20092013clinton/rm/2011/11/177892.htm （2021/07/05 閲覧）

インドネシア保健省ホームページ
http://www.indonesia.go.id/en/ministries/ministers/ministry-of-health/1659-profile/176-kementerian-kesehatan （2018/6/14 閲覧）

マラン市公式ホームページ
http://malangkota.go.id/sekilas-malang/sejarah-malang/ （2018/05/05 閲覧）

BAZNAS Jakarta 公式ホームページ
http://pusat.baznas.go.id/ （2016/05/26 閲覧）

IMZ (Indonesia Magnificence of Zakat) 公式ホームページ
http://www.imz.or.id/new/ （2018/10/26 閲覧）

Rumah Zakat （ルマ・ザカート）公式ホームページ
https://www.rumahzakat.org/ （2018/10/26 閲覧）

PT. Indosiar Visual Mandiri （ジャカルタの民間放送局）
http://www.indosiar.com/fokus/fakir-miskin-saling-dorong-demi-uang-10000_87418.html （2016/05/26 閲覧）

Badan Pusat Statistik （インドネシア統計局）
http://www.bps.go.id （2018/08/05 閲覧）

カラダーウィーの「ザカート法学」英語版（カフフ編集）
http://monzer.kahf.com/books/english/fiqhalzakah_vol1.pdf　（2018/11/17 閲覧）

ハディース集（アラビア語）ホームページ
http://waqfeya.com/category.php?cid=45　（2018/11/17 閲覧）

コンパス紙（新聞）
https://nasional.kompas.com/read/2018/05/28/15190641/jokowi-dan-jk-bayar-zakat-mal-rp-50-juta-per-orang　（2018/10/25 日閲覧）

付録：アンケート調査質問票（インドネシア語）

（アンケート調査質問票）
Kuesioner Penelitian

Assalamualaikum.
Nama saya Mari Adachi. Peneliti dari Universitas Kyoto, Jepang.
Kuesioner ini dilakukan untuk mengetahui kondisi sebenarnya dari kehidupan mustahik (khususnya orang yang menerima zakat, dan menggunakannya sebagai modal usaha mereka) di kota Malang.
Saya akan berterima kasih jika Anda bisa berpartisipasi dalam membantu tugas akhir kuliah saya ini dengan memberikan sebuah jawaban pada pertanyaan di bawah ini. Dan bersama dengan ini saya cantumkan juga kontak saya. Terima kasih.

Mari Adachi

I. Identitas Diri

Lengkapilah identitas diri pada formulir identitas yang tertera dibawah ini. Silahkan memberikan lingkaran atau tanda silang pada huruf yang sesuai dengan identitas diri Bapak/Ibu/Saudara/i.

1. Nama: _____

2. Jenis kelamin
a. Laki-Laki
b. Perempuan

3. Usia:……..tahun
a. 20-29 Tahun   b. 30-39 Tahun   c. 40-49 Tahun
d. 50-59 tahun   e. $\geq$ 60 Tahun

4. Pekerjaan
a. Pegawai Negeri   b. Pedagang   c. Pegawai Swasta

d. Pensiunan   e. TNI / POLRI   f. Petani

g. Pekerjaan lainnya:..

5. Pendidikan

a. Tidak/ Belum lulus (SD/MI)   b. SD   c. SMP

d. SMA   e. S1   f. Lain-lain

6. Pendapatan perbulan (Gaji + Penghasilan lainnya)

a. < Rp 2.500.000   b. Rp 2.500.000 – Rp 5.000.000   c. > Rp 5.000.000

7. Apakah pekerjaan utama Anda?

    a. Petani

    b. Pedagang kaki lima (seperti...   )

    c. Tenaga kerja harian

    d. Usaha mikro (seperti...   )

    e. Karyawan

    f. Nelayan

    g. Sopir(motor/mobil)

    h. Asisten rumah tangga

    i. Pelajar

    j. Lain-lain

    k. Tidak bekerja/ pensiun

8. Status pernikahan

    a. Single/ belum menikah

    b. Sudah menikah

    c. Bercerai

    d. Janda/duda

9. Hubungan dengan kepala rumah tangga

    a. Saya sebagai kepala rumah tangga

    b. Istri/ suami kepala rumah tangga

    c. Anak

    d. Ayah/ ibu

    e. Saudara

    f. Anak tiri
    g. Cucu
    h. Asisten rumah tangga
    i. Lain-lain

10. Domisili
    a. Tempat tinggal tetap (lebih dari 1 tahun)
    b. Tempat tinggal sementara

11. Apakah anda pernah mengikuti organisasi Islam?
    a. Pernah, sebutkan:
    b. Tidak
    c. Ya, sebutkan:)

12. Apakah anda mengalami masalah berikut ini?
    a. Buta
    b. Tuli
    c. Banguan bahasa/ Kesulitan berbicara
    d. Cacat fisik
    e. Penyakit dalam
    f. Penyakit kejiwaan (termasuk depresi dan gangguan tidur)
    g. Lain-lain
    h. Tidak ada

13. Untuk apa bantuan pembiayaan yang anda terima dari Lembaga Zakat? (Boleh menjawab lebih dari 1 jawaban)
    a. Konsumsi harian atau pengeluaran
    b. Modal kerja
    c. Investasi
    d. Pendidikan
    e. Modal awal
    f. Acara keagamaan
    g. Pengeluaran mendadak (kecelakaan, pernikahan, dll ...)
    h. Lain-lain

14. Apakah Anda pernah menjadi anggota kelompok Arisan?   Ya · Tidak

15. Apakah Anda pernah menerima bantuan tunai atau non tunai dari pemerintah?
    a. PKH(Program Keluarga Harapan)
    b. PNPM Mandiri(Program Nasional Pemberdayaan Masyarakat Mandiri)
    c. Raskin(Beras Miskin)
    d. Belum pernah

16. Apakah Anda bergabung dengan BPJS-Kesehatan (Badan Penyelenggara Jaminan Sosial Kesehatan: Nama sistem lama itu Jamkesmas/ Jamkesda)?   Ya · Tidak

17. Apakah Anda pernah mengambil pinjaman kecuali Lembaga ini?   Ya · Tidak
    Jika ya, silahkan jawab berikut sesi tanya II.

18. Apakah Anda telah menabung?   Ya · Tidak
    Jika ya, silahkan jawab berikut sesi tanya III.

II. Informasi Pinjaman

1. Sumber pinjaman (Boleh menjawab lebih dari 1 jawaban)
    a. Bank
    b. BPRS
    c. BMT
    d. Koperasi
    e. Keluarga/ relatif
    f. Teman-teman
    g. Tetangga
    h. Pegadaian
    i. Pegadaian Islam(Ar-Rahnu)
    j. Rentenir

k. Lain-lain

2. Jenis Pinjaman
   a. Tanpa bunga
   b. Dengan bunga
   c. Utang untuk berbelanja
   d. Membeli persediaan untuk bisnis

3. Jaminan terhadap pinjaman
   a. Ya
   b. Tidak

4. Penggunaan pinjaman(Boleh menjawab lebih dari 1 jawaban)
   a. Konsumsi
   b. Perawatan medis
   c. Investasi
   d. Pembelian aset
   e. Modal kerja
   f. Pengeluaran mendadak
   g. Lain-lain (seperti..)

III. Informasi Tabungan

1. Sumber tabungan
   a. Pendapatan
   b. Zakat
   c. Jual aset berharga
   d. Keluarga/ tetangga
   e. Lain-lain (sebutkan..)

2. Jenis Tabungan (Boleh menjawab lebih dari 1 jawaban)
   a. Tunai
   b. Perhiasan

c. Tanah

   d. Lembu/ kambing

   e. Barang tahan lama (rumah, mobil dll ...)

   f. Lain-lain

3. Tempat tabungan(Boleh menjawab lebih dari 1 jawaban)

   a. Di rumah

   b. Bank tabungan

   c. Arisan

   d. Koperasi

   e. Lain-lain

4. Penggunaan tabungan(Boleh menjawab lebih dari 1 jawaban)

   a. Kebutuhan penting mendadak (sakit, dll..)

   b. Pendidikan

   c. Bisnis

   d. Lain-lain (sebutkan……………………………………………………………)

索　引

※詳細な説明があるページ番号は太字にしている。

【1〜9】

1999 年法　　ザカート管理法第 38 号を参照
2011 年法　　ザカート管理法第 23 号を参照
2014 年法　　ザカート管理法第 14 号を参照

【A〜Z】

BAZ　　公的ザカート管理団体を参照
BAZIS　　10, **44**, 48, 49, 50, 54, 55
BAZIS DKI　　ジャカルタ特別州ザカート、インファーク、サダカ管理組織を参照
BAZNAS　　全国ザカート管理庁を参照
BAZNAS 県・市支部（BAZNAS Kabupaten/Kota［Ind.］）　　54
BAZNAS 州支部（BAZNAS Provinsi［Ind.］）　　**53**, 54
BM　　バイトゥルマールを参照
BMT　　バイトゥルマール・タムウィールを参照
CSR　　**66**, 67, 135
DD　　ドンペット・ドゥアファを参照
DDII（Dewan Dakwah Islamiyah Indonesia［Ind.］、インドネシア・イスラーム・ダアワ評議会）　　10, **27**, 87
IAIN　　国立イスラーム学院を参照
ICMI　　インドネシア・ムスリム知識人協会を参照
KKN　　(korupsi kolusi nepotisme［Ind.］、汚職、癒着、縁故主義）　　10, **59**, 163
LAZ　　民間ザカート管理団体を参照
LAZIS　　**10**, 57, 136, 139, 140, 144, 153, 154
Masjumi　　マシュミを参照
MIAI　　10, **40**
MUI　　インドネシア・ウラマー評議会を参照
NGO　　18, 19, 23, 31, 34, 47, 58, 66, 67, 78, 127, 140, 163
NU　　ナフダトゥル・ウラマーを参照
P3M　　10, **84**
PERSIS　　プルシスを参照
RZ　　ルマ・ザカートを参照
UIN　　国立イスラーム大学を参照
UPZ　　ザカート徴収局を参照
ZIS　　10, **45**, 132, 138, 139
ZISWAF　　45

【ア行】

アア・ギム　　98
アスナーフ（asnāf［Ar.］）　　**62**, 104
アチェ　　37, 38, 44, 46, 54, 58, 69, 79, 99
アッラーの道のために努力するもの（fī sabīl allah［Ar.］）　　**62**, 115, 151
アドル（'adl［Ar.］）　　**71**, 93, 167
アブー・バクル　　81
アブドゥルラフマン・ワヒド（Abdurrahman Whid、通称グズ・ドゥル；Gusdur）　　48, 49, 84

索引　*207*

アミル（*amil*［Ind.］）　**38**, *40*, *101*
イジュティハード（*ijtihād*［Ar.］）　**34**, *45*, *62*, *72*, *85*, *86*
イジュマー（*ijma'*［Ar.］）　*83*
イスラーム改革主義　*34*, **39**, *45*, *47*, *58*, *82*, *83*, *86*, *92*, *163*
イスラーム協力機構（the Organization of Islamic Cooperation, 通称 OIC）　*18*, *96*
イスラーム金融　**14**, *27*, *88*, *100*
イスラーム経済　*12*, *20*, *21*, *24*, *26*, *27*, *28*, *31*, *34*, *62*, *66*, *91*, *93*, *95*, **96**, *99*, *102*, *103*, *113*, *115*, *116*, *156*, *160*, *164*, *166*, *167*, *168*
イスラーム国家　*62*, **79**, *80*, *81*
イスラーム的慈善・寄付（Islamic Charity/ Philanthropy）　*19*, *21*, *22*, *23*, **28**, *29*, *30*, *35*, *67*, *160*, *168*, *169*
イスラーム法学（*'ilm al-fiqh*［Ar.］）　**17**, *20*, *31*, *45*, *51*, *62*, *67*, *68*, *69*, *70*, *72*, *77*, *79*, *83*, *84*, *89*, *92*, *94*, *96*, *100*, *110*, *113*, *114*, *115*, *135*, *142*, *164*, *168*
一年（*hawl*［Ar.］）　*17*, **45**, *62*, *74*
逸脱（ビドア：*bid'a*［Ar.］）　*82*, **83**, *94*
イバーダート（*'ibādāt*［Ar.］）　*77*, **84**, *107*, *108*, *110*, *116*
イブン・カイイム・ジャウズィーヤ（Ibn Qayyim al-Jawziyya）　*62*, **89**, *115*
イブン・ハジャル・アスカラーニー（Ibn Ḥajar al-'Asqalānī）　*75*, *80*, *81*
インドネシア・ウラマー評議会（*Majelis Ulama Indonesia*［Ind.］, 通称 MUI）　*10*, *17*, *28*, *31*, *35*, *46*, *63*, **64**, *65*, *66*, *67*, *69*, *72*, *75*, *76*, *78*, *79*, *86*, *87*, *88*, *93*, *95*, *100*, *103*, *111*, *112*, *114*, *115*, *163*, *164*, *166*, *170*

インドネシア・ムスリム知識人協会（*Ikatan Cendekiawan Muslim se-Indonesia*［Ind.］, 通称 ICMI）　*10*, *51*
インファーク（*infāq*［Ar.］, *infak*［Ind.］）　*10*, **22**, *44*, *45*, *53*, *54*, *77*, *78*, *88*, *126*, *135*, *137*, *141*, *142*, *146*
ウラマー（*ulama'*［Ar.］）　*9*, *10*, **21**, *28*, **38**, *39*, *40*, *41*, *44*, *45*, *51*, *58*, *61*, *64*, *65*, *70*, *75*, *76*, *79*, *83*, *87*, *88*, *89*, *91*, *92*, *98*, *100*, *163*
ウンマ（*umma*［Ar.］）　**17**, *18*, *51*, *65*, *79*, *81*, *85*, *130*, *131*, *133*, *134*, *137*, *139*, *140*, *170*
エルザワ　*135*, *136*, *145*, *147*, *151*, *153*, *154*

【カ行】
改宗者（*mu'allafa al-qulūb*［Ar.］）　*62*
カリフ（*khalīfa*［Ar.］）　*11*, **18**, *81*
カルド・ハサン（*qard al-hasan*［Ar.］, *qardhul hasan*［Ind.］）　*113*, *114*, *115*, *128*, *155*
企業資産のザカート（*Cooperate zakat; zakat perusahaan*［Ind.］）　*34*, *63*, *66*, *67*, *68*, *69*, *90*, *93*, *163*
犠牲祭（*'īd al-aḍḥā*［Ar.］, *Hari Raya Haji*［Ind.］）　**128**, *129*
基本的ニーズ（*Dharuriyat Asasiyat*［Ind.］）　*73*, **106**, *107*, *110*, *114*, *116*
キヤース（*qiyās*［Ar.］）　*76*, *78*, *83*, *114*
キヤイ（*kiai, kiyai*［Ind.］）　**38**, *39*, *41*, *42*, *79*, *136*
草の根ザカート管理団体　*124*, *135*, *138*, *140*, *145*, *146*
クルアーン（*al-Qur'ān*［Ind.］）　*9*, *10*, *16*, **19**, *22*, *35*, *38*, *39*, *43*, *45*, *46*, *75*,

76, 83, 84, 86, 89, 90, 91, 107, 108, 109, 110, 111, 114, 123, 128, 151, 156, 158, 160, 165, 169
クルバーン（*Qurban*［Ind.］）　*128, 129*
敬虔さ（*taqwah*［Ind.］）　*29, 30, 97, 98, 99,* **129**, *130, 168*
敬虔な新自由主義（pious neoliberalism）　*28, 29, 157*
現金直接給付（BLT）　*12, 142,* **154**
公共の利益　マスラハを参照
公的ザカート管理団体（*Badan Amil Zakat*［Ind.］, 通称 BAZ）　*10, 11, 13, 33, 34, 35,* **44**, *48, 50, 54, 55, 58, 75, 90, 92, 99,* **124**, *140, 142, 143, 151, 163, 168*
五行／五柱（*arkān al-Islām*［Ar.］）　**16**, *21, 61, 138*
国立イスラーム学院（*Institut Agama Islam Negeri*［Ind.］, 通称 IAIN）　*10,* **48**
国立イスラーム大学（*Universitas Islam Negeri*［Ind.］, 通称 UIN）　*10, 48, 84,* **87**, *122, 127, 135, 136*
国家シャリーア協議会（*Dewan Syariah Nasional*, 通称 DSN［Ind.］）　*87*
困窮者（*masākīn*［Ar.］）　*16, 39, 41, 42, 48, 52,* **62**, *100, 104, 106, 110, 113, 114, 115, 120, 125, 128, 143, 151, 166, 169*

【サ行】

財団（*yayasan*［Ind.］）　*23,* **56**, *57, 59, 98, 124, 127, 131, 132*
サウディアラビア　*18, 66, 75, 80, 87, 96*
ザカート委員会（*panitia zakat*［Ind.］）　*18,* **50**

ザカート管理者（*'āmilūn 'alay-hā*［Ar.］）　*19, 35, 37, 38, 57, 58,* **62**, *63, 150, 159*
ザカート管理法　*32,* **47**, *48, 49, 50, 53, 54, 55, 56, 57, 58, 61, 86, 89, 90, 91, 100, 102, 116, 123, 124, 139, 163*
ザカート管理法第 38 号（Undang-Undang Republik Indonesia Nomor 38 Tahun 1999 tentang Pengelolaan Zakat［Ind.］, 通称 1999 年法）　*48, 53, 61, 86, 89, 91*
ザカート管理法第 23 号（Undang-Undang Republik Indonesia Nomor 23 Tahun 2011 tentang Pengelolaan Zakat［Ind.］, 通称 2011 年法）　*49,* **53**, *54, 55, 56, 57, 123*
ザカート管理法第 14 号（Peraturan Pemerintah Republik Indonesia Nomor 14 Tahun 2014 tentang Pelaksanaan Undang-Undang Nomor 23 Tahun 2011 tentang Pengelolaan Zakat［Ind.］, 通称 2014 年法）　*53,* **57**, **58**, *100, 124*
ザカート支払者　*19, 25, 27, 28,* **115** →ムザッキーも参照
ザカート受給者　*13, 14, 15, 19, 33, 35,* **62**, *90, 96, 101, 104, 105, 119, 129, 130, 149, 152, 153, 154, 155, 157, 158, 161, 165, 167, 168, 169* →ムスタヒックも参照
ザカート実践　*19, 37, 38, 39, 41, 43, 45, 59, 67, 77, 117, 119, 121, 124, 143, 149*
ザカート徴収　*34, 39, 40, 41, 43, 47,* **50**, *52, 53, 61, 63, 66, 69, 78, 79, 85, 92, 93, 101, 166*
ザカート徴収局（*Unit Pengumpul Zakat*［Ind.］, 通称 UPZ）　*10,* **51**, *52, 53, 66*

索 引 *209*

ザカート分配　　39, 90, 92, **95**, 100, 114, 115, 119, 120, 124, 129, 141, 143, 154, 166

『ザカート法学（*fiqh zakāt*［Ar.］）』　21, 31, 51, **70**, 75, 77, 88

サダカ（*ṣadaqa*［Ar.］）　10, **16**, 18, 22, 28, 29, 44, 45, 53, 54, 80, 81, 88, 135, 137, 140, 141, 142, 146, 156, 170

サビーリッラー　**136**, 137, 151, 155

サラフィー　75, 95, 169

資産ザカート（*zakāt al-māl*［Ar.］, *zakat mal*［Ind.］）　**17**, 41, 42, 61, 62, 63, 69, 71, 72, 77, 83, 93, 101

慈善　15, 16, 18, 19, 20, 21, 22, 23, 25, 26, 27, 28, 29, 30, 34, 35, 37, 39, 46, 47, 48, 58, 59, 66, 67, 68, 77, 92, 93, 97, 98, 99, 112, 117, 128, 135, 156, 160, 161, 163, 166, 167, 168, 169, 170

シャリーア　**17**, 46, 51, 54, 57, 58, 65, 69, 84, 87, 88, 93, 101, 102, 103, 104, 107, 108, 109, 114, 115, 135, 138, 141, 142, 146

社会福祉　15, 16, 18, 20, 34, 35, 40, 54, 58, 59, 80, 82, 83, 96, 163, 166, 167, 168, 169

ジャカルタ特別州ザカート、インファーク、サダカ管理組織（*Badan Amil Zakat, Infak dan Sedekah Daerah Khusus Ibukota*［Ind.］、BAZIS DKI）　10, 44, 53, **54**, 55, 99

宗教省（*Kementerian Agama*［Ind.］）　18, 33, **42**, 47, 49, 50, 51, 54, 61, 64, 82, 87

宗教的贈与（Religious giving）　15, 19, 26, 28, **29**, 156, 157, 160, 168, 169

収入のザカート（*zakat penghasilan*［Ind.］, *zakat pendapatan*［In.］）　34, 45,
46, 63, **69**, 70, 72, 73, 77, **78**, 79, 83, 93, 117, 136, 145, 147, 163, 166, 167

巡礼（*hajj*［Ar.］）　**17**, 110, 111

ジョコ・ウィドド　48, 56, **88**, 170

信仰告白（*shahāda*［Ar.］）　16

新自由主義　15, 19, 28, 29, 95, 99, 157, 161, 168, 170

スカルノ体制（*Orde lama*［Ind.］）　42

スハルト　**43**, 47, 59, 64, 82, 97

スハルト体制（*Orda Baru*［Ind.］）　**43**, 45, 59, 82

スピリチュアル・エコノミー　34, 95, **96**, 97, **99**, 116, 130, 164, 168, 169

スンナ派　**80**, 96, 136

生産的ザカート（*Zakat produktif*［Ind.］）　15, 35, 95, 99, 100, 113, **114**, 115, 116, 117, 120, 127, 131, 132, 136, 138, 142, 143, 145, 146, 149, 150, 151, 153, 154, 155, 156, 157, 159, 160, 161, 164, 165, 166, 167

全国ザカート管理庁（*Badan Amil Zakat Nasional*［Ind.］；BAZNAS）　10, 33, 34, 49, **50**, 51, 52, 53, 54, 55, 56, 57, 58, 59, 61, 67, 68, 70, 72, 73, 74, 75, 76, 78, 86, 87, 88, 89, 92, 103, 104, 105, 106, 107, 108, 109, 110, 113, 115, 116, 119, 124, 125, 126, 133, 142, 143, 144, 145, 151, 163, 164, 170

専門職のザカート（*zakat profesi*［Ind.］）　46, 74, 77, 78, 79, 83, 90

贈与（ヒバ：*hibah*［Ind.］, *hiba*［Ar.］）　22, 24, 25, 27, 30, 71, **155**, 157, 159, 160, 161, 165, 167

【タ行】

ダアワ（*da'wa*［Ar.］, *dakwah*［Ind.］）

10, 27, **51**, 52, 57, 68, 82, 87, 88, 98, 130, 131, 132, 133, 134, 139, 160, 165

タカーフル（takāful［Ar.］）　90

断食（ṣawm［Ar.］）　13, **17**, 38, 63, 79, 128, 129, 137, 165

断食明けのザカート（zakāt al-fiṭr［Ar.］, zakat fitrah［Ind.］）　**17**, 38, 39, 40, 41, 42, 63

ディディン・ハフィドゥッディン（Didin Hafidhuddin）　34, 50, 51, 68, 86, **87**, 88, 89

奴隷解放のため（riqāb［Ar.］）　**62**, 110

ドンペット・ドゥアファ（Dompet Dhuafa［Ind.］, DD）　10, **47**, 51, 57, 78, 87, 88, 127

【ナ行】

ナフダトゥル・ウラマー（Nahdlatul Ulama［Ind.］, NU）　9, 10, **42**, 45, 46, 55, 65, 77, 78, 79, 84, 135, 166

ニサーブ（niṣāb［Ar.］）　**62**, 71, 73, 74, 78, 91, 105, 154, 161, 165

ヌール・アフマド（Noor Achmad）　51

ヌールル・ハイヤート　**130**, 131

【ハ行】

バイトゥルマール（Baitul Mal［Ind.］、Bayt al-māl［Ar.］）　10, **11**, 12, 13, 14, 41, 54, 57, 125, 126, 127, 134, 142, 143, 144, 145, 146, 151, 153, 154, 157, 158, 159, 160

バイトゥルマール・タムウィール（Baitul Mal wat Tamwil, 通称 BMT［Ind.］）　10, **54**, 99

ハッド・キファーヤ（Had Kifayah［Ind.］, Ḥadd al-kifāya［Ar.］）　35, 95, **103**

104, 105, 106, 107, 110, 114, 116, 154, 161, 164, 165

ハディース（ḥadīth［Ar.］）　17, **19**, 39, 45, 63, 75, 76, 80, 81, 89, 90, 109, 141, 151

ハラージュ（kharāj［Ar.］）　85

ハラール（halāl［Ar.］）　68, **70**, 74, 107

パレスチナ　19, 24, 30, 128, 170

パンチャシラ（Pancasila［Ind.］）　42, **48**, 64, 137

バンバン・スディビョ（Bambang Sudibyo）　**51**, 54, 56

貧者（fuqarā'［Ar.］）　16, 39, 47, **62**, 99, 101, 102, 105, 110, 137, 166, 167, 170

ファトワー（fatwā［Ar.］）　28, **31**, 34, 35, 47, 61, 62, 63, 64, 65, 66, 67, 68, 69, 70, 72, 73, 74, 75, 76, 77, 88, 89, 93, 95, 96, 100, 101, 102, 103, 111, 114, 115, 163, 164, 166, 167, 170

負債者（gārimūn［Ar.］）　62

プサントレン（pesantren［Ar.］）　10, **43**, 44, 84, 139, 142

プルシス（Persatuan Islam, 通称 Persis［Ind.］）　10, **27**, 77, 78

プンガジアン（pengajian［Ind.］）　42

【マ行】

マイクロファイナンス　11, **12**, 13, 54, 113, 114, 128, 143, 153, 154, 159, 168

マカーシド・シャリーア（maqāṣid al-sharī'a［Ar.］, maqasid syariah［Ind.］）　**102**, 104, 107, 108, 109, 114, 115

マシュミ（Masjumi［Ind.］）　10, **27**, 41

マスダル・F・マスウーディー　31, 34, 79, 82, 83, **84**, 85, 86, 92, 93, 164, 166

マスラハ（maslaha［Ind.］, al-maṣlaḥa al-

索引 　211

'āmma［Ar.］)　　46, 101, 112, **115**
マッカ　39, 47, **75**, 76, 81, 111
マディーナ　9, **81**, 87
マラン　14, 32, 33, 35, 48, 113, 119, **120**, 121, 122, 123, 124, 125, 126, 127, 128, 129, 130, 131, 132, 133, 134, 135, 136, 137, 138, 139, 140, 142, 143, 144, 145, 146, 150, 151, 154, 155, 160, 163, 164, 168
マレーシア　**18**, **25**, 66, 69, 75, 76, 80, 92, 106, 135
ミクダール（miqdār［Ar.］）　**62**, 77, 78
民間ザカート管理団体（Lembaga Amil Zakat［Ind.］, LAZ）　10, 33, 34, 47, **48**, 49, 50, 51, 53, 54, **56**, 57, 58, 59, 87, 90, 92, 119, 124, 127, 132, 139, 140, 143, 145, 146, 163, 164, 165, 168
ムアーマラート（muʿāmalāt［Ar.］)　57, **84**
ムクティ・アリ（Mukti Ali）　**65**, 82
ムザッキー（muzakkī［Ar.］)　37, 101, 102, 113, 115, 119, 137, 141
ムシャーラカ（mushāraka［Ar.］)　14
ムスタヒック（mustaḥiqq［Ar.］)　**14**, 37, 92, 96, 102, 113, 119, 132, 133, 134, 137, 138, 141
ムダーバラ契約（muḍāraba［Ar.］)　**14**, 131
ムハマディヤ（Muhammadiyah［Ind.］)　9, 27, **39**, 40, 41, 42, 45, 46, 48, 51, 57, 58, 65, 78, 79, 122, 134, 141, 166
モスク（masjid［Ind.］, masjid［Ar.］)　18, 38, 42, 47, 58, 64, **107**, 108, 110, 121, 127, 135, 136, 137, 140, 145, 147,

155, 156

【ヤ行】

融資　12, 13, 14, 15, 35, 68, 95, 99, 100, 110, 113, 114, 115, 116, 117, 126, 131, 132, 133, 134, 136, 138, 143, 145, 146, 147, 149, 150, 151. 153, 155, 156, 157, 158, 159, 160, 161, 164, 165, 166, 167, 168
ユースフ・カラダーウィー（Yūsuf al-Qaraḍāwī）　20, 21, 31, 45, 51, 62, **70**, 71, 72, 73, 75, 77, 79, 81, 88, 89, 92, 113, 114
より良い基礎（Hajjiyat Asasiyat［Ind.］）　**107**, 114, 116

【ラ行、ワ行】

ラマダーン（ramaḍān［Ar.］, ramadan［Ind.］)　17, 63, 128, 129
利子（ribā［Ar.］)　13, **114**, 126, 158, 160, 168
旅行者（ibn al-sabīl［Ar.］)　62
ルマ・ザカート（Rumah Zakat Indonesia［Ind.］)　10, 47, 78, 113, 119, **127**, 128, 129, 130, 143, 146, 168
礼拝（ṣalāt［Ar.］)　17, 38, 39, 84, 106, 107, 108, 110, 111, 116, 160, 165
礼拝所（mushola, musala［Ind.］, muṣallā［Ar.］)　58, **107**, 110
レバラン（ʿĪd al-fiṭr［Ar.］, Lebaran, Idul Fitri［Ind.］)　17, 63
ワクフ（waqf［Ar.］, wakf/wakaf/waqf［Ind.］)　**42**, 45, 54, 113, 136, 139, 142

【著者紹介】
足立 真理（あだち　まり）
1991年大阪府生まれ。大阪大学外国語学部アラビア語専攻卒業。京都大学大学院アジア・アフリカ地域研究研究科博士課程修了。博士（地域研究）。現在、日本学術振興会特別研究員（RPD）。専門は東南アジア地域研究、インドネシア宗教社会論、イスラーム経済。
主な著作に、"Discourses of Institutionalization of Zakat Management System in Contemporary Indonesia: Effect of the Revitalization of Islamic Economics," *International Journal of Zakat* (3) (2018)、「喜捨：インドネシアにおけるザカートの変容（第15章）」久志本裕子・野中葉編『東南アジアのイスラームを知るための61章』明石書店（2023）ほか。

イスラームの慈善の論理と社会福祉
──現代インドネシアにおけるザカートの革新と地域の主体

2025年2月28日　初　版第1刷発行

　　　　　　　著　者　　　足　立　真　理
　　　　　　　発行者　　　大　江　道　雅
　　　　　　　発行所　　　株式会社　明石書店
　　　　　〒101-0021 東京都千代田区外神田6-9-5
　　　　　　　　　　電話　03（5818）1171
　　　　　　　　　　FAX　03（5818）1174
　　　　　　　　　　振替　00100-7-24505
　　　　　　　　　　https://www.akashi.co.jp
　　　　　組版　　　明石書店デザイン室
　　　　　印刷・製本　モリモト印刷株式会社
（定価はカバーに表示してあります）　　ISBN978-4-7503-5870-3

JCOPY〈出版者著作権管理機構　委託出版物〉
本書の無断複製は著作権法上での例外を除き禁じられています。複製される場合は、そのつど事前に、出版者著作権管理機構（電話 03-5244-5088、FAX 03-5244-5089、e-mail: info@jcopy.or.jp）の許諾を得てください。

ソーシャルメディア時代の東南アジア政治
見市建、茅根由佳編著
◎2300円

シンガポールのムスリム　宗教の管理と社会的包摂・排除
市岡卓著
◎5500円

東南アジアと「LGBT」の政治　性的少数者をめぐって何が争われているのか
日下渉、青山薫、伊賀司、田村慶子編著
◎5400円

21世紀東南アジアの強権政治　「ストロングマン」時代の到来
外山文子、日下渉、伊賀司、見市建編著
◎2600円

国家を補完するガバナンス　保健、教育ジェンダー平等におけるラオス女性同盟の役割
佐藤敦郎著
◎4500円

ロヒンギャ問題とは何か　難民になれない難民
日下部尚徳、石川和雅編著
◎2500円

中東・イスラーム研究概説　政治学・経済学・社会学・地域研究のテーマと理論
私市正年、浜中新吾、横田貴之編著
◎2800円

変革期イスラーム社会の宗教と紛争
塩尻和子編著
◎2800円

セネガルの宗教運動バイファル　神のために働くムスリムの民族誌
池邉智基著
◎5200円

イスラームと儒学　「回儒学」による文明の融合
アリム・トヘティ著
◎5400円

中国のムスリムからみる中国　中国社会研究叢書⑥
首藤明和著　N.ルーマンの社会システム理論から
◎3600円

現代中国における「イスラーム復興」の民族誌　変貌するジャマーアの伝統秩序と民族自治
澤井充生著
◎6800円

インド・パキスタン分離独立と難民　移動と再定住の民族誌
中谷哲弥著
◎6800円

オランダのムスリム移民　「柱状化」と多文化主義の可能性
義澤幸恵著
◎4200円

イスラーム／ムスリムをどう教えるか　ステレオタイプからの脱却を目指す異文化理解
荒井正剛、小林春夫編著
◎2300円

中東・イスラーム世界の歴史・宗教・政治　多様なアプローチが織りなす地域研究の現在
髙岡豊、白谷望、溝渕正季編著
◎3600円

〈価格は本体価格です〉

書名	シリーズ番号	編著者	価格
東南アジアのイスラームを知るための64章	エリア・スタディーズ 192	久志本裕子、野中葉編著	◎2000円
東南アジアを知るための50章	エリア・スタディーズ 129	今井昭夫編集代表 東京外国語大学東南アジア課程編	◎2000円
フィリピンを知るための64章	エリア・スタディーズ 154	大野拓司、鈴木伸隆、日下渉編著	◎2000円
現代ベトナムを知るための63章【第3版】	エリア・スタディーズ 39	岩井美佐紀編著	◎2000円
カンボジアを知るための60章【第3版】	エリア・スタディーズ 56	上田広美、岡田知子、福富友子編著	◎2000円
ラオスを知るための60章	エリア・スタディーズ 85	菊池陽子、鈴木玲子、阿部健一編著	◎2000円
タイを知るための72章【第2版】	エリア・スタディーズ 30	綾部真雄編著	◎2000円
ミャンマーを知るための60章	エリア・スタディーズ 125	田村克己、松田正彦編著	◎2000円
マレーシアを知るための56章	エリア・スタディーズ 199	鳥居高編著	◎2000円
現代インドネシアを知るための60章	エリア・スタディーズ 113	村井吉敬、佐伯奈津子、間瀬朋子編著	◎2000円
シンガポールを知るための65章【第5版】	エリア・スタディーズ 17	田村慶子編著	◎2000円
ASEANを知るための50章【第2版】	エリア・スタディーズ 139	黒柳米司、金子芳樹、吉野文雄、山田満編著	◎2000円
中国のムスリムを知るための60章	エリア・スタディーズ 106	中国ムスリム研究会編	◎2000円
インド北東部を知るための45章	エリア・スタディーズ 209	笠井亮平、木村真希子編著	◎2000円
モルディブを知るための35章	エリア・スタディーズ 186	荒井悦代、今泉慎也編著	◎2000円
テュルクを知るための61章	エリア・スタディーズ 148	小松久男編著	◎2000円

〈価格は本体価格です〉

Islam & Gender Studies
イスラーム・ジェンダー・スタディーズ

長沢栄治【監修】

テロや女性の抑圧といったネガティブな事象と結びつけられがちなイスラーム。そうした偏見を払拭すべく、気鋭の研究者たちが「ジェンダー」の視点を軸に、世界に生きるムスリムの人びとの様々な姿を生き生きと描き出すシリーズ。

1 結婚と離婚
森田豊子・小野仁美 編著　　2500円

2 越境する社会運動
鷹木恵子 編著　　2500円

3 教育とエンパワーメント
服部美奈・小林寧子 編著　　2500円

4 フィールド経験からの語り
鳥山純子 編著　　2500円

5 記憶と記録にみる女性たちと百年
岡真理・後藤絵美 編著　　2500円

6 うつりゆく家族
竹村和朗 編著　　2500円

7 日本に暮らすムスリム
嶺崎寛子 編著　　2500円

8 労働の理念と現実
岩﨑えり奈・岡戸真幸 編著　　2500円

――以下続刊
9 交差するレイシズム　　**10 知の革新**

〈価格は本体価格です〉